基金项目

全国教育科学规划单位资助教育部规划课题“社会治理视域下民族地区传统德育方法论研究”（FEB180518）

广西哲学社会科学规划研究课题“唐宋广西‘谪宦’政治研究”（22FZS005）

广西高等教育本科教改工程项目“场域视角下民族地区高校政治学‘四位一体’教学模式的本土化构建研究”（2020JGB178）

国家级一流本科专业建设点（“政治学与行政学”）

从边隅到廉隅

古代广西官员的道德建设

杨天保 文春霞 著

CONG BIANYU DAO LIANYU

GUDAI GUANGXI GUANYUAN DE DAODE JIANSHE

GUANGXI NORMAL UNIVERSITY PRESS

广西师范大学出版社

·桂林·

图书在版编目（CIP）数据

从边隅到廉隅 ：古代广西官员的道德建设 / 杨天保，文春霞著. -- 桂林 ：广西师范大学出版社，2023.1
ISBN 978-7-5598-5805-4

Ⅰ. ①从… Ⅱ. ①杨… ②文… Ⅲ. ①官员－道德建设－研究－广西－古代 Ⅳ. ①D691.49

中国国家版本馆 CIP 数据核字（2023）第 028165 号

广西师范大学出版社出版发行
（广西桂林市五里店路 9 号 邮政编码：541004
网址：http://www.bbtpress.com）
出版人：黄轩庄
全国新华书店经销
广西广大印务有限责任公司印刷
（桂林市临桂区秧塘工业园西城大道北侧广西师范大学出版社集团有限公司创意产业园内 邮政编码：541199）
开本：787 mm × 1 092 mm 1/16
印张：14.75 字数：254 千
2023 年 1 月第 1 版 2023 年 1 月第 1 次印刷
定价：48.00 元

前 言

本书主要爬梳历史，解读故事，开展人物研究，总结古代广西衙门的旧事政风，力图整理出一套本土化的德育资源及其功能范式，希望能有助于今日广西干部队伍的政治建设。总体而论，希望读者最终欣然看到：岭南边地，江湖虽远，但德治与德育风生水起，自成章法！

衙门，即古代官署或政府机关的旧称，亦指称官僚机构，是官场和权力的象征符号。与中央衙门（如隋唐的三省六部、明清的内阁）不同，地方上一般都设有州衙、县衙，按常理，这些衙门是探讨古代广西地方官员开展道德建设的最集中的观察点。一般而论，古代衙门公堂常高挂“明镜高悬”之类的牌匾，时刻提醒官吏明察秋毫，激励光明正大；公案后又兼绘“海水朝日图”，敦促群僚以“清似海水，明如日月”自律自洁；左右两侧配以“肃静”“回避”虎头牌，以示尊严贵重。这样一种空间款式及其必备的“道德图腾”组件，自从中国出现衙门以来，岭表内外，率皆如此，差异实不大。相反，受差异性地域观念的内在支撑与持续灌溉，广西地方官员更有超越惯常的建制更张，既呈现出道德建设的自身特色，又进一步丰富了中华政治文明。

一方面，在“中央—地方”政治关系格局下，中国历代的治边转向、机构更置、职官省易、吏治强弱和政风变动等，直接关系广西衙门政治建设；另一方面，培养干部是一项深入持久的文化工程，与地方民众的生产生活息息相关。古代广西民众基于独特的生产生活方式，持续累积出守边稳边、保家卫国的情怀与智慧，为地方官员的道德建设预置了素材。一定程度上讲，考察古代广西官员的道德建设，就是要剥去衙门的神圣外壳，走出衙门的封闭空间，在官员个体融入当地生产生活的具体生命历程中，寻绎出那份属于广西的衙门文化、吏学精华、治平韬略、清官意识和德性生成模式。

目　录

第一章

岭表“元子之政”

南疆重鎮
斯文在茲

在岭表内外演绎“元子之政”的主角是唐代文学家元结（719—772年）。作为北国风云人物，他南下任职，先治道州，后刺容州，皆主政一方。在给唐代边疆文学注入新活力的同时，元结坚守中华传统诗教论，文以载道，通过创新话语和知识再生产，从诗学到政治学，有机地将清廉自律与民生政务结合在一起，既讲动机，更强调德治效果，以“廉”治“政”，谱写出一部从个体“小廉”发展出为政“大廉”的时代篇章。

第一节　乱世持廉

元结，字次山，河南洛阳人，原姓拓跋，是鲜卑族的后裔。北魏孝文帝拓跋宏（467—499年）改革后，鲜卑统一改姓且内地化，但北方游牧部落尚武的血性并未完全抛弃。元结是后魏常山王元遵（？—407年）的第15代孙。其祖父元亨（字利贞）是个美男子，仪表堂堂，更是一位清醒自励的人物，他一度坚持认为：为承继上代功业，必须改习中原儒学，彻底清洗草原民族基因中的军事戾气，转向斯文之道。由此，整个家族发展史为之一变，萌生出一股“由武转文”的新气象。受其影响，其父亲元延祖年过四十，连襟们极力劝他进取功名，他却坚持着要以一个贵族的身份，一如既往地亲自下田种稻、上山打柴，自食其力。所以，严谨于修身治物，元结的父亲已是族中道德典范，为元结的成长扎下好根基。

一、避难·《时议》·幕政

17岁那年，元结“折节向学”[①]，拜堂兄元德秀(696—754年)[②]为师，前后

① 《新唐书》卷143《元结列传》，四库全书文渊阁影印本（以下皆省）。

② 按，字紫芝，举进士，宰相房琯(697—763年)道:“见紫芝眉宇，使人名利之心都尽。”元德秀死后，其门人谥曰“文行先生”。学者高度评价其行，称曰“元鲁山”。

图1　桂林象鼻山元结篆书“水月洞”石刻，署名“溪园居士”

跟随了近10年，且于天宝十二载（753年）进士及第。元结正准备参加天子亲策的制科考试，天宝十四载（755年）“安史之乱”爆发，朝政不安，故未果，只好沉浮人间，进而孔雀东南飞，南奔避难，先后择居于猗玗洞（在今湖北大冶）、瀼溪（今江西瑞昌）等地，离政治中心长安越行越远。汉唐时代，长安与罗马、雅典、开罗并称世界四大名都。入住京城长安，率为彼时全球人的“大唐梦”。现在，元结远离中央和一线城市，跑到一个做什么都不方便的江南乡下，这在功名士人看来，的确不明智。

当时，史思明（703—761年）[①] 攻河阳，天下倒悬。唐肃宗李亨（711—762年）一度召见国子司业苏源明（？—764年）[②]，想征询天下的贤士人才，苏长官就推荐在江南声名已著的元结。于是，“召（元）结诣京师，问所欲言。（元）结自以始见轩陛，拘忌讳，恐言不悉情，乃上《时议》三篇”。错过了上次制举，这下又有面见皇帝的机会，按理，一般的读书人总会言喜不言忧。但是，元结的做法出人意料。他专就平定叛军一事，认真撰就《时议》上、中、

① 按，突厥人，年少时与安禄山为同乡，后因战功获唐玄宗赐名“思明”。安禄山反，他略定河北，被安禄山任为范阳节度使，占据13郡，拥兵8万。

② 按，初名预，字弱夫，京兆武功人，进士及第，官终秘书少监。

下3篇，指斥朝政，毫不掩饰，而且还为提前写成文章找出一个极其礼貌的借口——人生第一次见到皇帝尊容，怕一时紧张起来，语不及意，言不尽理，有误圣听，故出此“下策”。实质上，读者看过《时议》就会明白：元结所议之事、所书之言，皆经过深思熟虑，倘若当时面对君王脱口而出，话锋犀利，一旦失控，恐怕就要为自己招来灾祸。

其主要内容，一是指斥皇帝过惯了安逸奢华的日子，“重城深宫，燕和而居；凝冕大昕，缨佩而朝”，且“言而不行”，无视民众苦难，未能走上帝王的正道；二是痛批文武大臣“名位重，财货足，爵赏厚”之后，忘记初心，抛开国事，相与“自谋”，打起自己的小算盘，殚精竭力地专门去搞那些殖产丰财的勾当。结果，“天下残破，苍生危窘，受赋与役者，皆寡弱贫独，流亡死徙，悲忧道路”。盛唐之势，转眼不再。

可知，人生第一次接近皇权，他就迫不及待地批评政治，强烈要求皇帝合理用权——“能行已言之令，必将来之法，杂徭币制，拘忌烦令，一切蠲荡，任天下贤士，屏斥小人”。一个在野流浪之身，劈头给朝廷上下来一堂“廉政课”，努力地将避难士人的德育诉求送进传统中国治权系统的核心区，元结也真算得上是个有骨胆的人。不过，听腻了媚言谎话的唐肃宗，这次顿觉一股新风扑面，阅之大喜，认为元结敦劝帝国厉行廉政，回归正道，讲到了根本。于是，“擢右金吾兵曹参军，摄监察御史”。既授予元结军职，跟从左右，又让其负责监督百官。《新唐书·百官志》载：“监察御史十五人，正八品下。掌分察百僚，巡按州县，狱讼、军戎、祭祀、营作、太府出纳皆莅焉；知朝堂左右厢及百司纲目。”可见，元结品秩不高但实权宽广。

图2　世传元结画像

乾元二年（759年），元结首次外放，出任山南东道节度使史翙幕参谋，首次参与地方治理。其间，他在唐、邓、汝、蔡等地招募义士，亲上战场，降伏5000多名强贼，保全了15座城池，并将丢弃在战场上的尸体一并集中埋在泌南，取名“哀丘”，以示尊重和纪念。由此，元结“以讨贼功，迁监察御史里行”。接着，他又以水部员外郎的身份再度受命佐助荆南节度使吕諲[①]讨平叛军。所以，面对国家动荡之局，元结应召入幕，初理幕政，小试牛刀，即军功卓著，确实展现了传统游牧部落的武功底蕴。

二、“不能救人患，不合食天粟”

762年唐代宗李豫登基后，元结突然来一个180度的大转变，坚决辞职不干，乞求恩准回家侍奉双亲。没办法，新皇只好授他一个“著作郎”的闲职，让他归里尽孝。于是，他率领家族移居樊上[②]。这一新抉择，实与其父亲早年的告诫有直接关系。其父亲曾任魏成主簿、延唐县丞，但无意仕途，立下了一个在乱世中治家的严厉训告：世道多变之际，人间正义暗淡不明，儿孙要退归山林，坚守名节；切勿“贪冒苟进”，违背士人进退法则，时常跑到外面去瞎闯荡，自讨祸辱。事实上，元结此际以军功博誉的做法，与自祖父以来重视文教的新家风正好抵牾。既然如此，何孝之有！

在呈给皇帝的辞职信——《乞免官归养表》中，他说：“臣少以愚弱，不愿为吏，书学自业，老于儒家；今迹在军中，日预戎事，此过臣才分，近于祸辱者矣。臣常恐荒浪，失于礼法，自逸山泽，预于生类；今秽污台省，紊乱时宪，此过臣才分，近于祸辱者矣。伏惟陛下察臣才分，不令乱官，则贪冒苟进之徒，自臣知耻。陛下若官不失人，则天下自理。故曰天下理乱系之官人。臣以为官人之难，无敢易者。陛下焉可易于臣哉？臣无兄弟，老母久病，所愿免官奉养，生死愿足。上不敢污陛下朝列，是臣之忠；下不欲贻老母忧惧，是臣之孝。愿全忠孝于今日，免祸辱于将来。”[③]才分不够，赡养母亲，显是借口；逃脱军界，放下战刀，退避山林，回归儒学，修养廉隅，增进道德，

---

① 按，蒲州河东人，天宝初进士，乾元二年（759年）以本官同中书门下平章事，迁黄门侍郎。上元元年（760年）同中书门下三品，累加银青光禄大夫，封东平男。赠吏部尚书，谥曰“肃”。

② 按，湖北省樊口、樊山、樊湖、樊溪、樊水等地的通称。

③ 元结：《次山集》卷10。

才是内情。

命名是自我的一份权利，所有的话语选择与创新，皆是建构主体性的象征符号。迁家的空间变换，与元结此后不断地改选别号相映成趣。个体的选择，极具政治意蕴和身份考量。年少时，他喜称“元子”；早期避难修道，始以“猗玗子”“浪士”自命；入官后，他人呼之曰“漫郎”；客隐樊上，更被地方渔者、酒徒之流戏称“聱叟”“漫叟”。

后来，元结还写有一篇《自释》，在自我坚守和社会认同之间，作出了清晰解答：

河南，元氏望也；结，子予名也；次山，结字也。世业载《国史》，世系在家牒。少居商余山，著《元子》十篇，故以元子为称。天下兵兴，逃乱入猗玗洞，始称猗玗子。后家瀼滨，乃自称浪士。及有官，人以为浪者，亦漫为官乎，呼为漫郎。既客樊上，漫遂显。樊左右皆渔者，少长相戏，更曰聱叟。彼诮以聱者，为其不相从听，不相钩加，带笭箵而尽船，独聱牙而挥车。酒徒得此又曰：“公之漫，其犹聱乎？公守著作，不带笭箵乎？入漫浪于人间，得非聱牙乎？公漫久矣，可以漫为叟。”于戏！吾不从听于时俗，不钩加于当世，谁是聱者？于欲从之，彼聱叟不惭带乎笭箵，吾又安能薄乎著作？彼聱叟不羞聱牙于邻里，吾又安能惭漫浪于人间？取而尤汝也，醉人议当以漫叟为称，直荒浪其情性，诞漫其所为，使人知无所存有，无所将待。乃为语曰：“能带笭箵，全独而保生；能学聱牙，保宗而全家。聱也如此，漫乎非邪？”①

可见，一位“世家子”原本要以学为宗，“不愿为吏，书学自业，老于儒家”，但遭逢乱局，不得已先归为隐士，修道商余山，处江湖远处，由此藏身。一度被荐为郎官后，他既“迹在军中，日预戎事”，又司职台省，屡参朝政，但即便如此，“人以为浪者，亦漫为官”的出仕路径，不合太平盛世之常规，“浪者”为官，仅是不得已的临时措置，故其时日一长，学政冲突，即显紧张；及至乞免官职归养，虽犹带“著作”之荣衔，但聚族南迁，远离政治，“浪漫”更甚——“荒浪其情性，诞漫其所为”。数十年间，前期年少有志之士，历经世事沧桑，仿佛又老成为他人眼中之“叟”。不过，在所有这些变动中，“吾不从听于时俗，不钩加于当世”，始终是一根贯穿到底的红线。借此，乱世治廉，自知进退。

---

① 祝穆：《古今事文类聚后集》卷2。

而且，在《喻常吾直[①]》这件私交书信文献中，元结进一步讲明了自己离开衙门的大道理：“山泽多饥人，闾里多坏屋。战争且未息，征敛何时足！不能救人患，不合食天粟。何况假一官，而苟求其禄。近年更长吏，数月未为速。来者罢而官，岂得不为辱？劝为辞府主，从我游退谷。谷中有寒泉，为尔洗尘服。”[②]显是规劝好友常吾直，不要再坚持在这个时候“进衙门”了。近年战乱频仍，政局动荡。大批读书人不以正途入仕，反而巧取官职，俘获权力。任职后又横征暴敛，不为民办事，所以官场一片黑暗，官员倒台的现象亦层出不穷。在这种情况下，一旦随波逐流，让自己沦为牺牲品，结果被罢官免职，逐出衙门，那才是奇耻大辱的事。

换言之，真正的读书人，一要确保出身干净，不要乱当官；二要做有出息的官，不要当乱官。如果贪图俸禄，不能救民于水火，那就不配去吃国家这碗饭。总之，元结遵从父训，从战火中脱开身，为保全身家性命，主动退出衙门，看似十足的“利己”之虑，但是，瀼滨“浪士”也好，樊上“聱叟”也罢，人虽日渐老去，但身闲而心不闲，人漫而志不漫，个体一直都在“不能救人患，不合食天粟”的精神推动下，进退有度，清醒地于乱世中治廉守节。

三、乱后治政，“天下少安”

“安史之乱”终结于广德元年（763年），此时元结已经45岁，且重新被召回，授予道州（今属永州市）刺史，开启了“刺郡”地方的新历程。俗曰：一治一乱为之道。如何收拾地方乱局，走向治世，是元结面临的巨大考验。乱后余生，道州社会秩序极不稳定。元结广德二年（764年）《谢上表》所载景象是：“耆老见臣，俯伏而泣；官吏见臣，以无菜色。城池井邑，但生荒草；登高极望，不见人烟。岭南数州，与臣接近，余寇蚁聚，尚未归降。”[③]特别是道州地近岭南，与广西接壤。广西世居少数民族“西原蛮”(包括黄峒蛮、乌武僚、乌浒等不同族群)，趁机北上，掠走居民数万人，整个道州就只剩下4000户人家。不过，天南地远，中央政府不知实情，亦未做乱后重建的政策调整，与民生息，反而依旧遵照往例计户征税，以补国用。

---

① 按，时为摄官，即暂行代理的、非正式任命的官员。

② 《次山集》卷3。

③ 《次山集》卷10。

当时，为催交欠账，上级加急向道州先后下发200多份行政公文，“催命符”已经堆得如同一座山。鉴于此，元结奏报朝廷：“臣州为贼焚破，粮储屋宅、男女牛马几尽。今百姓十不一在，耄孺骚离，未有所安。岭南诸州，寇盗不尽，得守捉候望四十余屯，一有不靖，湖南且乱。请免百姓所负租税，及租庸使和市杂物十三万缗。”[1] 南疆动荡不安的局势，经他这么一讲解，皇帝也跟着为江山社稷着急，立刻准奏，既免除百姓所欠负的租税，又令“租庸使”[2] 暂停向百姓摊派购买杂物的13万缗重负。及至第三年（766年），当“租庸使”再来索要“上供十万缗”时，元长官再次挡住他们，“岁正租庸外，所率宜以时增减”，要求每年除正式要上交的“租庸”之外，其他方面临时性的加派项目，都应该根据本地的年成好坏来增减，切不可一概而论。

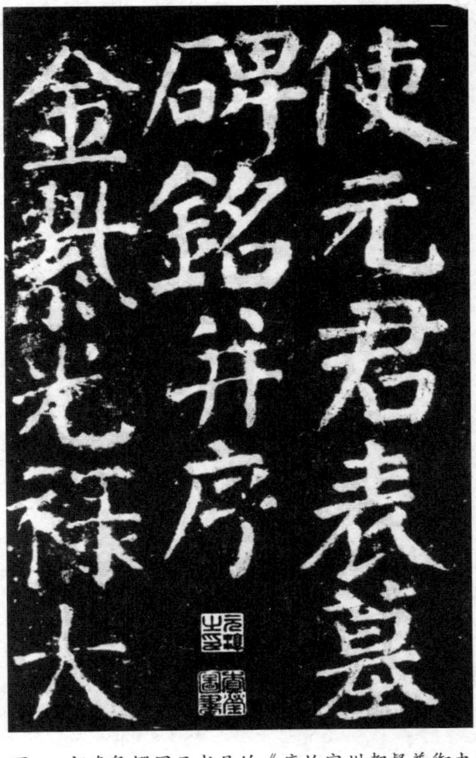

图3　颜真卿撰写且书丹的《唐故容州都督兼御史中丞本管经略使元君表墓碑铭并序》（又名《元次山碑》）

说得严重一点，元刺史这是擅自“篡改”国策——传统中国历来实行计户征税制度，现在他一再“以人困甚，不忍加赋”，一改王朝惯例，要按地方年产量的多寡，予以调整执行。为此，双方将争论上诉于朝廷。最后，皇帝默许了元结的民生立场，下诏按元结的建议执行。地方“一把手”经由衙门这一行政平台，一再地为老百姓免除赋税徭役，谋到更多以民为本的惠政和福祉，这就是以个体“小廉”实现“大廉”的合理逻辑。士人个体身份转型之后，在其位谋其政，让衙门机关充分服务于民生，而不再仅仅借

① 《新唐书》卷143《元结列传》。

② 按，主持国家税政的官员。

助于个体自身的道德去感化他人，才是确保廉洁行政的“制度化”路径。

765年，元结被贬为春陵县令（766年复任道州刺史），职权变小，但治权“下移”，更能知悉民间疾苦。在任期间，他不以迁贬为意，治县一如治州。“诗圣”杜甫（712—770年）与元结是同一时代饱受“安史之乱”之苦的士人，当他在流寓地夔州听闻了元结治县的好故事，马上挥笔撰成《同元使君春陵行并序》[①]，对其治理方略及治效表示敬仰：

览道州元使君结《春陵行》兼《贼退后示官吏作》二首，志之曰：当天子分忧之地，效汉官良吏之目。今盗贼未息，知民疾苦，得结辈十数公，落落然参错天下为邦伯，万物吐气，天下少安可得矣！不意复见比兴体制、微婉顿挫之词，感而有诗，增诸卷轴，简知我者，不必寄元：

遭乱发尽白，转衰病相婴。沉绵盗贼际，狼狈江汉行。
叹时药力薄，为客羸瘵成。吾人诗家秀，博采世上名。
粲粲元道州，前圣畏后生。观乎春陵作，欻见俊哲情。
复览贼退篇，结也实国桢。贾谊昔流恸，匡衡常引经。
道州忧黎庶，词气浩纵横。两章对秋月，一字偕华星。
致君唐虞际，纯朴忆大庭。何时降玺书，用尔为丹青。
狱讼永衰息，岂唯偃甲兵。凄恻念诛求，薄敛近休明。
乃知正人意，不苟飞长缨。凉飙振南岳，之子宠若惊。
色阻金印大，兴含沧浪清。我多长卿病，日夕思朝廷。
肺枯渴太甚，漂泊公孙城。呼儿具纸笔，隐几临轩楹。
作诗呻吟内，墨澹字敧倾。感彼危苦词，庶几知者听。[②]

可见，杜甫以诗记事，以诗言志，诗史互动，以当代人写当代史，就是要以“遭乱”之后的地方治政为例，提醒唐代地方官员，“当天子分忧之地”，须常读《春陵行》和《贼退后示官吏作》，认真向“实国桢”的元刺史学习，既“薄敛”于民，又“知正人意”，切不可再生事端，激化社会矛盾，将稍稍安宁之局毁于一旦。

---

① 按，秦在今湖南宁远东北置春陵郡，唐宋时代为道州。

② 《全唐诗》卷222《杜甫》。

第二节 文以载道：道州牧的德育书写

历经杜甫的表彰和呼吁，《舂陵行》和《贼退后示官吏作》这两篇文章日渐传播开来，终成唐代正统“吏学”体系中的经典文献。而且，它们与元结的其他道州“书写”，共同以岭表新文献的方式，刻记了南下“刺郡”者的德育实践与廉政美学。

一、“正直”的诗学政治学

杜甫和元结都是正统文人，诗言志，文以载道，这都是再明白不过的道理。所以，个体的诗学和文学，同时也是政治学。诗赋词章，皆是政治书写。杜甫认为，元结为官“知正人意”，那已经是文治的最高境界。身在衙门，作

图4 《元次山碑》碑亭（位于河南鲁山县第一高级中学附属初中校园）

为地方“一把手”，元结将元氏家训、个人修为、辞章之学等一同带入机关，刷新了岭南传统“吏学”。现观其道州“书写”的内容，主要是围绕“正直论”建构，一是强调地方治理要“静以安人”，二是为政力警“征敛”，切勿官逼民反。

1.《春陵行并序》

此篇正文不足300字，杜甫以“比兴体制、微婉顿挫之词”高度赞扬之，想必其深含古典文教之精蕴。其曰：

癸卯岁，漫叟授道州刺史。道州旧四万余户，经贼已来不满四千，大半不胜赋税。到官未五十日，承诸使征求符牒二百余封，皆曰“失其限者，罪至贬削”。于戏！若悉应其命，则州县破乱，刺史欲焉逃罪；若不应命，又即获罪戾，必不免也。吾将守官，静以安人，待罪而已。此州是春陵故地，故作《春陵行》以达下情：

军国多所需，切责在有司。有司临郡县，刑法竟欲施。供给岂不忧？征敛又可悲。州小经乱亡，遗人实困疲。大乡无十家，大族命单羸。朝餐是草根，暮食是木皮。出言气欲绝，意速行步迟。追呼尚不忍，况乃鞭扑之！邮亭传急符，来往迹相追。更无宽大恩，但有迫促期。欲令鬻儿女，言发恐乱随。悉使索其家，而又无生资。听彼道路言，怨伤谁复知！去冬山贼来，杀夺几无遗。所愿见王官，抚养以惠慈。奈何重驱逐，不使存活为！安人天子命，符节我所持。州县忽乱亡，得罪复是谁？逋缓违诏令，蒙责固其宜。前贤重守分，恶以祸福移。亦云贵守官，不爱能适时。顾惟孱弱者，正直当不亏。何人采国风，吾欲献此辞。①

可见，面临供给与征敛的双重压力，地方守令一旦选择失措，州县必然陷入“忽乱亡”之败局。为此，元结提出“静以安人”的治县策略。他认为，这一选择的合理性就在于：一是“安人天子命”。让民众安身立命，原本就是李唐王朝的合法性根源。作为皇帝委托的地方治权代理人，他若是“悉应其命”，一味地“施刑法”“重驱逐，不使存活为”，结果让王朝失去群众基础，地方政府也就毫无存在的意义。二是“顾惟孱弱者，正直当不亏”。扶助弱者，原本是古代中国的优良传统，具有普遍性的社会价值。所以，“抚养以惠慈”，地

① 《次山集》卷4。

方政府就能得到社会认同，且通过为民众提供实质性保护，建立起自身的权威。三是舂陵远离中央，具体情况瞬息万变，地方治理贵在实事求是，但绝不是迎合上意，不能仅以“违诏”“获罪”与否而作出是非选择，更不能闻风而动，博取“能适时”的虚名。地方“一把手”守土分职，要主动应对基层风险，一切从实际出发，施予变通，切不可将为官一方的“正直论”，建构在个人仕途的“祸福”考量上。相反，“失限”“待罪”也好，“蒙责”“贬削”也罢，只要自己的“逋缓”之政，能使地方“安人”，让“舂陵”再焕生机，则个人无论是“刺郡”还是“治县”，就都不违上古《国风》所歌咏的政治传统了。

2.《贼退后示官吏作》

同样，此篇亦极简短，正文不足150字，但书写意蕴一如《舂陵行》。其曰：

癸卯岁，西原贼入道州，焚烧杀掠，几尽而去。明年，贼又攻永州破邵，不犯此州边鄙而退。岂力能制敌欤？盖蒙其伤怜而已。诸使何为忍苦征敛？故作诗一篇以示官吏：

昔岁逢太平，山林二十年。泉源在庭户，洞壑当门前。井税有常期，日晏犹得眠。忽然遭世变，数岁亲戎旃。今来典斯郡，山夷又纷然。城小贼不屠，人贫伤可怜。是以陷邻境，此州独见全。使臣将王命，岂不如贼焉？今彼征敛者，迫之如火煎。谁能绝人命，以作时世贤？思欲委符节，引竿自刺船。将家就鱼麦，归老江湖边。①

官不如贼，元太守脱口而出的个人感受，的确是个天大的政治讽刺！一方面，盗亦有道。“城小贼不屠，人贫伤可怜。是以陷邻境，此州独见全。”道州民众贫苦不堪，西原贼不忍心下手，绕道别走，坚持着不犯此州。另一方面，贼退官进，征敛杀人。“今彼征敛者，迫之如火煎。”一帮地方官吏，为完成政治任务，积累个人政绩和政治资本，弃民众实情不顾，征敛不息，结果是户无活口，生灵涂炭，反倒成了“绝人命”的真凶。

为民众生命财产提供安全保护，原本是政府的职责所在。现在，为执行“王命”，地方官员横征暴敛，将一个连土匪强盗都不忍心侵犯、奄奄一息的道州，重新推入万劫不复的灾难之中。这帮披着合法外衣的“保护人”，他们对待民众的态度立场及其道德取向，实质上已远远不如土匪强盗。如此败局，

① 《次山集》卷4。

图5 湖南道县黄龙庙供奉“刺堂公公之神位”

究其内因，当然主要是传统专制政治体系——一切集权于上，地方治政日趋于唯“王上”马首是瞻，各级代理人为规避政治风险，宁愿失却主宰一方、为民谋利的担当、胆识和智慧，转而是“奉上”的愚忠和不作为的言听计从越发地疯长，终让上古时代所标榜的“贤人政治”或“圣人政治”等优秀范式，被扭曲成丑陋不堪的“奴性政治”。因此，既然官场如此恶劣，修身齐家治国平天下，传统士人由己推人，由学入政，又何苦要跑到这片“正直”隐晦的场域中趟浑水！所以，制度化的“保护人”彻底蜕变成威胁民众安全和利益的“破败者”，这一可笑且可悲的无奈现实，既让“今来典斯郡”的元结对唐代官场的价值期许破灭了，也令其再生退意——“思欲委符节，引竿自刺船。将家就鱼麦，归老江湖边。”

传统专制时代，官逼民反，官民关系的不断恶化，始终都是催生所谓“土匪强盗”的根源。如果统治阶级的剥削压榨让老百姓无法过正常日子，老百姓就会揭竿而起，为己抗争。所以，元结亲见的“西原贼”，原本就是岭南一帮具有反抗精神、自寻活路的普通民众，他们“伤怜”道州，“不犯”而去，显属同类情感在起作用。受传统儒家正统观念影响，元结对官民关系怀有一份理想主义情结，故对于官、民、贼三者的关系缺乏真认识，还未能明察“视民为贼”的专制主义逻辑，但是，后人不必苛求古人，也不必一概以民主时代的“正直论”予以批判之。

二、“刺史之戒”

“刺史”一职，创始于西汉汉文帝刘恒在位时期，本意是代表中央出刺各地检核官场、澄清吏治，是传统中国自上而下开展廉政建设的一种制度性创新，意义重大。最初，监察人员只是朝廷临时派出的。汉武帝元封五年（前106年），天下始分十三州[①]，每州又正式同设一个监察区，常置刺史一人，“奉诏六条察州”[②]，即进驻十三州各级衙门，监督太守、州牧等地方高级官员，巡视地方强宗豪族。隋唐以后，因其代皇帝外出监察百官，刺探信息，接近皇权中心，故职权进一步扩大。历经变迁，其终由一种临时性差遣的监察大臣，一变而为稳定性的地方行政长官，成为系关一方安危兴衰的军政首脑，与原来的太守、州牧等融为一体，共同改写了传统中国地方治权格局和治理实践。

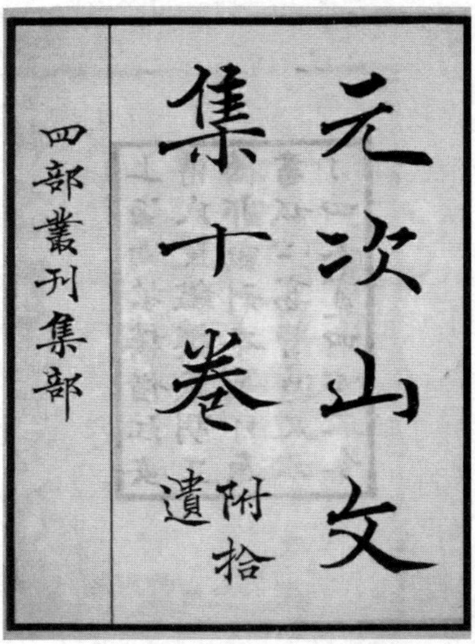

图6　四部丛刊本《元次山文集》

1.《谢上表》

此表文是广德二年（764年）元结对朝廷授职刺史的一个礼节性的致谢，但是，他不务虚文，仍抓住机会，既向皇帝表明不辱符节的决心和担当，又讲出一大套管理唐代刺史的新策略：“臣愚以为，今日刺史，若无武略以制暴乱，

---

① 按，最初的十三州是冀州、青州、兖州、徐州、扬州、荆州、豫州、益州、凉州、幽州、并州、交趾、朔方。

② 按，“六条”的具体内容是：一、“强宗豪右，田宅逾制，以强凌弱，以众暴寡。”二、“二千石不奉诏，遵旧典，倍公向私，旁诏守利，侵渔百姓，聚敛为奸。”三、“二千石不恤疑狱，风历杀人，怒则任刑，喜则淫赏，烦扰苛暴剥戮黎元，为百姓所疾，山崩石裂，祅实讹言。”四、“二千石选署不平，阿附所爱，蔽贤宠玩。”五、“二千石子弟恃怙荣势，请任所监。”六、“二千石违公下比，阿附豪强，通行货赂，割损政令。”

若无文才以救疲弊，若不清廉以身率下，若不变通以救时须，一州之人不叛，则乱将作矣。岂止一州者乎？臣料今日州县，堪征税者无几，已破败者实多；百姓恋坟墓者盖少，思流亡者乃众。则刺史宜精选谨择以委任之，固不可拘限官次、得之货贿、出之权门者也。凡授刺史，特望陛下一年问其流亡归复几何、田畴垦辟几何；二年问畜养比初年几倍、可税比初年几倍；三年计其功过，必行赏罚，则人皆不敢冀望侥幸苟有所求。”①

一是提出“刺史四能说”，基于“刺郡”的治理特征，既强调个人武略、文才，又要求清廉与变通。换言之，唐代理想型的“刺郡”政治，既是一种能人政治，同时更需是一份道德政治。《礼记·礼运》说：“大臣法，小臣廉。”对此，清代顺治皇帝（1638—1661年）后来解释曰：“大臣不廉，无以率下，则小臣必污。”②显见地方“一把手”的道德取向，对于衙门吏风的政治价值。二是刺史权重，朝中竞争激烈，为防止结党营私，元结主张“精选谨择”，在选官环节上坚守“三不可”原则——“不可拘限官次、得之货贿、出之权门者”。具体而言，就是要放开门第、资历、品级等方面的身份限定，打破贵族世袭与垄断，扩大选拔范围和资源总量，不拘一格地选拔干才，量才择人，切断新选“刺史”与公卿富室和巨族势家的关系纽带，确保合法性授权，让地方“一把手”真正成为中央皇权的代理人，长期维系稳定的央地政治关系。三是统筹兼顾，过程管理与目标管理相统一，既抓紧地方行政体系中的人口、耕地、畜养、赋税等关键性治理指标，分年次考核治效，又在三年治满结束时，整体“计其功过，必行赏罚”。其中，将一个乱世之局引向治世之境，为地方带来一片新天地，才是根除行政不作为、抑制官场奔竞和检讨“刺郡”治效的最好尺度。

刺史脱离监察系统而转向行政化，是传统中国政治发展面临的重大挑战。在唐代治权分配体系和权力空间中，刺史承上启下，已至为关键：驭之不严，就会坐大侵主，藩镇之祸转眼复兴；统得过死，又将因循县政，州级建置形同虚设。所以，元结此表既是对中晚唐政局趋败的一种简要分析，也为革新官政拟出了一剂富有针对性的良方。虽说设官分职古今异质，但元氏之议，至今仍具参考价值。

---

① 《次山集》卷10。

② 《御制人臣儆心录》，载乔立君主编《官箴》，九州出版社，2004年，第227页。

2.《刺史厅记》

此记是元结《谢上表》后，在道州“刺郡”实践中生成的又一份“吏学”文献。全文不足300字，但寓意深远。其曰：“天下太平，方千里之内，生植齿类，刺史乃存亡休戚之系。天下兵兴，方千里之内，能保黎庶，能攘患难，在刺史尔。凡刺史若无文武才略，若不清廉肃下，若不明惠公直，则一州生类，皆受灾害。于戏！自至此州，见井邑丘墟，生人几尽。试问其故，不觉涕下。前辈刺史，或有贪猥昏弱，不分是非，但以衣服饮食为事。数年之间，苍生蒙以私欲，侵夺兼之，公家驱迫，非奸恶强富，殆无存者。问之耆老，前后刺史，能恤养贫弱，专守法令，有徐公履道、李公廙而已。遍问诸公，善或不及徐、李，恶有不堪说者。故为此记，与刺史作戒。自置州以来，诸公改授，迁黜年月，则旧记存焉。”①

可见，除了重提“刺史四能说”，他还在道州“问之耆老”“遍问诸公”，深入地方民间记忆，整理历代道州刺史人物谱系，类分贪廉。最终，令他震惊的是，除徐履道、李廙②两位刺史，因“能恤养贫弱，专守法令”，尚在民众记忆之外，其他人等“善或不及徐、李，恶有不堪说者”。更不用说，“或有贪猥昏弱，不分是非，但以衣服饮食为事”。前前后后的道州刺史们，川流不息地南下代理皇命，但皆如过眼云烟，总体上都没有为地方留下美好的政治记忆。相反，边疆“刺郡”之弊，令人瞠目。

其中，载之方册的就有家世显赫的刺史裴虬（字深源，河东闻喜人）③。裴氏曾一度在“安史之乱”期间避难武昌一带，与元结互为知音，多有往来。代宗朝，身为谏议大夫，裴虬因事出为楚州刺史，旋移温州，又贬为驩州司户（在今越南境），后北迁至永州、朗州（今湖南常德市），于贞元二年（786年）死于朗州司马任内。后世多盛赞其“性情高洁，行方践义”“以道存匡济，才为人伦之冠”④。而且，先有权相李吉甫为其父裴旷撰墓志，后又见士界领袖韩愈为

---

① 《次山集》卷9。

② 按，唐太宗玄孙，门荫入仕，累迁河南尹、尚书左丞等。子李位，任邕州都督。

③ 按，后来，其兄裴鷗任容州长史。

④ 阎伯均：《太子通事舍人河东裴君（虬）夫人博陵崔氏墓志铭》，载吴钢主编《千唐志斋新收墓志》，三秦出版社，2006年，第245页。

其子裴复撰《河南少尹裴君墓志铭》。[①]但是，如此风云人物，元结摒弃私交，还是一依道州的民间记忆，存名忘实，将其列入“作戒”之属。总之，元结已认识到，“刺史四能”只是为政的一个起点和选人的基本要求，真正实现“刺郡”政治，无论是“天下太平”，还是“天下兵兴”，都要坚守“刺史之戒”：方千里之内，以地方黎庶的存亡休戚为重心，切莫做让民众无法记起或“不堪说”的空头守官。

贞元十四年（798年），国子司业阳城（约735—805年，字亢宗）贬为道州刺史。据《新唐书·阳城列传》载，柳宗元为之撰文，曰：“阳公在朝，四方闻风，贪冒苟进邪薄之夫沮其志，虽微师尹之位，而人实瞻望焉。与其化一州，其功远近可量哉！”对其谪宦政治寄予厚望。阳城到任后，一是“治民如治家，宜罚罚之，宜赏赏之，不以簿书介意。月俸取足则已，官收其余。日炊米二斛，鱼一大鬻，置瓯杓道上，人共食之”。二是“州产侏儒，岁贡诸朝，（阳）城哀其生离，无所进，帝使求之。城奏曰：‘州民尽短，若以贡，不知何者可贡。’自是罢。州人感之，以‘阳’名子”。三是“前刺史坐罪下狱，吏有幸于刺史者，拾不法事告城，欲自脱，城辄榜杀之”。四是“赋税不时，观察使数诮责。州当上考功弟，（阳）城自署：‘抚字心劳，追科政拙，考下下。’观察府遣判官督赋至州，怪城不迎，以问吏，吏曰：‘刺史以为有罪，自囚于狱。’判官惊，驰入，谒城曰：‘使君何罪？我奉命来侯安否耳。’留数日，城不敢归，仆门阖，寝馆外以待命。判官遂辞去。府复遣官来按举，义不欲行，乃载妻子中道逃去。顺宗立，召还城，而城已卒，年七十”。[②]

阳城治州显然彰显了“刺史四能”，活脱脱就是元结“刺史之戒”的后来执行者。其中，先是奏罢非人性的矮奴贡，“州人感之，以‘阳’名子”；后又不忍追科，自囚入狱不说，终至携家弃官而去，让治政道州成了他最后的绝唱。但值得一提的是，元、阳两道州刺史的授权差异，在传统专制时代又内在决定了二人不同的政治命运：阳城在州政中能一如元氏，以“义不欲行”的价值观拷问地方行政，且多获创举，但贬官之身，使他不能像元结那般“撼动”圣听，终善其身。相反，二人先后演绎出一晋一弃的人生轨迹，暴露出皇权时代不健康的权力思维及运行逻辑：“谪宦”刺郡，终非常道，何足道焉！

---

① 按，参引江依璇博士《读裴虯家族墓志四则——以裴虯为研究中心》，武汉大学珞珈中古史青年学术沙龙第16期，2012年4月12日。http://39history.whu.edu.cn/newsopen.asp?id=340。

② 《新唐书》卷194《阳城列传》。

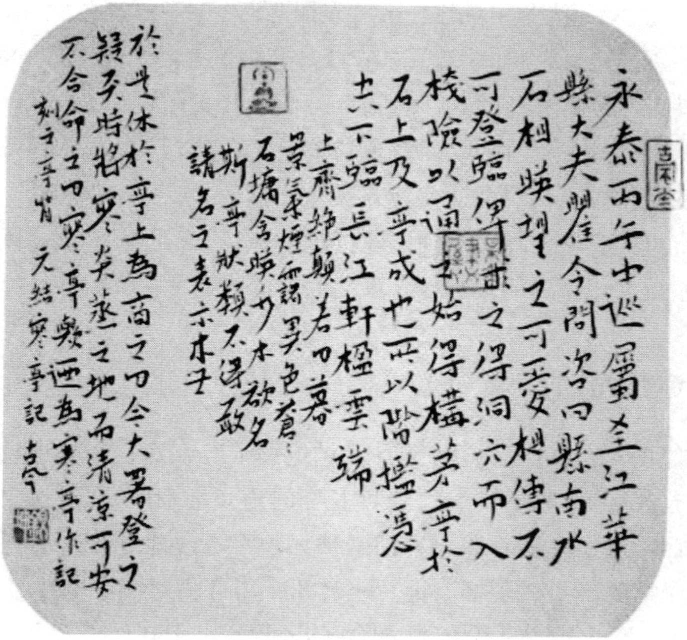

图7　元结在湖南江华所撰的《寒亭记》

元和三年（808年）秋，吕温［771—811年，字和叔，贞元十四年（798年）进士］贬道州刺史，读到《刺史厅记》，撰有《后记》曰：

壁记非古也。若冠绶命秩之差，则有格令在；山川风物之辨，则有图牒在。所以为之记者，岂不欲述理道、列贤不肖以训于后，庶中人以上得化其心焉？代之作者，率异于是，或夸学名数，或务攻为文，居官而自记者则媚己，不居其官而代人记者则媚人。《春秋》之旨，盖委地矣。贤二千石河南元结字次山，自作《道州刺史厅记》，既彰善而不党，亦指恶而不诬，直举胸臆，用为鉴戒。昭昭吏师，长在屋壁。后之贪虐放肆以生人为戏者，独不愧于心乎？予自幼时读《古循吏传》，慕其为人，以为士大夫立名于代，无以高此。前年冬，由尚书刑部郎中出为此州，虽履剧自课，而未能逮其意也。往刺史有许子良者，辄移元次山《记》于北牖下，而以其文代之。后亦有时号君子之清者莅此，熟视焉而莫之改。岂是其难乎？予也鲁，安知乎他，即命圬而书之，俾复其旧，且为后记，以广次山之志云。①

---

① 祝穆：《古今事文类聚续集》卷5《道州刺史厅后记》。

可见，这款壁记“彰善而不党，亦指恶而不诬”，亮堂堂地摆在衙门里，让后来的“许子良者”“时号君子之清者”等刺史大员们的确看不顺眼。于是，这些官员就曾一度将其迁移到“北牖下，而以其文代之”，希望就此淡化、淹没之。所幸吕温南贬“刺郡”，发现“壁记非古”，读出媚己媚人的新壁记是后人改写的产物，已尽失元氏宗旨，故重新拯救之，“昭昭吏师，长在屋壁”，才让这份宝贵的吏学文献又回到原地，复见真貌。所以，一则元氏文献的流传史，让人看出文以载道的艰难！官场文厄之害，大矣！

三、道州两“奏免”

据上文可知，764年和766年，元结连续上奏朝廷，最终成功减免道州租税。此两道各400字左右的奏文，即是当时道州活命的历史铁证！谁曾料到，唐宋转型后，到了南宋时期，它们又被人一字不改地继续向南传播，由湘入桂，流入元结的另一“刺郡”地——容州，并正式勒石，以为广西衙门的官箴。[①] 所以，虽然事件的原始发生地在岭外道州，但在后人看来，元氏的政治实践一以贯之：起始于道州“奏免”，终归于容州“元子之政”，实将刺史的道德建设进行到底。故现将元结的奏文分录于下，以期于在唐代制度化的君臣对话与上下信息沟通机制中，深察边疆刺史基于民生实情，调适中央—地方关系，弃王命“催科”之责，恳行地方“放免”之权的不懈努力。

1.《奏免科率状》

广德二年奏敕依，当州准敕及租庸等使征率钱物，都计一十三万六千三百八十八贯八百文（一十三万二千四百八十贯九百文，岭南西原贼未破州已前；三千九百七贯九百足，贼退后征率）。以前件如前。臣自到州，见租庸等诸使文牒，令征前件钱物送纳。臣当州被西原贼屠陷，贼停留一月余日，焚烧粮储屋宅，俘掠百姓男女，驱杀牛马老少，一州几尽。贼散后，百姓归复，十不存一，资产皆无，人心嗷嗷，未有安者。若依诸使期限，臣恐坐见乱亡，今来未敢征率，伏待进止。又岭南诸州，寇盗未尽，臣州是岭北界，守捉处多，若臣州不安，则湖南皆乱。伏望天恩，自州未破以前，百姓久负租税，及租庸等使所有征率和市杂物，一切放免；自州破以后，除正租、正庸及准格式合进

① 参见本章第四节。

奉征纳者，请据见在户征送，其余科率，并请放免。容其见在百姓产业稍成，逃亡归复，似可存活，即请依常例处分。伏愿陛下以臣所奏下议有司，苟若臣所见愚僻，不合时政，干乱纪度，事涉虚妄，忝官尸禄，欺上罔下，是臣之罪，合正典刑。谨录奏闻。①

2.《奏免科率等状》

永泰二年奏敕依，当州奏永泰元年配贡上都钱物，总一十三万二千六百三十三贯三十五文（四万一千二十六贯四百八十九文，请据见在堪差科征送；九万一千六百六贯五百四十六文，配率请放免）。以前件如前。臣当州前年陷贼一百余日，百姓被焚烧杀掠几尽，去年又贼逼州界，防捍一百余日。贼攻永州，陷邵州，臣州独全者，为百姓捍贼。今年贼过桂州，又团练六七十日，丁壮在军中，老弱馈粮饷。三年已来，人实疲苦。臣一州当岭南三州之界，守捉四十余处。岭南诸州，不与贼战，每年贼动，臣州是境上之州，若臣州陷破，则湖南为不守之地。在于征赋，稍合优矜。今使司配率，钱物多于去年一倍已上；州县征纳，送者多于去年二分已下。申请矜减，使司未许。伏望陛下以臣所奏，令有司类会诸经贼陷州，据合差科户，臣当州每年除正租、正庸外，更合配率几钱，庶免使司随时加减，庶免百姓每岁不安。其今年轻货及年支米等，臣请准状处分。谨录奏闻。②

总之，元结经营岭北，县政与州政并治，德育书写与德政实践相结合，在地方治理进程中，伴随着《舂陵行》到《奏免科率等状》等文献生成，以文载道，一份乱世治廉、文质彬彬的新方法论日渐浮出水面。

第三节 “容管”经略使的德育创新

唐大历三年(768年)，元结“进授容管经略使”，以容州刺史兼容管经略使、容州都督，既是地方最高军政长官，更是坐镇南中国的封疆大吏。礼部侍郎、潭州刺史张谓撰《甘棠颂》，美其政绩。从政治空间上来看，由道州深入容州，

① 《次山集》卷10。

② 《次山集》卷10。

其地已远在传统“五服”外缘①，“夷夏之防”更显紧张。按理，元结“刺郡”道州，堪是当世典范，论功行赏，当予厚爱。现在，将一老“叟”继续由岭北派驻岭南，李唐朝廷实乃有不得已的苦衷——趁势借助他的才干胆识，去改进晚唐岭南的边疆治理败局。于是，君命难违，元结将其衙门德育方法论带入岭南，且在南疆这片大地上，亲身实践、完善和发扬之。

一、边疆新“经略”

唐代初年成书的《十道志》②，专门记有此际岭南的人情风俗。其中，容州的“图像”大体就是：“容管夷多夏少，鼻饮跣行，好吹葫芦笙，击铜鼓，习射弓弩，不习文学，人性刚悍轻生。”③看来，因人口构成与中原殊异，少数民族众多，其独特的生计习性爱好，志书作者显然不太认同。换言之，容州与元结往日熟悉的“岭北三州”（道州、永州和邵州），地气相接，但分别悬殊。因地制宜，地方治理的差异性策略和权变之宜，尤显重要。

图8 20世纪30年代容县古城墙（美国玛利诺教会传教士里奥·琼斯神父拍摄）

① 按，五服制度原是为死去的亲属服丧的制度，规定不同血缘亲疏的人要区分等级，对应穿着斩衰、齐衰、大功、小功、缌麻五种不同丧服。后来，以“五服论”为基础，发展出以天子为核心、根据距离远近和亲疏程度而定的天下治理格局及其朝贡体系：甸服、侯服、绥服或宾服、要服、荒服。

② 按，贞观年间，分全国为10道、358州府，依次有河南、关内、河东、河北、陇右、山南、剑南、淮南、江南和岭南10道。

③ 转引自李贤等《明一统志》卷84《梧州府》。

受“安史之乱”影响，朝廷因中原兵源不足，率常“频诏征发岭南兵”[①]。结果，为躲避繁重的兵役，岭南各族奋起反抗。于是，官方的“夷乱”书写，连篇累牍。元结刚一入桂，“岭南蛮酋梁崇牵自称平南十道大都统，据容州，与西南蛮张侯、夏永等，连兵攻陷城邑”[②]。这份不请自来的“见面礼”，让容州的新“一把手”当时进不了州城不说（时州治在普宁县），就连办公的正常处所都无法稳定。他只好以容州属梧州府辖区为由，“寄治苍梧”，暂居外地，一边在流动中打“游击战”，一边“遥理”容州政务。

赴任途中，经过梧州，他品尝到当地特产“冰泉豆浆”，思绪万千，很有感触，当即写下一首脍炙人口的《冰泉铭并序》:“苍梧郡城东二三里，有泉焉。出在郭中，清而甘，寒苦冰。在盛暑之候，苍梧之人得救渴。泉与火山相对，故命之曰冰泉，以变旧俗。铭曰：‘火山无火，冰泉无冰。惟彼清泉，甘寒可征。铸金磨石，篆刻此铭。置之泉上，彰厥后生。’”[③]吃到嘴里的新东西，产自岭南独特之山水，是本土“自然的人化”的结果。一山一水，终造就奇异的豆浆饮食及其特色文化。一物一性，大自然造物如此，岭南治政亦当如此！边疆社会恒在的人地关系、空间结构等，已积累起多重的治理资源。看来，诗人已将托物言志的传统诗学，发展到以物喻政的新层面。关注本土资源禀性，元结已倾向于以桂治桂，悉心探讨它们对于“以变旧俗”和“彰厥后生”的政治价值。

于是，与其早年“讨贼”建功不同，这一次元结“单车将命，赴于贼庭”[④]，赤手空拳，只身进入溪峒地区，逐个会见少数民族首领。一是晓以大义，劝勉抚慰，对大家目前的处境极示同情；二是宣扬政教，说明自己也是鲜卑人，朝廷里当官的少数民族占有六分之一，政府对少数民族“爱之如一”，没有什么大差别；三是消除身份障碍，与首领们歃血为盟，结为兄弟，巩固诚信，令其永不言叛。结果，“六旬而收复八州”，“容府自艰虞以来，所管皆固拒山谷”的不利局面，彻底为之一变。[⑤]

---

① 《旧唐书》卷157《王翃列传》。

② 《资治通鉴》卷224《唐纪》。

③ 《元次山集》卷6，中华书局，1960年，第157页。按，旧本未收此篇。

④ 《次山集》卷12《让容州表》。

⑤ 颜真卿:《颜鲁公集》卷5《唐故容州都督兼御史中丞本管经略使元君表墓碑铭并序》。

图9　容县古经略台门楼

最终，元结成功进驻容州城，并当即在绣江边上，择址建起一座“经略台”：长约50米，宽约15米，高约4米；四周砌有砖石，中间分层，以夯土压实，土上堆砂，约1米厚；三面临江，平时充作练兵选将之地。因刚好扼住出入大容山的咽喉，经略台既是征查河道税费的关卡，又可捉拿逃犯和保障船只来往安全。可以说，元结新建的经略台，不仅只是地方政府在容州合法行政的办公场所和历史见证，更是国家权力在边疆社会的象征和政治符号。自此，国家在场，“平蛮节镇绣江开”[①]，基于绣江航道的开通与整饬，唐代岭南“容管”的政治活力为之一变，“寄治苍梧”的历史一去不返。随着国家控制力的提高，边疆内地化进程日趋加快。

二、《自箴》：边郡刺史的君子信仰

道州任上，元结多有山水游记散文问世。南下容州后，这一类旅行书写少了许多。这倒不是广西山水不如湖南，而是文以载道有了新发展。作者内求

---

① 李永茂：《登经略台吊元次山》，载容县文史资料收集编辑室编《容县文史资料选辑》第三辑，1982年印制，第168页。

于心，已偏好于哲理性小品文。例如，地方趋于稳定后，元结更加注重修德自养。当时，他写有《自箴》一文，记载身边发生之事：“有时士教元子显身之道，曰：‘于时不争，无以显荣；与世不佞，终身自病。君欲求权，须曲须圆；君欲求位，须奸须媚。不能此为，穷贱勿辞。’元子对曰：‘不能此为，乃吾之心。反君此言，我作《自箴》：与时仁让，人不汝上；处世清介，人不汝害；汝若全德，必忠必直；汝若全行，必方必正。终身如此，可谓君子。’”[①]

图10　容县古经略台门楼侧照

在唐代“五管”边要体系中[②]，容州是岭南要州，与作为边州的邕州有差异。[③]宋人祝穆《方舆胜览》论及此州时，摘引《唐容管经略刺史题名记》中一段颇具感触的官场总结：“宋璟、李勉、杜佑、马植、卢钧、李渤、王渤辈，皆一时名臣，由五管罢归，多至卿相。”得出一个“仕五管者多至卿相”的结论。同时，他又在“四六”条目下，拟成一段韵文曰：“出绛严宸，介于桂广，元次山之故封，汉控百蛮，关实雄于林邑，唐为五管，镇尤重于铜州；分符容管，杂以民夷，葛稚川之仙境，勾漏名山，夙号神仙之宅，普宁置管，实为卿相之阶。”[④]看来，唐代任职容州刺史，青云前景可观。

于是，他人邪恶地给出建议，鼓动元结好好利用容州这个“卿相之阶”，悉心做好“求权”“求位”之事，以便最终达到“显身”“显荣”的理想结果。

---

① 《次山集》卷6。

② 乐史《太平寰宇记》卷157《岭南道一·广州》载：“永徽后，以广、桂、容、邕、安南府，皆隶广府都督统摄，谓之五府节度使，名岭南五管。”

③ 艾冲：《论唐代“岭南五府”建制的创置与演替——兼论唐后期岭南地域节度使司建制》，《唐都学刊》2011年第6期。

④ 《方舆胜览》卷42《容州》。

对于这些既不正义也不正道的诱惑和怂恿，元结针锋相对地予以严厉批评，一如既往地坚守本心，且告诫自己：身在衙门，仍旧要继续做一个践行仁让、清介、忠直、方正的“君子”。

学优则仕，这是中国育士的古训。但是，一个人修养好自身“进机关”后，随着权力渐大，个体既会容易弃“学”从“政”，将儒家学问视为“敲门砖”而抛诸脑后，又会让那些侵蚀心性的新东西随之而入。只有坚持让传统儒家道德信仰不断地跟从自身“进机关”，且源源不断地充实、完善“衙门道德”，促成政治伦理的升级与飞跃，一个人的人格发展和治政实效，才会更上一层楼。所以，元结时刻自觉地将儒家“君子”信仰引入机关，清醒地以“君子”人格检点“刺郡”者的干部人格，创新了地方官员的德育方法论。

相较于道州时期，元结仍然坚持践行“刺史四能说”，只是侧重点已多有调整：前期的武略征讨，已退居末位；而边疆清廉之重，显见提升。因为边疆不同于内陆，若吏风不振，信仰迷失，则即刻动摇民心，激化民族冲突，甚或引入外来侵略势力，燃起分裂国家的战乱之火。一句话，边关无小事，一方诸侯，系关国运。因此，要率先从信仰开始，为广西地方干部树立起永恒不变的“君子”志向。换言之，边陲社会就是一块试金石：守不住贫穷，耐不住寂寞，把持不住心性，练就不出清廉的内骨和“君子”人格，就不配做一个“进机关”的边疆大臣！“无德不边”，信然！

三、《七不如》：唐宋“吏学”转型

为进一步促成边疆官员自律，元结还结合自己求道向善的认知历程，以“如—不如”正反对比鲜明的思辨性笔法，写成《七不如篇有序》：

元子常自愧不如孩孺，不如宵寐，又不如病，又不如醉，有思虑不如静而闲，有喜爱不如忘其情，及其甚也，不如草木。此意多显于元子者。或曰：“讧如是，不如则不如也，不如如者，止于此乎?”元子于是系之于人事，演之于此喻，始为《七不如》，不如之义，始极也！

第一，元子以为人之毒也，毒于乡、毒于国，毒于鸟兽、毒于草木，不如毒其形、毒其命、毒其姻戚、毒其家族者尔。于戏！毒可颂也乎哉？毒有甚焉，何如？

第二，元子以为人之媚也，媚于时、媚于君、媚于朋友、媚于乡县，不如媚于厩、媚于室、媚于市肆、媚于道路者尔。于戏！媚可颂也乎哉？媚有甚焉，何如？

第三，元子以为人之诈也，诈于忠、诈于信、诈于仁义、诈于正直，不如诈于愚、诈于弱、诈于贫贱、诈于退让者尔。于戏！诈可颂也乎哉？诈有甚焉，何如？

第四，元子以为人之惑也，惑于邪、惑于佞、惑于奸恶、惑于凶暴，不如惑于狂、惑于诞、惑于玩弄、惑于谐戏者尔。于戏！惑可颂也乎哉？惑有甚焉，何如？

第五，元子以为人之贪也，贪于权、贪于位、贪于取求、贪于聚积，不如贪于德、贪于道、贪于闲和、贪于静顺者尔。于戏！贪可颂也乎哉？贪有甚焉，何如？

第六，元子以为人之溺也，溺于声、溺于色、溺于圆曲、溺于妖妄，不如溺于仁、溺于让、溺于方直、溺于忠信者尔。于戏！溺可颂也乎哉？溺有甚焉，何如？

第七，元子以为人之忍也，忍于毒、忍于媚、忍于诈惑、忍于贪溺，不如忍于贫、忍于苦、忍于弃污、忍于病废者尔。于戏！忍可颂也乎哉？忍有甚焉，何如？①

图11　容县真武阁（明代在经略台原基上建起）

①《次山集》卷5。

可知，元结南下后，见闻日富，认知日进。基于“不如如者，止于此乎”的思想反诘，他超越传统士人治身的七大病患——毒、媚、诈、惑、贪、溺、忍，石破天惊地提出“毒可颂”“媚可颂”等七个新命题，且顺应儒释道三教合流的时代节拍，逐一探讨其“可颂”之因，建构出各自的“不如之义”，将汉唐旧式老套的“不如如者”的践约苦行，推入新的“喻政”之境。此则文献既是汉唐之后“儒学复兴”的思想体现，又为宋代中国“转向内在”和两宋“吏学”转型提供了充足养分，将汉唐力主功名的“卿相”之志，转而推向道德主体的内在建构。

具体来讲，元结认为，世上所谓“屈才抱憾”之流，要么怨乡恨国，要么求全责备于鸟兽草木所构筑的外在之境，实质上，“君子求诸己”，明心见性，对形体、命运、血缘关系和社会组织的种种束缚，敢于挑战与善于破除，才是一份值得称颂标榜之“毒”。同样，可颂之“媚”，就是除了决不做成向时尚流俗、身份权势低头的奴才，自己更需眼光向下，服务于村坊市井，甘愿为百姓苍生效犬马之劳；可颂之“诈”，亦不是鼓励高议伪行、巧言令色，而是执意不争、不显、不露，为人低调，抱朴守拙；可颂之“惑”，自然不是耸人听闻、妖言惑众，而是自身始终坚守住一份对原始本真的深度痴迷与固执性探索；可颂之“贪”，与恋恋不舍于权谋富贵相反，是强调个体要以毕生精力倾注于道德心性建设；可颂之“溺”，更不是鼓励人追求歌舞升平的外在刺激，而是要潜心究理，表彰人间正义；最后，可颂之“忍”，就是既要养成“是可忍孰不可忍”的胆气，更需有“君子固穷”的内在坚持。真如是，则个体才会建成新的主体性精神，独立于天地万物之间，与宇宙同在！

第四节　“不坠元子之政！”

不幸的是，母亲突然病逝，元结要离职守丧。当地“民乐其教”，大家舍不得他离开，就自发组建一个“请愿团”，专门跑到节度府那里，请求奏请留任元结。皇帝得悉此事后，为表彰“刺郡”风范，“夺情起复”[①]元结，且加封

① 按，处置丁忧官员的一种特殊制度，即官员可不必解官回乡守孝，而由朝廷“夺去”孝亲之情，令其治丧结束后穿着素服办公。

左金吾卫将军。不过，好景不长，大历七年（772年）元结病逝。为怀念这位南下的廉洁大臣，地方民众迅速竖立一块“元结德政碑”。可见，当年元结编撰《刺史厅记》，一度开创臧否道州刺史的新方法，如今岭南民众已实得其传。翻开历史记载就能发现，其人虽死，但“书写”与记忆从未间断，其精神风骨、廉政信仰依然留驻容州。其中，“元子之政”这么一个精辟简练的新话语，已成为容州地方治理的新象征，为后代边政提供了新资源。

一、“思元堂”：边郡德育新基地

北宋末期，济南人王次翁（1079—1149年）[①]同样是在做过道州地方长官（知州）后，于建炎二年（1128年）出知容州。到任后，他“慕元结之为人，取结在道州时《乞免科率》二奏，刻之石，并刻其遗像，以便观省。且曰‘庶不坠元子之政也’”[②]！前贤之德，丝毫不敢懈怠。另外，他又专门建起一座“思元堂”（一说“次山堂”），正式安放这两块石刻和元结遗像，时不时率领容州大小官员来到此地接受廉政教育。

图12　容县绣江船桥（西方传教士1932年拍摄）

① 按，字庆曾，号两河先生，崇宁年间进士，1140年为参知政事。

② 汪森：《粤西文载》卷63《名宦》。

“《乞免科率》二奏”原是道州刺史正式上奏朝廷的文书，行政色彩极其鲜明。现在，它们由王次翁逐字引入广西，将行政文书一变为廉政文献，实有助于岭表南北文化的交流互动。而且，在器物层面上，王次翁既重新采用官方石刻等手段将其予以具象化，又新置祠堂馆所，在衙门巧设专场加以宣传。虽然王次翁后来依附奸相秦桧（1090—1155年），还直接参与罢免韩世忠（1089—1151年）、张浚（1097—1164年）和岳飞（1103—1142年）三大名将的政治阴谋，被后人斥骂为秦桧的“狗头军师”，但是，他在地方上表彰“元子之政”，促进边疆衙门德育方法论的传承发扬，可圈可点，故不可因人废事。

特别是，当时有大盗马友、孔彦舟、曹成更三人率众占据长沙，为乱地方，宋廷为了平息动乱，准备从容州调发“粮刍三十万”，以济军需。此道军令一下发，“一把手”王次翁即刻回报，说自己这里已办理妥当，随时可应命发粮。对此，下属们很吃惊，就私下询问原委。王知州说：“兵未必发，先扰民，可乎？吾以一路常平上供计之，不啻三十万。”[①] 显然，往昔元结“刺郡”的选择取向，犹在眼前：一是重民情而非军情，继续守住“天下少安”之旨和“不扰民”的治政底线；二是面临供给与征敛的双重压力，坚持“舂陵”法度，“静以安人”；三是地方“一把手”得其专权，适与变通，便宜行事；四是地方正供之外，决不临时派遣和加赋，杜塞借军机蚕食剥民之不良端口。此事结果还真如其所料，长沙动乱不攻自息，容州民众亦得以免遭一次突如其来的征缴与盘剥。所以，王次翁作为容州“新刺史”，不仅仅只是标榜岭表文献，形塑出“元子之政”，其本人更能以身践行，在政治实践中促进宋代岭南边政的“内地化”。

此后，以“元子之政”为主题的诗词创作和知识再生产，如同现代机关干部撰写廉政心得体会一样，络绎不绝。其中，最著名的是南宋名相李纲（1083—1140年），他一度从贬地海南岛回京，途经容州，参拜元结遗像，睹物思人，思绪万千，撰诗曰：“华堂高敞为思元，善政相望数百年。册府声名秀群玉，海邦岩洞有参天。漫郎去久风流在，病客来临道里邅。圣主中兴谁作颂，愿观老手笔如椽。”[②] 所以，“海邦岩洞有参天”，他基于自己入岛治儋的经历，已然深知“思元堂”及“漫郎风流”对于边疆地区的政治价值。

---

① 《宋史》卷380《王次翁列传》。

② 李纲:《梁溪集》卷49《元结尝经略容管王守作次山堂以思其人为赋此诗》。

到了明代，元结的河南老乡李永茂（1601—1648年，字孝源）[①]亦有《登经略台吊元次山》二首，曰：“名世文章王佐才，平蛮节镇绣江开。君生肃代犹英主，我遘艰虞便自灰。洞里猗玗人未老，山前锦石凤空哀。英雄成败何曾定，五丈秋风万古情。君家嵩北我河南，赣水容山各一嵁。二表让官终遇主，几年罹谤独怀惔。樊江漫叟春晖永，百粤遗民壮志韽。人力愧难齐世运，无妨元子驾参骖。”可见，作者巧设比较，将两位河南人的岭南遭际，相衔于李唐、朱明两个王朝的政治命运。800年间，一者“平蛮节镇绣江开”，一者“百粤遗民壮志韽”，今不如古，这一治一乱的理边史，令后人既羞愧又难掩悲凉。唐代“元子之政”在后世边疆治理进程中的源头价值和警示意义，由此昭然若揭。

二、“见贤思齐”：边疆德治内地化

南宋时期，广东高要人谭惟寅（字子钦）[②]来容州任通判，一并整理前代的“刺郡”故事，重新建起一座综合性的“思贤堂”，以示景仰。如果说，当年元结编撰《刺史厅记》，只是类分贪鄙、善恶并呈，对所有“刺郡”治效来了一次透明公示和大曝光的话，那么，身为两广本土精英，谭惟寅精选的“安史之乱”以后的“容州五贤”——元结、屡平兵变的王翃（770年左右在任）、“贞元第一清官”戴叔伦（788年左右在任）、“元和循吏第一”韦丹（806年左右在任）[③]和王次翁，既建构出四百多年间“元子之政”真实的历史谱系，又彰显了唐宋容州内地化进程中“贤人政治”的传承轨迹。基于此，以“元子之政”为中心的清官信仰，日盛于容州。

谭惟寅学问很好，是理学名儒，强调心性道德，著有《大学义》《中庸义》《四书本旨》《蜕齐讲学》《青玉轩诗集》等。《论语·里仁篇》载：“子曰：见贤思齐焉，见不贤而内自省也。”“见贤思齐”也作“见德思齐”。可见，“思贤堂”所思之义甚明。换言之，“清正衙门在边关”，他就是要在岭南政治空间中，

① 按，号约生，河南南阳人，崇祯十年（1637年）进士，官至太子太保、东阁大学士兼礼部尚书。崇祯皇帝御书“洁己效忠”匾额，以及“豫南国士无双，河北循良第一”对联褒奖之。任桂王朱由榔礼部尚书时，曾一度避难容县。

② 按，绍兴三年（1133年）进士，淳熙十三年（1186年）提举广西盐铁，后历任广东提刑、江西提刑。入容县名宦祠。

③ 按，参见杨天保《客籍廉吏传》第七、八章，广西师范大学出版社，2011年。

为中国德治扎根边疆、深入开展新的实践，振臂一呼。其中，岭南治权者既要向“容州五贤”看齐，整个边疆的治理能力和治理水平，亦要向中原内地看齐。

图13　唐容城狮纹砖（1992年出土）

在传统“中心—边缘”政治格局中，西南边疆远离中央，受技术等客观限制，天高皇帝远，刚开始难以与内地州郡实现同步治理。但是，这一状况并未长久持续。随着国家控制力的加强，流动人口的大量迁入，以及社会生产生活的持续转型，边疆日趋内地化，“边疆治理”亦日趋转向“地方治理”。换言之，边疆一旦趋稳，与内地一样的地方治理需求就日显突出。所以，逐步实现边疆省、州、县各级行政的“内地化”，既有助于完善国家治理体系，又是创新边疆治政的核心问题。可以说，谭惟寅总结唐宋容州之政，表彰“容州五贤”，亦是对边疆地方治权运行所作的一次精辟剖析。“平蛮节镇绣江开”之后，容州政治迎来新局，后继者踵前贤之治迹，只有在“边隅”中坚守“廉隅”，与中原道德风尚一致，才真正做到“不坠元子之政”。

第二章

皇族名将李复治容

南疆重鎮

百越鎖鑰

古代地方衙门是中央皇权的代理机构，当听中央定夺，但基层具体真实、复杂的行政抚民，为地方治权的演绎、运行与再生产提供了无限空间。发展到后来，有些地方势力已不容小视，甚至于直接改写央地之间原有的权力分配。容县位居广西东南，自古有容州、铜州等州级建制。上文所述“元子之政”，显见其重，以下再进行深入分析。

第一节 容州德政之重

广西政治文化发展与地缘政治密不可分。从山川形势来看，容县东边是“东北→西南”走向的云开大山及其入海的延长线，大体构筑了一道与广东相隔离的天然屏障；西侧又继续以“东北→西南”的方向，依次排列着大容山→六万大山→罗阳山，三者平行伸展，组建成密集的多重防线。东、西两堵山系，规划出一片狭长“腹地”：向东北的通道，沿北流江水系，经藤县、梧州，而汇聚于西江航运；向西南的出路，只好借助南流江水系，历郁林而抵达北海。于是，一个“腹地（容县）—港口（北海）”的空间结构，终在传统珠江流域水系之外，为中国南疆辟出另一条出海的主干道。

一、“海上丝路”的治理考量

自古以来，论及岭南地理空间结构，多以古容州东部的“左右江→西江→珠江”为主体。其中，类似于宋人周去非“《岭外代答》式”的诸多书写，在向北方人绍介、描摹“岭表文化”时，都犯上一个含混不清的老毛病——总体上将这片独特的、以古容州为中心的广西“腹地—港口”狭长地带，一并划归隔壁的“西江文明”体系，故其在政治文化上的精彩和独到，研究者皆罕有关注和揭示。

实质上，大自然如此构造和设计，为其日后“自然的人化”进程烙上了鲜明的空间印迹。随着古代北方政权的强势渗透，这一独特的“腹地—港口”结构渐入王朝版图。以古容州为中心的空间走廊，日渐成为中原王权稳定西南边疆、维系朝贡体系、实现南部出海与遥控交趾（今越南等地）等诸多政治发展的历史交汇点。其中，几千年间，取道这一“腹地—港口”的海上丝绸之路，迎来送往，遥震整个东南亚。

例如，建武十七年（41年），东汉伏波将军马援，率军自梧州、藤县南下，强渡北流、南流二江，取道斯地，从“腹地”抵到“港口”，“军至合浦……将其兵，遂缘海而进，随山刊道千余里”，一举平定隔海相望的交趾“二征之乱”。[①] 借此，马将军“功高东汉，威镇南交”。[②] 历经民间智慧洗礼和地方“造神”运动，自古至今，从桂东南这一边疆狭长地带，蔓延到东南亚，就一路地疯长出一个国际性的神灵“祭祀圈”——“伏波信仰”，重构了南疆内外的信仰谱系。

又如，洪武二十七年（1394年），明太祖朱元璋仿效秦始皇建成“灵渠”沟通湘、漓水系的做法，派人开挖了一条联结南流江与北流江的人工运河，

图14　南流江上的伏波庙

① 参见《后汉书》卷54《马援列传》。按，二征即“交趾女子征侧及女弟征贰”。

② 按，博白县顿谷镇南流江马门滩西岸伏波庙的庙门联。

以之优化出海路线。[①]当时选择的具体路径就是，从郁林茂林镇开始掘渠，将南水引入北流江的圭江段，最终汇注西江上游。该运河全程20多里，政府设“容山闸”一座，役使当地39名“闸夫”，沿河治理，初步贯通了南流江和西江，实现了“腹地—港口”水运的直接出海。可惜的是，正统六年（1441年），“水塞闸废”，就此而终。[②]不过，明代帝王着意南疆，希望借助容州的地理优势盘活西南乃至整个东南亚的交通网络、运载能力和政治格局的意图，可见一斑。

要之，因桂东南“腹地—港口”地势之便，打通南北，渗透王权，普及皇威，互通有无等，一直都是历代帝王用功容州的战略考量。换言之，容之治权，决不可轻予他人。

二、“革俗”与“因俗”：边州德治的路径选择

不过，“化外之邦”的身份限定，让古代在处理容州的策略选择上，无论是行政区域划分，还是制度沿革变迁，虽屡有革易，但终因虑及“腹地—港口”的国防战略意义，故而“革俗易化”，遂成历代王朝一致性的“政俗”和文化立场。

特别是，李唐王朝为加强对西南的控制，在岭南地区推行“五管”之制，最显发明。其中，“容管”居其一，遥控岭表，紧扼海上丝绸之路，地位险要，作为西南之关键枢纽，在“五管”体系中，首屈一指。旧代《容州志》自称“介桂、广之间，盖粤檄也”[③]，更是边疆中的边疆。所以，在唐代治理选择上，与邕州等要冲都督府不同，容州是边疆都督府，呈现出所谓边府（边州）和要府（要州）之别。如果说，邕府是“助推器”或“桥头堡”，重在开拓前沿疆土，抵御外敌；那么容府就是“稳压器”或“镇河塔”，职在保障战略后方。[④]所以，其设置、发展机关衙门的历史与文化，超迈他者，具有独特价值。

一方面，儒学南传，“斯文”是邦，向容州输出占主流地位的汉文化，实现“以夏变夷”，一直都是北方政权实施制度性建设的头等重任。同时，南北水运交会，据旧时《容州志》：“宋南渡后，北客避地者多，衣冠度数，无异中

① 《明太祖实录》卷235。

② 《明英宗实录》卷75。

③ 《明一统志》卷84《梧州府》转引《容州志》旧文。

④ 罗凯：《唐代容府的设置与岭南五府格局的形成》，《中国边疆史地研究》2015年第2期。

图15 玉林唐之夔万历甲辰进士碑（道光重修）

州。”[①]移民四聚，日渐改变原有的人口结构和民族关系。明清时期，西南边疆地区推行“改土归流”政策，其中，“腹地—港口”地带作为“兵饷孔道”，“无岁而不寻师”。军事和政治上的步步推进与逼迫，使得汉化进程日趋深入，结果，至雍正年间，“闽楚江浙人，多有侨寄此者；与东粤接壤，其类更众，而土著实稀。或云都峤山秀耸客位，故流寓日盛。若务本力农，罔识贸迁，仍与岑藤类”[②]，民族融合，显呈主流。

另一方面，“因地制宜”的空间实践虽不是治边主流，但它与北“德”南传交织互动，总体构成了古代广西整部的机关道德建设史。一是边疆内地化之前，八桂原生态的岭南异俗是地方机关开展道德建设最早面临的文化选择。二是纳土入籍之后，虽则汉文化同衙门组织一道席卷而南，移民实边也好，儒学南传也罢，但原有的文化基因及其德育机制犹在起作用，并不尽然都是汉文化一家独领风骚。而且，衙门虽变，旧俗依在，本土精神风骨有时更显硬朗、持久。比方说，“地多瘴气，春为青草瘴，秋为黄茅瘴”的自然物候，“无蚕桑，缉蕉葛以为布”之类的旧俗，“不习文学，呼市为圩，五日一集”的民习民风，迄至清代，犹是官方常有的史志书写或南疆叙事。即便容州已是八桂汉化进程

① 金鉷：雍正《广西通志》卷三二《风俗·梧州府》。

② 谢启昆：嘉庆《广西通志》卷88《舆地略九·梧州府》，广西师范大学历史系中国历史文献研究室点校，广西人民出版社，1988年，第2801页。

中的最著者，但州民“人性刚悍，重死轻生”。[1] 所以，八桂原始德育文化元素及其方法论之独到、顽强、丰富，历世不衰。谁又会怀疑，“因俗化成”不是德性文化“进机关”理当探究的有效模式呢？

相较于“革俗易化”的强制性，“因俗化成”的德性生成模式虽则日渐被“边缘化”，但它仍能以“在野”、非正式制度的“小传统”文化状态，形成一股不息的社会潜流，左右着广西基层社会秩序和西南边疆稳定。所以，它始终与岭南国家化同步发展，一暗一明，一隐一显，共同规制了广西古代衙门的政治发展和道德建设进程。

三、从“边隅”到“廉隅”

据上文可知，南北多种文化汇聚于容州之后，其冲突与碰撞，交汇与融合，相较于广西其他地区，都更为系统和深入。这样一种政治文化发展背景，也就改造和形塑出它所特有的衙门风气和官场政俗。

其中，宋璟、李勉、杜佑、马植、卢钧、李渤、王渤等唐代名臣，自北迁南，移步换景，皆有经营岭南衙门的任官经历。后来，他们从地方返归朝廷，出入权相，主持朝纲，个人政事功绩更上一层楼。此中的一个共同之因就在于，西南边隅之地，虽然皇恩疏淡了些，经济弱小了些，但“贫则见廉”，实是砥砺士人节操、练就风骨的理想处所。诸位大臣远绝繁华，在岭南衙门中坚守了心性道德，与多民族同甘共苦，因俗养志，陶灌日久，终究养就了一股原在北方所不能成功的清明气尚。所以，难怪《唐容管经略刺史题名记》要把任职容州视为“卿相之阶”——一种日后进驻中央核心权力机关的必然阶梯。唐代容州的机关道德建设，既是一份地方行政事务，更攸关唐代中央政风和王朝的动荡兴衰。

一世纪左右成书的《九章算术》云：“边，谓之廉；角，谓之隅。”既以算学经典确认了上古匠师以廉论边、边廉互文的空间思维和认知谋略，又为治政者经由边角演绎出廉隅的空间伦理提供了技术支持。于是，可以进一步地说，汉语概念“边隅”的治理意蕴，实质就是“廉隅”，边隅不仅不可缺，而且其存在的政治价值就是朝向和激励廉隅；因边见廉，“无德不边”，“边政”的内

① 谢启昆：嘉庆《广西通志》卷88《舆地略九·梧州府》，第2799—2801页。

核就是德治和德育！所以，在中华政治文明史上，岭南“刺郡”的政治实践，已是古代王朝自觉开展廉政建设之通制。远在边陲的容州，实质就是一片理想的德育场域和“廉隅之地”。其中，八桂自在自为的德育习气，砥砺、修养廉隅，这就是它差异于北方文化最本原的核心元素。名公大吏南下广西，如何选择并最终形成一种综合南北之长的政治伦理，且顺利地“进机关”，改进中国政治，即是今天选取容州作为考察对象的缘由所在。以下，让我们翻开历史，走进容州老衙门，将目光聚焦在李复治容及《唐检校右散骑常侍容州刺史李公去思颂》(简称《去思颂》)这方石刻德政碑上。

第二节　从将门到州政衙门

德政碑歌赞的对象李复（739—797年，字初阳），是唐代淮安王李神通(576—630年)[①]的后人，不折不扣的皇家子弟。身为皇族贵胄，李复南下岭表，在边地代理治权，一是以其鲜亮的身份和“高贵”血统，营造了一个“皇族进衙门”的唐人典范。二是汉唐时代重武轻文，武将家族是当时中国政治舞台上的主角。于是，身为“节帅”，他那份厚重的武将世家文化融入岭南边地后，成为增进州衙政治伦理的主要变量。

一、“以威重见称”

据正史记载，李复的曾祖父李孝节（清河王）做过监州刺史，爷爷李憬出任过弘农郡太守，伯父李暠被授予汝州刺史，堂伯父李国贞出任绛州刺史，父亲李齐物（？—761年）还一度当上了太子太傅，出入宫禁。所以，其家族累世为官，代代皆具政治作为。《旧唐书》评价这一高门大族时，精练地说了一段很中听的话：“暠，孝友清慎，居官有称；齐物，贞廉整肃；复，节制权谋；国贞，清白守法，皆神通之曾玄，宗室之翘楚。”[②]赞誉极重。这段评语也大致

① 按，名寿，唐高祖李渊从父弟，谥号“靖”。

② 《旧唐书》卷112《李暠列传》。

图16　容县北门“镇远”门额碑（光绪二十四年立）

为读者勾画出李氏家风的初步镜像：从李神通以下，这个皇室贵族已是宗室榜样，一帮好儿郎主动为王朝分忧，任职四境，治理地方的贡献甚巨。其中，贵而不骄，远离侈靡，颇多清廉习气，家族象征资本贵重。

例如，伯父李暠“为政严简”，“所历皆以威重见称”，在汝州等地方机关养就了气势磅礴、大刀阔斧的干练风格。进入中央后，“朝廷称其有宰相之望”，极予厚爱。开元二十一年（733年）正月，李暠以工部尚书持节出使吐蕃。当时草撰的朝廷制文曰：“继好之义，虽属边鄙，受命以出，必在亲贤。事欲重于当时，礼故崇于殊俗。选众之举，无出宗英。工部尚书李暠，体含柔嘉，识致明允，为公族之领袖，是朝廷之羽仪。金城公主既在蕃中，汉庭公卿非无专对，有怀于远，夫岂能忘？宜持节充入吐蕃使，准式发遣。”“以国信物一万匹、私觌物二千匹，皆杂以五彩遣之。及还，金城公主上言，请以今年九月一日树碑于赤岭，定蕃汉界。树碑之日，诏张守珪、李行祎与吐蕃使莽布支同往观焉。既而吐蕃遣其臣随汉使分往剑南及河西、碛西，历告边州曰：‘两国和好，无相侵掠。’汉使告亦如之。以暠奉使称职，转吏部尚书。”[①] 一方面，理边事重，选人“必在亲贤”或“无出宗英”，已具制度上的明规；另一方面，明识大体、富于谋略的李暠，从私人家庭到王朝国家，既是宗室“公族之领袖”，也是“朝廷之羽仪”，引领一代群僚，实为不二之选。持节入蕃后，他随行带去“国信物一万匹、私觌物二千匹”，最终不仅平安到达，而且赠与

① 《旧唐书》卷112《李暠列传》。

对方，未少一分，为发展宗藩朝贡体系，巩固“汉蕃和同一家”之局，打下了坚实基础。

出使期间，李暠代表中央政府，极尽斡旋，几经努力，充分展示出过人的才能和品德，终让对方明悉朝廷修好的诚意。所以，他刚回中央复命，出嫁给尺带珠丹赞普的金城公主（698—741年）立即分遣人员，奔走剑南、河西、碛西等边疆地区，广泛发布“两国和好，无相侵掠”的通告，并主动请求沿赤岭一线勒石立碑，明晰汉蕃边界，一劳永逸地解决边地冲突问题。可以说，开元年间的李暠入蕃，为唐王朝迎来了数十年的和平秩序，确保了西南的稳定与发展势头。朝廷论功行赏，“以奉使称职”，将李暠转官为实权在握的兵部尚书。

要之，第一，李暠将清慎练达的政风和家风，一度由中原带入西藏，为侄子李复日后治理容州这块西南边地提供了最直接的“家族教材”。前人通好，后人镇边，虽然治权属性有异，但治理边疆的主题未变。第二，“以威重见称”，显是机关衙门道德建设最理想的象征资本。俗话说，公生廉，廉生威。“一把手”的治权观，至为关键。只有大权在握的带头人和机关领导，真正认识到权力的来源，勇于担当和理性运用，才能激活“廉生威”的生成机制，促成好治效，进而风范上下，促成同僚及整个机关系统转向德政。

二、“法家”风范及鳗鱼效应

741年左右，李复之父李齐物（字道用）出任陕州刺史，后又以银青光禄大夫迁任鸿胪卿、河南尹。756年唐肃宗李亨登基后，再“拜太子宾客，迁刑部尚书、凤翔尹、太常卿、京兆尹”。内外朝政，已多参与谋划。

就治政风格而论，《旧唐书》说李齐物“为政发官吏阴事，以察为能，于物少恩，而清廉自饬，人吏莫敢抵犯”①。后来，欧阳修《新唐书》进一步论曰：“性苛察少恩，喜发人私，然洁廉自喜，吏无敢欺者。”②总之，李齐物身为朝廷重臣，坚持廉洁自律不说，还忙着去揭发那帮贪官污吏的丑行；在刑部处理案件时，常常不讲情面，据事论罚，近于刻薄寡恩的法家作风。所以，难怪在当时的官僚圈子里，李齐物是一个很不讨人喜欢的家伙，一帮下属们既恨又怕。

① 《旧唐书》卷112《李暠列传》。
② 《新唐书》卷78《李齐物列传》。

后晋宰相刘昫（887—946年）[①]在《旧唐书》中如此记事行文，骨子里显然是不大赞同“以察为能”这套做官的本事了。这之中的缘由，说穿了，宰相刘大人还是坚信传统中国儒家的为政之道，“廉而不刿”[②]，要讲究以礼治政、以仁养德。俗话说：“打人不打脸，骂人不揭短。”更何况，“家丑不可外扬”。[③]所以，身为上级，按理当尽力体恤下情，为其下属同僚周旋护短、掩恶扬善。这样一来，既能体现上级的肚量、胆识和仁慈，又可以通过法外施情的恩惠，维系本部衙门的一团和气。殊不知，正是这样一把把邪恶的官家“保护伞”及其潜规则，在中国古代政治史上，终将那一座座堂而皇之的机关衙门蜕变成一个个盘根错节的“利益集团”，且一步步脱离“民本”的底线，而最终跌入与民为敌、朝政式微的绝境。

图17　唐代容县开元寺景子钟（贞元十二年铸）

研治传统中国政治思想史的专家学者们，今天大体都持有一种“外儒内法”的说法。简言之，“外儒内法”既是一种杂合“人治”和“法治”的古代统治策略，也是中国传统政治文明的基本内核。但是，历代王权外示仁政，内崇法典，主要还都是针对稳定基层秩序来讲的。因为治理对象、场域各不相同，所以古代“治民”与“治官”的理念方法各成一套。在管理其自身的官僚系统时，因“刑不上大夫”的遗传深厚，故“内法”大体仅具虚文。

不过，唐代李齐物的做法，独树一帜。他以皇族利益为重，率以法家理念，忽视“治民”与“治官”的区别，而将衙门官场与基层社会等而视之，重拳出击，不留情面。这样做，必然会引起同类的不满和批评。但是，他的这一坚持，倒让后人醒悟：若是光靠传统儒家的伦理劝导、道德说教和文化激励，

---

① 按，字耀远，涿州归义（今属河北雄县）人，五代史学家，后晋政治家，官至司空、平章事，奉诏组织人员撰成《旧唐书》200卷。

② 《礼记·聘义》曰：“廉而不刿，义也。”其语源出《道德经·第五十八章》，意为有棱边而不至于割伤别人，比喻为人廉正宽厚。

③ 释普济：《五灯会元》。

官员个体道德价值的生成，终将难以出现；只有遵循了法的精神，以法促德，内外结合，文化自律和制度设计双管齐下，才能确保机关干部德性的健康发展，为现代“法律面前人人平等”的诉求，置下稳固根基。

天宝五载（746年），李齐物因得罪权相李林甫（683—752年），被贬谪为竟陵（今湖北省天门市）太守。但流放到地方衙门后，他仍旧不改往昔的法家举措。一下车，就下令：“官吏有簠簋不修者，僧道有戒律不精者，百姓有泛驾蹶弛者，未至之前，一无所问；而今而后，义不相容!”旗帜鲜明地要与“簠簋不修”的贪官污吏斗争到底。难怪他最后离任时，竟陵“老幼遮拥，不得发者三辰”。[①]

上元二年（761年）五月，李齐物卒。皇帝辍朝一日，专为他操办丧事。当时朝廷草诏，曰：“故金紫光禄大夫、太子太傅兼宗正卿齐物，宗室珪璋，士林桢干，清廉独断，刚毅不群。历践周行，备经中外，威名益振，忠效弥彰。三尹神州，一登会府，擒奸掩钩距之术，恤狱正喉舌之官。遂令调护储闱，再登师傅，从容宾友，师长官僚。桑榆之时，壮志逾励；松柏之性，晚岁常坚。天不慭遗，奄然殂谢，念亲感旧，深轸于怀。宜锡宠章，载光营魄。可赠太子太师。”[②]看来，对于那些特立独行、卓尔不群的耿直大臣，皇帝还是眼光独到：同僚眼中的异类奇葩，对于朝廷来说就是一份可贵的财富。所以，人尽其能，就一度让他执鞭宫廷，一是为了化育宗室，启迪皇族后代；二是标榜典范，要在那一片满口仁义道德的儒家官僚系统中，放养出这种不受欢迎的法家“鳗鱼”，以便刺激百官，好让那个慵倦的陈旧系统继续保持一份紧张度和警惕感，进而促使国家行政力的整体提高和运行机制的鲜活不衰。

李齐物的“不群”风骨及其参政的“鳗鱼效应”，堪称唐代营造德性衙门的象征符号。不过，不结党营私，不同流合污，并不等于说李齐物就是一个不谙人情世道的铁心汉。否则，又何谈德育？实际上，走出衙门，其人的风情景韵更佳。例如，在竟陵太守任上，他慧眼识英，在地方乐队的教练席中，结识了当地“茶圣”陆羽（733—804年，字鸿渐）。据陆羽自传称，他本人“有仲宣、孟阳之貌陋，而有相如、子云之口吃，而为人才辩，为性褊躁，多自用意，朋友规谏，豁然不惑。凡与人宴处，意有所适，不言而去。人或疑之，

① 《颜鲁公集》卷6《金紫光禄大夫守太子太傅兼宗正卿赠司空上柱国陇西郡开国公李公神道碑铭》。
② 《旧唐书》卷112《李暠列传》。

谓生多嗔。又与人为信，虽冰雪千里，虎狼当道，而不愆也。上元初，结庐于苕溪之湄，闭关读书，不杂非类。名僧高士，谈宴永日。常扁舟往来山寺，随身唯纱巾、藤鞋、短褐、犊鼻。往往独行野中，诵佛经，吟古诗，杖击林木，手弄流水，夷犹徘徊，自曙达暮，至日黑兴尽，号泣而归，故楚人相谓：'陆子盖今之接舆也。'"[①]本来就是个"不正常"的异人。但是，李齐物竟然"见异，捉手拊背，亲授诗集，于是汉沔之俗亦异焉"，简直如获至宝，爱不释手。除拿出自己秘不示人的珍贵诗文集，亲自传授文学，让乡土粗野之气日少之外，还忙着推荐陆羽到火门山（今天门市佛子山）邹夫子处学习深造。借此援助，陆羽"遍读圣贤书，志益坚决，以创造国家文化为己任"[②]，完全脱胎换骨，一改往昔怪癖，"百氏之典学，铺在手掌，天下贤士大夫半与之游，加以方口谔谔，坐能谐谑，世无奈何"[③]，为其日后诏拜"太子文学"铺平了道路。

前人栽树，后人摘果！正因李、陆二人这一段真挚友情，于是，李复"生于守之日"，长大后去广西做容州刺史时，"茶圣人"就以酬恩之故，主动南下"佐公之幕"，一定要亲自跑到容州去做李复衙门内的幕僚。[④]所以，非是父辈广结善缘，非是上代交情深远，何至于此！再说，"茶圣"这样一些"新人类"跟着李复一起走进容州的机关大院，边疆地方政府的道德建设显然又有了更多资源及其故事。

三、吏清政成："节帅"治疆逻辑

在以上这样一种"以威重见称"的武将家族背景和"以察为能"的父教熏陶下，"洪绪丕绩之余裕，弘休纯懿之下钟"，宗室后人李复出落得更是自非一般——"宽博而柔良，高明而疏远，根于经义，饰以艺文"。[⑤]入仕后，李复历任江陵县令、饶州刺史、苏州刺史、江陵少尹兼御史中丞等。又因自小就在家中熟知官场掌故和衙门吏学，故以"精晓吏道"著称，深得荆南节度观察使卫伯玉的赏识。同时，"刺郡"风格一如其父，"性苛刻"，治贪祛墨，一丝

---

① 李昉等:《文苑英华》卷793《陆文学自传》。

② 威廉·乌克斯:《茶叶全书》，东方出版社，2011年。

③ 《文苑英华》卷371《牧守竟陵因游西塔著三感说》(周愿撰)。

④ 《文苑英华》卷371《牧守竟陵因游西塔著三感说》(周愿撰)。

⑤ 《粤西文载》卷60《唐检校右散骑常侍容州刺史李公去思颂》(于邵撰)。

不苟，深得民心，这为他日后治理容州重镇打下了坚实基础。[①]

来容州就职后，李复“亲帅其下，以抚吾人；慰藉伤夷，安集疲耗”，主要是做好了以下十件事：

一、“惧货贡之阙，至助之以家财；悯徭事之繁，至代之以私属”。

二、“选武艺，归老疾，罢减塞卒四千余人，以趋农时”。

三、“率浮堕，辟污莱，开置屯田五百余顷，以足军实”。

四、“舍寇贼之为缧囚者，释而遣之，以除其怨，而狙犷以顺”。

五、“禁人民之相掳卖者，执而诛之，以去其害，而童昏以安”。

六、“常岁有灾，滥炎而连烧于庐舍，公创其制以御其郁攸，而邑居以葺”。

七、“旧俗多怨，睚眦而致毒于饮食，公立其防以解其悁忿，而乡党以和”。

八、“树板干而启闭毕修，列亭燧而厄害斯控”。

九、“差重轻以行征令，无不均之讥”。

十、“量远近以纳贡职，无不供之责，人用富庶，家有储峙”。[②]

令人感到奇怪的是，《旧唐书》对于李复治容事迹用墨吝啬：“先时，西京叛乱，前后经略使征讨反者，获其人皆没为官奴婢，配作坊重役，（李）复乃令访其亲属，悉归还之。在容州三岁，南人安悦。迁广州刺史，兼御史大夫、岭南节度观察使。”[③]《去思颂》列出的整整十件大事，结果却只有一件事(即第四件)让史官看上眼，形诸文字，留给后人追记。而对于货贡纳贡、徭事行征、罢减塞卒、开置屯田、禁民掳卖、葺居造庐、革除旧俗、完善交通等多方面的史事及其创制发明，皆弃而不顾。而且，最后评价说：“（李）复晓于政道，所在称理。”唐代处于中国“贵族社会”的发展末端，打击豪族，从世家中解放出奴隶，清理封建人身依附关系，为国家增加人口和劳动力，这的确是唐宋社会转型期的为政主道。李复出身皇族，作为宗室“世家子”，能自行将中原开始的解放奴婢运动南推岭表（一如柳宗元治柳），的确算得上明于大局，“晓于政道”。不过，《去思颂》碑文“悯徭事之繁，至代之以私属”，又透露出当时解放奴婢运动的另一面相：李复解放岭南官奴的同时，自家的主仆体系依然存在！所以，正史表达的“晓于政道”，实已言过其实，而碑文中“清晓吏道”

---

① 《旧唐书》卷112《李暠列传》。

② 《粤西文载》卷60《唐检校右散骑常侍容州刺史李公去思颂》。

③ 《旧唐书》卷112《李暠列传》。

的表述，虽一字之差——政道与吏道，但更符合李复的治容史。

换言之，李复治容的成功，是基于家族传统、个人“刺郡”经历的自然发展结果：“一把手”威重与地方吏治是其长，故“亲帅其下”，把好边地“衙门关”，以身示范，由己及人，促成衙门上下一心务政。吏清政成，从“吏道”朝向“政道”，才是李复治边的内在逻辑。《旧唐书》作者在选材时，未能明了边疆治官与治民的辩证关系，故而对于李复治容的政治遗产——边疆政治首重吏治，未能予以深揭。当然，《旧唐书》作者还受限于传统“斯文”立场，尊儒讥法，结果就无法看到其中的德育贡献，而且，他对于“李衙内”[①]的其他一些记载和书写，更让人无法接受。

四、“债帅”质疑

贞元十二年（796年），李复加官为检校左仆射，次年逝世，皇帝为其治丧，废朝三天（比父亲李齐物还多两天），且“赠司空，赙布帛米粟有差”。一代名臣，年仅59岁就惜归于泥土，谥曰“昭”。不过，《旧唐书》在最后总评李复时，突然无缘由地说了这么一句话：“（李）复久典方面，积财颇甚，为时所讥。”[②]看来，受到时讥的不仅是李复一如其父“性苛刻”的法家治政风范，还有他“刺郡”地方，节镇岭南，独断一域，以权谋私，大殖家产，财源广进，已是富甲一方的大贪官。

《旧唐书》如此评断的缘由，一是“齐物积财兴议”，父子同款，上梁不正下梁歪，有其家族基因。二是“自大历已来，节制之除拜，多出禁军中尉。凡命一帅，必广输重赂。禁军将校当为帅者，自无家财，必取资于人；得镇之后，则膏血疲民以偿之。及（高）瑀之拜，以内外公议，搢绅相庆曰：‘韦公作相，债帅鲜矣！’”[③]。可知，《旧唐书》的叙事逻辑就是：唐代大历（766—784年）官场，节制除拜，率皆“贿选”；时局气候如此，其中的每一个个体，自然就在所难免。虽然此处行文并没有指名道姓，说李复获利丰厚，但一旦将两处行

---

① 按，衙内，泛指官僚大臣之子弟。

② 《旧唐书》卷112《李暠列传》。

③ 《旧唐书》卷162《高瑀列传》。

文汇聚一处，读者就会明了：遭逢此际的李复，以皇族和武将身份出掌地方重镇的仕途史，正好就是作者描写此般政治丑象的“潜注脚”。

进入北宋，此一事就日趋“话题化”。先有欧阳修《新唐书》予以重复：“(李)复更方镇，所在称治，然颇嗜财，为世所讥。”[①] 作为“唐宋八大家”之一，欧阳氏文史等身，他以“嗜财”新语，调换《旧唐书》“积财颇甚”，将前人颇具情感的行为叙事，升转为一种新的人性论，已足见其中的话语霸权！后来，名臣司马光(1019—1086年，字君实)继续将此话题纳入《资治通鉴》，曰：“(太和元年夏四月)忠武节度使王沛薨。庚申，以太仆卿高瑀为忠武节度使。自大历以来，节度使多出禁军，其禁军大将资高者，皆以倍称之息贷钱与富室，以赂中尉，动逾亿万，然后得之，未尝由执政；至镇，则重敛以偿所负。及沛薨，裴度、韦处厚始奏以瑀代之。中外相贺曰：‘自今债帅鲜矣！’”[②] 司马光这位史学家，生前“忠厚质直，根于天性，学问所到，诚实金石。自少至老，沉密谨慎，因事合变，动无过差”[③]。而且，“于财利纷华如恶恶臭；诚心自然，天下信之。退居于洛，往来陕洛间，皆化其德，师其学，法其俭。有不善，曰：君实得无知乎”[④]！廉诚之誉，声震中原。死后，宋哲宗(1076—1100年)还追赠太师、温国公，谥“文正”，赐碑“忠清粹德”，以为宋代群僚之榜样。现在，其以前朝唐史为鉴，继续坐实《旧唐书》的“债帅”论，为中国古代衙门发展出一个反腐新概念——“债帅”，专指那些先向巨富奸商借债，贿赂军方(而非宰相)，俘获地方职位，任职后再敛剥所部之民以偿还借款的节镇府帅。《资治通鉴》这样一种“以鉴于往事，有资于治道”的笔法和思维，的确有资于北宋治政和德育建设工作，也为中国反腐败理论的发展、慎选衙门“一把手”等，提供了参考。在他犀利的笔锋下，忠武节度使王沛(？—827年，许昌人)还只能算是一个“末代债帅”，言下之意，此前当大有其人。换言之，在一个连续不断的唐宋“债帅”谱系里，李复的归属问题，不言自明！

可以说，唐宋社会转型后，赵宋一代，崇文抑武，派文臣进士作地方知

---

① 《新唐书》卷78《李复列传》。

② 《资治通鉴》卷243《唐纪五九》。

③ 顾栋高：《司马温公年谱序》。

④ 朱熹：《三朝名臣言行录》卷7。

州，中国开始转向内在，揭批、检讨历代武人的治政史，营建“皇帝与士大夫共治天下”的人文治政新格局，已属北宋欧阳氏、司马氏等“宋学家”建构新政治文化最需用功和努力的地方。不过，欧阳修纂《新唐书》，司马老先生为赵宋官场“讲道授课”，都单方面听真了《旧唐书》的官方记载，二人都未能去做进一步的系统调查，因书论人，结果就犯了个其法不周的错误：两人重构“斯文”之道的目标乃时代潮流，但轻率听信前人言论，继续批伐武将治边，实真不识唐代中国的“边疆政治”。

简言之，军事控制→政治建制→经济刑名→文教道德，这是传统时代治边的自然逻辑进程。步步为营，方能稳边固边，进而兴边强边。一旦随意颠倒，扰乱程序与时空法度，则必然生隙。中国进入宋代后，重文轻武政风日盛，无论是唐代的薛家将，还是北宋的杨家将，武将世家皆逐次衰败，从政治中心位置走向边缘区。所以，欧阳、司马等新晋文士和“进士公”，对于唐代武人守边，自然心存芥蒂。但是，“熙宁安南之役”的惨局，理当警惕在心。史载，熙宁八年（1075年），交趾“入寇，众号八万，陷钦廉，破邕四寨”。泉州人苏缄时任邕州知府，“闻其至，阅州兵得二千八百”。显见宋代以文臣代替武臣后，边防武备失修之甚。次年（1076年）三月初三，入侵者“知外援不至，或教贼囊土傅城者，顷刻高数丈，蚁附而登，城遂陷”。其中，苏缄“亟还州治，杀其家三十六人，藏于坎，纵火自焚。蛮至求尸，皆不得。屠郡民五万余人，率百人为一积，凡五百八十余积，隤三州城以填。邕被围四十二日，粮尽泉涸，人吸沤麻水以济渴，多病下痢，相枕籍以死”。[①] 今人尽知广西歌节“三月三”，却似乎无人记起南宁“忌日”；今人尽知南宁“三街两巷”有座城隍庙，却似乎无人识得“邕人为缄立祠”。总之，屠城之祸，纵然另有他因，但宋代猝然改用书生镇边，确实为时过早，结果就为此付出代价。所以，它相较于书写武将不法，讥为“债帅”，又何其大矣！

再说，一是后人始终都没有看到李复同时代的相关文献，能够证明他敛财有方，以权寻租；二是也未出现一帮同时代的交游人物，讨论、揭发或指证他生活不检，贪财爱物。相反，一则极易翻阅到手的《唐检校右散骑常侍容州刺史李公去思颂并序》，已刻印与新旧两《唐书》迥然不同的书写和记忆。其

---

① 《宋史》卷446《苏缄列传》。

中，单就李复为容州做的第一件事而论——“惧货贡之阙，至助之以家财；悯徭事之繁，至代之以私属”，他能主动拿出自家的私财和私属，去弥补地方纳贡、服役之不足，以充李唐国用，普天之下，罕见其人。所以，如果混淆是非、颠倒黑白，还谈什么健康的政治文化和干部道德建设呢？

第三节 《唐检校右散骑常侍容州刺史李公去思颂》

现在，原本立在容州古衙门口的石碑了无踪迹，但是其碑文还幸存于世。文以载道，知人论世，读者可先浏览这篇千字颂文。

一、《去思颂》原文

维贞元二年（786年）秋八月，天子以郡国二千石之高第者，曰陇西李某字某。利泽施于裔土，美化被乎遐甿；是用遵《虞书》“陟明”之义，参《周官》进律之典，俾之由检校右散骑常侍兼御史中丞、容州刺史、本管经略守捉招讨处置等使，为御史大夫、岭南节度经略观察处置等使，实授兵符，加拥使节，某月自合浦如南海。于是，县道溪谷，鳏寡孤老，洎于士吏，相与怀思，隐然不去乎心，森然不离乎目，愿所以昭明其德，光示于后。岭南经略使判官、权知容州留后事监察御史里行、同郡李牢，始以文学，居辟选之首，遂参帷席；复以谋能，当器任之重，留总军府。美公之政大备，感公之礼有加，因其人之请而上之。上可其奏。

夫其郡之四封，滨于百越；外则有山寇海孽比境杂处之虞，内则有勤戍劳师流散转徙之弊；亲帅其下，以抚吾人；慰荐伤痍，安集疲耗；惧货贡之阙，至助之以家财；悯徭事之繁，至代之以私属；选武艺，归老疾，罢减塞卒四千余人，以趋农时；率浮堕，辟污莱，开置屯田五百余顷，以足军实；舍寇贼之为缧囚者，释而遣之，以除其怨，而狙犷以顺；禁人民之相掳卖者，执而诛之，以去其害，而童昏以安；常岁有灾，滥炎而连烧于庐舍，公创其制，以御其郁攸，而邑居以葺；旧俗多怨，睚眦而致毒于饮食，公立其防，以解其悁忿，而乡党以和；树板干而启闭毕修，列亭燧而厄害斯控；差重轻以行征

图18　容县古经略台遗址一角

令，无不均之讥；量远近以纳贡职，无不供之责。人用富庶，家有储峙；敦之以礼，怀之以仁；洁己而不污，未尝有贳贷；勤身而不怠，未尝有懈弛；明足以照遁情隐慝而不为察，威足以制猾人暴吏而不为苛。古之良能，何以加此？

其人之献状云：尔惟公我，有唐宗室枝属之选，监州刺史讳孝诜府君之曾孙，弘农郡太守讳璟府君之孙，太子太傅赠司徒讳齐物府君之子，洪绪丕绩之余裕，弘休纯懿之下钟。宽博而柔良，高明而疏达，根于经义，饰以艺文。故其仕王畿，宰京邑，累执宪简，且登轺车，备重臣宾介之职，居大府纪纲之任。三亚京尹，兼中司之贵；复为宫相，在常伯之位；历饶州刺史而后至于是州。恩结于人，功加于物，必闻理效，而兴颂声。且夫有美焉，有刺焉，诗人之义也。善善而褒之，恶恶而绌之，《春秋》之事也；使贤士大夫之事业，不没于后，太史公之制也。

以余之尝修史，记而为训辞，缘人之怀心，而颂之曰："帝念南方，迫界蛮夷；人亲被寇，岁或劳师；属之于公，俾养牧之；匪直勤身，亦帅其属；赡我贫匮，字我惸独；息人便农，垦田积粟；修其教化，被以威德；贼害既除，祸灾斯息；完我庐舍，亲我骨肉；咸保其生，且易其俗；蚩蚩群族，孰不蒙福！播为颂声，公受百禄。彤弓旅矢，以长诸侯。人之怀德，刊石垂休。”[①]

二、石刻文·官方文书·德育记忆

首先，就《去思颂》的生成而论，它先由州衙同僚李牢[②]草拟，后送往京城，由著名史官于邵（约713—793年）[③]撰定。说穿了，都是遵照当时规章制度办事。虽然李复、李牢既同姓同乡又同衙共事，私人交情深厚，但国家礼制马虎不得；加之递转于多个部门，逐级上报，人繁口杂，若其记述评论稍有不实，则必遭时人非议，甚或为生前政敌抓住把柄，酿构文狱之祸。更不用说，它最终还要刻入石头，留昭后世。所以，这篇千字文，在今天看来，虽为死者讳，前后作者难免多有溢美之词，但它在当年顺利通过各类审查，最终成为正式的官方文书，于事、于情、于理、于法，它皆是合理合法的产物。

其次，其文认为，李复“惧货贡之阙，至助之以家财；悯徭事之繁，至代之以私属”，“洁己而不污，未尝有贳贷；勤身而不怠，未尝有懈弛”。可以说，这两则书写，是反驳“债帅说”的最直接材料。李氏本身是个皇族，加之历世为官，在传统社会里，有了些家产积蓄，真不是什么奇怪之事。相反，一旦受了“贫则见廉”的偏执性蛊惑，就会妄自推断：一个坚守清廉的古代家庭，必定就应该是一个穷当当的家景。殊不知，先秦墨家最早宣扬的“贫则见廉”观念，在诸子反腐败理论思想系列中，毕竟只是促成廉政价值生成的路径之一。

所以，李复来治容州，有点家财，且能以私产补济公事，绝不能就此鼓励读者绕弯去寻思：李氏以武起家，财富的来路一定有问题！说穿了，那都是“横财”！同样，地方徭役征发有困难，他自己缩减家中杂务，抽出些私家力量去完成国家任务，也不可就此引导读者去思量：李复解放了一大批在苦难中求生的容州官奴，为何他就不从自家开始，去完成一场彻底的“家庭革命”，之后再将其扩展、演绎为巨大的社会革命呢？其实，从上文已知，像“茶圣”陆羽这些人，南下投奔李复，甘愿做幕僚或私属之类，他们与李复的关系，并

---

① 《粤西文载》卷60《赞》。

② 按，陇西人，时为李复下属，官岭南经略使判官，权知容州留后事监察御史里行。

③ 按，字相门，京兆万年人。天宝末进士登科，书判超绝，授崇文馆校书郎，历比部郎中、巴州刺史、礼部侍郎、史馆修撰，当时诏令皆出其手。

不能一概视之为“雇佣关系”或“奴役关系”，其中还杂糅着主人待客等多种古典情分。可以说，正是李家广植门客，荫庇社会上的一帮“鸡鸣狗盗”之徒，所以，在这些能人异士的侠义襄助下，李复才能在异域边疆摆脱治理困境，化险为夷，三年之间，容州大治。

更值得记起的是，李复“洁己而不污，未尝有贳贷”。身为机关“一把手”，家有余财，但他只是无私地拿出来补济公用，并没有去搞投机倒把式的放贷增殖。这是考量官员德育很重要的一点。

最后，李复将武将世家文化带入岭南，通过具体的容州政治实践，也的确取得了新发展。碑文说：“故其仕王畿，宰京邑，累执宪简，且登轺车，备重臣宾介之职，居大府纲纪之任。三亚京尹，兼中司之贵；复为宫相，在常伯之位；历饶州刺史而后至于是州。恩结于人，功加于物，必闻理效，而兴颂声。”这段行文，一是告诉读者，李复日后能留名广西的缘由，在于他长期的宦海积累，功到自然成，没什么可大惊小怪的。二是与其父相比，又有过人之处：不再像李齐物那样整天在衙门里板着脸，“见微察著”地到处找别人的缺点和

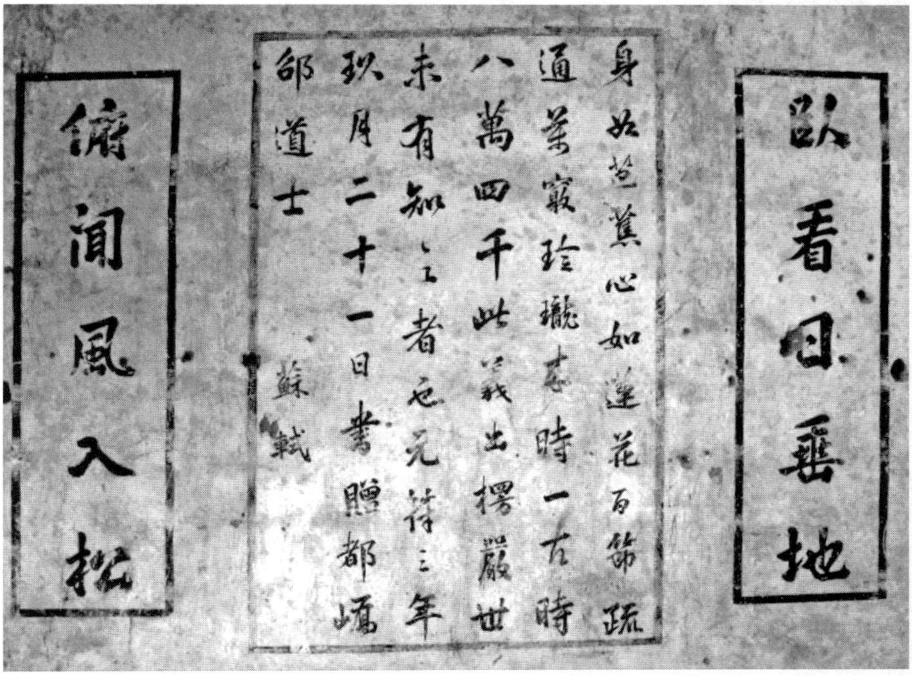

图19　容县都峤山婆婆岩苏轼《书赠都峤邵道士》

过失，让人见而避之，绷紧了同衙的共事关系。相反，他“恩结于人”，善于修好人际关系，营建衙门组织的团队精神，不再是个德育建设的“独夫”。

李氏父子两代人之间的这一转变表明：开展机关道德建设，一是德育生成的自然逻辑主要是激励和鼓舞；威权过重，势头过猛，可能适得其反。所以，在实施反面教育、警告训斥之外，更要多加树立正面形象。二是衙门就是一个规范化的社会组织，组织化本就是机关的体制优势。所以，“一把手”除了领导策划、以身垂范，能否发扬组织化优势，让更多的机关干部自觉参与其中，在组织化的进程中实施和实现德性，这既考验组织能力，更事关德育成败！

附录　唐代容州大员一览

现以清代谢启昆《广西通志》为据，[①] 纵列所载唐代容州地方大员43人，以一种“清单”方式，继承发扬元结《刺史厅记》之“吏学”精神：史志名人，终有几人活在民心！

1. 太宗朝

厉文才，东阳人，容州刺史。

2. 则天后朝

李元素，天授时，守容州都督，检地官侍校郎。

张元迈，延载元年为桂永等州经略大使，容州都督。

3. 代宗朝

杜佑，京兆万年人，大历中，由江淮青苗使迁容管经略使；德宗兴元初，为岭南节度使。

元结，由道州刺史进授容管经略使。

陈仁琇，容州刺史、容管经略使。

---

① 嘉庆《广西通志》卷15—16，第377—421页。

图20　容县都峤山娑婆岩（道教第二十洞天）

李抗，容州刺史、容州经略使。

侯令仪，容州刺史、容管经略使。

耿慎惑，容州刺史、容管经略使。

长孙全绪，容州刺史、容管经略使。

王翃，并州晋阳人，大历中，容州刺史、容管经略使。

卢岳，范阳人，容州刺史、容管经略使，建中二年为桂管观察使。

4. 德宗朝

元琇，建中初为容管经略使，建中三年为岭南节度使。

李复，淮安王神通孙，贞元二年为容州刺史兼本管招讨使，三年由容州刺史转岭南节度使。

王锷，太原人，贞元中为容管经略使，贞元十一年为岭南节度使。

房济，贞元十三年为容管经略使。

房启，房琯孙，河南河内人，贞元二十一年为容管经略使，元和八年为桂管经略使。

张献恭，陕西平陆人，建中三年为容州刺史，本管经略招讨使。

戴叔纶，润州金坛人，贞元四年为容州刺史兼御史中丞，本管经略使。

韦丹，京兆万年人，贞元中为邕管经略使，容州刺史。

5. 宪宗朝

崔郸，武城人，容管经略使。

阳旻，字公素，平州人，容州经略招讨使，以平西原蛮功进御史大夫，合邕容两管为一道。

严公素，元和中为容州经略使留后，长庆元年为容州刺史、容管经略使。

窦群，京兆金城人，容管经略使。

崔方实，元和十年为容州兵马使。

蔡少卿，容州兵马使。

6. 穆宗朝

韦弘景，长庆中以给事中充安南邕容宣慰使。

7. 文宗朝

王茂元，濮州濮阳人，宝历中为邕管经略使，太和元年迁容管经略使，七年为岭南节度使。

胡沐，太和元年以左神策将军为容管经略使。

唐持，并州晋阳人，以工部郎中出为容州刺史。

8. 宣宗朝

王球，容管经略使。

宋涯，大中十一年四月，以右千牛为安南、邕管宣慰使，五月为安南经略使，容州军乱，逐经略使王球，六月以涯为容管经略使。

9. 懿宗朝

张茵，容管经略使；咸通五年，以茵懦不足事，悉以茵兵授高骈。

10. 僖宗朝

谢肇，广明初为容管经略使。

崔焯，中和中为容管经略使。

庞巨曦，容管观察留后；昭宗朝为宁远军节度使。

11. 昭宗朝

盖寓，蔚州人，乾宁二年授检校太保开国侯，领容管观察经略使，四年领宁远军节度使。

莫彦昭，容南指挥使。

王定保，南昌人，容管巡官。

董彦弼，天复元年为容州刺史，容管节度等使，检校太保同平章事。

另，年次无考者：容管观察使李景仁、何鼎、张同。

第三章

郁林州、廉石魂

南疆重鎮

陆绩(187—218年)，字公纪，三国时期吴(今江苏苏州)人。据《新唐书·隐逸传》载："陆氏在姑苏，其门有巨石。远祖(陆)绩尝事吴，为郁林太守，罢归无装，舟轻不可越海，取石为重，人称其廉，号'郁林石'，世保其居。"[①]这里面，传主陆龟蒙(？—881年)[②]正是陆绩的后人。作为晚唐时代的农学家，陆龟蒙写有《耒耜经》一书，影响深远。同时，他又是一位出色的文学家，与同时代另一位文学家皮日休(834—883年)[③]一起，合称"皮陆"。鲁迅先生

图21　苏州文庙"廉石"

① 《新唐书》卷196《陆龟蒙传》。

② 字鲁望，别号天随子、江湖散人，后隐居松江甫里，人称"甫里先生"。

③ 字逸少，湖北人，号鹿门子、间气布衣、醉吟先生。

（1881—1936年）在《小品文的危机》中，说：“唐末诗风衰落，而小品放了光辉。但罗隐的《谗书》，几乎全部是抗争和激愤之谈；皮日休和陆龟蒙自认为隐士，别人也称之为隐士，而看他们在《皮子文薮》和《笠泽丛书》中的小品文，并没有忘记天下，正是一榻胡涂的泥塘里的光彩和锋芒！”[①]可知，陆龟蒙能够被收入官方正史，由政府的学者史官帮他写传记，靠的就是他以一个隐士的身份，依然“心怀天下”，在中国农学和文学上，做出了不朽贡献。

不过，苏州陆氏是个有来头的大家族，他们“世保其居”的一个关键原因，倒不是喜好苏州园林甲于天下而赖着不走。事实是自从三国以来，陆家拥有一块镇家传魂的大石头——“郁林石”！陆家人都是苏州的，但那块石头绝对是广西的。用岭南广西的石头来铸就江苏陆氏家魂，并教育出陆龟蒙这样好的后代子孙，这个故事的一切源头，当然就离不开陆绩和广西郁林了。

第一节 苏州陆氏家族

现代社会个体出生后，并不都是机关自然而然的成员，而是需要一个长期的角色转换进程。但是，在传统贵族社会，因为有了世袭制度和宗法系统的保障，一个人出生在帝王将相之家，命贵如金，就可能凭借此种非凡的高贵出身和血统优势，自然而然地在各级衙门享有一席之地。不过，理当清醒的是，那只是一种身份认同和社会象征，仅表明他有资格从政，并不直接等同于能真正“进机关”治事理政。

所以，在真正授权治政之前，传统社会个体基本上都还只是一个家庭成员。考察他日后在机关衙门的作为与贡献，很大程度上，就与这个为他提供生命的源头——家庭（无论古今中外）密切相关。换言之，道德建设“进机关”，在其生成逻辑层面上，家国同构，其实与“进家庭”异曲同工。以下，就从家风、孝道以及学术思想等方面，逐一考察陆绩能够成功搬走广西石头的种种因缘。

---

① 《鲁迅全集》第4卷，人民文学出版社，1981年，第575页。

一、“清操”：父辈的官场遗产

陆绩的父亲陆康，字季宁，“少惇孝悌，勤修操行”①，闻名乡梓，是个很有身份的君子。基于此，地方太守李肃（？—192年）遵从民意，就向上推荐他去做了个“孝廉”②，作为当地士人入官的榜样。这位李大人是三国风云人物吕布（？—198年）的同乡，两人先是合伙推翻“汉贼”董卓（？—192年），后来却因军事上的失败，双方闹出些矛盾，李大人被吕布“依法问斩”。当时，大家都为吕布的权势所胁迫，难得有一个人敢出来为李肃收尸治丧，只有陆“孝廉”不畏吕布，且像是自家死了亲人一样，一个劲地“敛尸，送丧还颍川，行服礼”③，主动料理好李大人的一切后事，这也的确符合“孝廉”这个名分。

汉灵帝刘宏（156—189年）登基初年，扬州刺史臧旻举荐陆康为“茂才”④，并委派他去做高成县（今河北盐山）的县令。就当时东汉政权的疆土范围来看，高成县是北部的一个边疆小县，处在农耕文明与游牧文明的交界点，既动荡不安，又不大为常人重视。往届县令上任后，多半敷衍了事——“令户一人，具弓弩，以备不虞，不得行来；长吏新到，辄发民缮修城郭”。边防安全之事，形同虚设，装模作样，一如儿戏。陆康到任后，审时度势，基于政治时空和民族融合大势，有步骤地开展了“理边”工作：一是以北境无事，空费财粮，奏请“皆罢遣”，免除役使，解放百姓；二是“以恩信为治，寇盗亦息”。所以，改堵塞为疏通，撤去农耕与游牧之间的“围墙”，促进文明交流和自由交换，边境之地出现了少有的和平之局。于是，州郡长官一致举荐，让他连续去做了武陵（今湖南常德市一带）、桂阳（今湖南郴州）和乐安（今山东高青县）三个郡的太守。陆康走南闯北，东进西突，“所在称治”，最后，“拜庐江太守”。⑤

不过，当时在位的汉灵帝，后世对其评价并不怎么好。史书称这位皇帝曰“灵”，倒不是说他能成了百姓心中“通灵验圣”的神仙，引导着大家朝向“理想国”，而是在他死后，朝中大臣们聚在一起，总结讨论其“乱而不损”的一

---

① 王鏊：《姑苏志》卷44《陆康传》。

② 即“孝顺亲长、廉能正直”。汉武帝采纳董仲舒的建议，以此为科目，察举考试、任用官员。后来“孝廉”发展成为汉代察举制中最重要的岁举科目，“名公巨卿多出之”，是政府官员的重要来源。

③ 范成大：《吴郡志》卷20《陆康传》。

④ 按，汉代的另一种察举常科，西汉时原作“秀才”，东汉时因避光武帝刘秀讳而改“茂才”。

⑤ 王鏊：《姑苏志》卷44《陆康传》。

生，按国家礼制所给出的一个谥号。其本来的意思就是说，这个败家子在朝中瞎搞一气，既淫乱好色，又贪财乱政，只差那么一小点，就会把刘家的天下搞砸。

例如，中平二年（185年），汉灵帝借口铸造用于护守帝王陵墓的铜人，要求增收天下田赋，每亩要比原来多收十钱。结果诏令一出，各级衙门借机渔利，巧为加派，弄得老百姓贫苦不堪。当时，作为一郡的最高行政长官，陆康很是不满朝廷的做法，马上写下一份《谏铸铜人》的折子递上去。奏折的第一段说："臣闻先王治世，贵在爱民。省徭轻赋，以宁天下；除烦就约，以崇简易；故万姓从化，灵物应德。末世衰主，穷奢极侈，造作无端，兴制非一，劳割自下，以从苟欲，故黎民吁嗟，阴阳感动。"[①] 首先就不客气地给汉灵帝上了一堂行政"管理课"——历代王朝出现一治一乱这种截然相反的结局，关键就在于君王能否把握好自己的内心和欲望。

接着，陆太守话锋一转，直接说到汉灵帝的头上来了——"陛下圣德承天，当隆盛化，而卒被诏书，亩敛田钱，铸作铜人。伏读惆怅，悼心失图！夫什一而税，周谓之彻。彻者，通也，言其法度可通万世而行也。故鲁宣税亩，而蝝灾自生，哀公增赋，而孔子非之。岂有聚夺民物，以营无用之铜人；捐舍圣戒，自蹈亡主之法哉？"为什么这一次作为臣僚，陆太守一接到朝廷命令，就悲痛得失去了方向和主张呢？原因就是汉灵帝不好好遵守与百姓的约定，抛弃"什一而税"（即十分之一的税率）的老规矩，一意孤行地"聚夺民物，以营无用之铜人；捐舍圣戒，自蹈亡王之法"，践踏天下，与民争利，动摇了国本。眼看着大汉江山就要"树倒猢狲散"了，怎不叫人悲从心来！于是，他厉声警告："《传》曰'君举必书'。书而不法，后世何述焉！陛下宜留神省察，改敝从善，以塞兆民怨恨之望。"[②]

但是，被财色冲晕了头的汉灵帝，当时不仅不理睬这些善意忠厚的建议，反而当一批佞幸小人跳出来诬陷陆康"援引亡国，以譬圣明"的时候，他就以一个"大不敬"的罪名将陆康收入槛车，打入大牢候斩。原本对政策合理性提出质疑、希求建构廉政的努力，却突变升级为对帝王政治合法性的"恶意挑衅"。传统中国机关道德建设之脆弱，由此可见一斑！所幸后来得到侍御史

---

① 梅鼎祚：《东汉文纪》卷18《陆康》。

② 梅鼎祚：《东汉文纪》卷18《陆康》。

刘岱（？—192年，字公山）的苦心拯救，陆康总算保住小命，但被革为平民，返回乡里。事后多年，复征拜议郎。

汉献帝刘协（181—234年）上台时，东汉政权已经气息奄奄。建安元年（196年），一代枭雄曹操（155—220年）“挟天子以令诸侯”，迁都许昌，自此，刘氏成了曹家表演唱戏的历史傀儡。陆康任职庐江太守时，一方面，冒着危险，再三“遣孝廉、计吏，奉贡朝廷”，力保皇家的物资需求不受影响；另一方面，一举攻克“庐江贼”黄穰和“江夏蛮”联合在一起的十余万大军，扫荡境内的土匪势力，稳固外围，勤勤恳恳地做好本职工作。[①]

不过，他内心最担忧的一件事，是要时刻提高警惕，密切防范袁术（？—199年，字公路）集团近在眼前的膨胀扩张。此时，狡诈的袁术屯兵于寿春（今寿县），常以“部曲饥饿”为名，派人到陆康那里请求“委输兵甲”，要强讨些粮料物资。陆康知袁术冒用帝号，自称“仲家”，图谋不轨，野心勃勃，故“以其叛逆，闭门不通”，一万个不予理睬。但这样一来，也自然为袁术制造事端提供了方便借口。于是，袁术命令大将“小霸王”孙策（175—200年，字伯符）率兵围城，掀起地方军事冲突。双方这样前前后后地对峙了2年，最终，庐江失守，已70高龄的陆康亦以身殉国。

以上重温陆康的历史，就是为了说明造就清廉之官的育人环境的重要性。俗话说，上梁不正下梁歪。家风正派，祖先有好的精神，下代人多会有好结果。换言之，“养德”其实是一份从家庭开始的事业，强调代际传承，切不要等到“进机关”之后，做了官、成了名，才开始大讲道德。

二、怀橘遗亲，由孝入廉

陆绩是陆康的“少子”，父亲的清风节操，给他留下深刻记忆。儿时开始，陆绩就常随父亲左右，耳濡目染，写下了诸多美好故事。6岁时，他跟随父亲从庐江前往九江，去参加袁术的正式宴请。当时，袁术叫人盛满一盘橘子来招待陆绩。春秋时代的晏婴（前578—前500年）早就说过：“江南为橘，江北为枳。”[②] 屈原《橘颂》亦曰：“后皇嘉树，橘来服兮。受命不迁，生南国兮。”[③] 他

---

① 《后汉书》卷61《陆康传》。

② 《东观汉纪》卷24《佚文》。

③ 王逸：《楚辞章句》卷4《九章章句》。

图22 世传“怀橘遗亲”画面

们早就发现，长江以南的橘子树，一移栽到江淮以北地区，树木就变得“多刺，可以为篱”，果子也又酸又小，沦为不堪入口之物。所以，碰上了这难得可口的好东西，陆绩即大快朵颐了一番。

客主告别之际，陆绩向袁术回礼作揖，突然有两个橘子从身上滚落出来，[①]这场面弄得其父亲很是尴尬。袁术借机开玩笑说：“陆郎作宾客而怀橘乎?”挖苦他没见过大世面，为了一点自己贪吃的东西而弃礼节于不顾。因食废礼，这个说法一旦传出去，在那个重视名誉和品评节气的年代，可是个终身的大麻烦。谁知，陆绩马上跪拜着回谢：“吾母性之所爱，欲归以遗母。”原来自己未经主人同意，冒着名誉受损的风险偷带两个橘子，藏入袖筒，其实是为了让家中的母亲也尝尝鲜。听到这些，袁术和他的文臣武将们大为惊诧：没想到，这么个小娃娃，竟有如此孝心！如此纯真的童心，做大人的反而“以小人之心”去猜测和嘲笑，也的确是万万不应该的事！所以，轮到主人惭愧万分了。

---

① 按，另有“三枚说”。如《三国志·吴志》卷12《陆绩传》。

自此，陆绩名声大振。“怀橘遗亲”，也就成了中国历代孝子们仿效的样板。到了元代，福建尤溪县人郭居敬选精集萃，“摭虞舜而下二十四人孝行之概，序而系之诗，用训童蒙”，[①] 挑出中国所有孝子故事中最好的24个，并一一配上朗朗上口的五言绝句，以便儿童们诵读、传播和理解接受。其中，“怀橘遗亲”列居第13位，其诗曰：“孝悌皆天性，人间六岁儿。袖中怀绿橘，遗母报乳哺。”[②] 后来，又有人继续为这些故事配上栩栩如生的图画，总体就建构出了一个图文并茂的《二十四孝》启蒙经典。

从时间上来计算，陆绩创就“廉石风流”，是他长大任官后的事，晚起于“怀橘遗亲”；而且，将它奉为中国古代廉政故事中的精华，并传遍神州大地，那还要等到明孝宗弘治年间（1488—1505年）。所以，可以设想，即使当年陆绩后来没能南下广西并搬走郁林的石头，未能成就一段“廉石风流”，但他那个“怀橘遗亲”的故事，绝对还是可以铺天盖地地涌入岭南的。远的不说，单就郁林城区来讲，城北“江岸村”苏氏那些现存的清代古居建筑，至今仍旧将“怀橘遗亲”绘制在墙面上！再读读他们的家族史，又会发现，“江岸苏”的一位后人苏懿赞（1789—1858年），每逢到别人家做客，或是参加什么集会之类的活动，回来时，他也一定要把那最好吃的东西带一份给母亲。而且，巧合的是，苏懿赞与陆绩二人，同是小儿麻痹症患者，都有行动不便的足患。造物弄人，双方举止、行事风范何其相似！难怪有人一定要将苏懿赞看作“陆孝子”的“岭南版”。

不过，话又说回来，历史不容假设。明代以前，陆绩承继父德，以“孝子”名闻天下；弘治以后，“廉吏”形象又誉满中国。这样一份铁的历史事实，会让人突然间从内心深处明白：由“孝”入“廉”，由居家行事到机关理政，走出家门与进出衙门，本来就是一件顺理成章的事——前者是基础，后者是结晶，家国同构，一脉相承，自成因果。所以，难怪中国古人自汉代开始，就处心积虑地创造出“孝廉”这么一个好词，去表扬、敬重那些有风采的廉洁之士！父亲陆康早就以“孝廉”著称，陆绩后来搬石头回到故乡苏州，骨子里自然是受了父亲的启发和孝道的激励。

---

① 李清馥：《闽中理学渊源考》卷36《处士郭先生居敬》。

② 唐松波、耿葆贞：《孝经二十四孝注译》，金盾出版社，2008年，第88页。

三、家国“瑚琏之器”！

陆绩有“躄疾”，是个跛子，但“容貌雄壮”，且受中国汉唐时代尚武政风的影响，做了个“偏将军”，领着一份五品的武官阶，“虽有军事，著述不废”。史载，陆绩“幼敦《诗》《书》，长玩《礼》《易》”，一生“意在儒雅”，“博学多识，星历算数，无不该览”。①他与当时的易学大师虞翻（164—233年）、“荆州凤雏”庞统（179—214年）都是很要好的朋友。陆绩除了撰写《浑天仪说》这部天文著作，还钻研《周易》，将西汉大学问家扬雄（前53—18年，字子云）模拟《周易》而写成的古奥深奇的《太玄经》，重新好好地注解了一番，终于让它变成了一个可供岭南士人阅读学习的方便版本。

来岭南之前，一次，吴王孙策召集张昭（156—236年）、张纮（152—212年）、秦松等重臣商讨国家大事，“共论四海未泰，须当用武治而平之”。当时，陆绩年少权轻，按规矩被安排在末座上，没有说话的份。但一听到这些计谋策略，他还是忍不住站起来，不顾朝廷礼节地大声嚷着说：“昔管夷吾相齐桓公，九合诸侯，一匡天下，不用兵车。孔子曰：‘远人不服，则修文德以来之。’今论者不务道德怀取之术，而惟尚武，绩虽童蒙，窃所未安也！”②他直接拿出管仲（约前725—前645年，名夷吾）勤恳辅助齐桓公（前685—前643年）成就春秋霸业的例子，斥骂“东吴二张”附和君王的野心和贪欲，抛弃儒家“仁政”学说，教人作恶，启动兵戈。这样一顿突如其来的骂喝，霎时就搞得全场轰动，君臣失色。

陆绩凭着这股天不怕地不怕的性子，常常揭批东吴政治的劣根污点，结果总搞得大家很不爽。待到孙权上台执政，他就越发害怕陆绩有机会抓自己的小辫子，闹出大笑话。于是，就给了陆绩2000兵马，让他去广西做郁林太守，送得远远的，眼不见心不烦。

西晋著名史学家陈寿（233—297年）很看重这位“以直道见惮”的可爱人物，所以，在《三国志》中，他写有一段评价，说：“陆绩之于扬《玄》，是仲尼之左丘明，老聃之严周矣；以瑚琏之器，而作守南越，不亦贼夫人欤！”③所谓“瑚琏”，本义是指古代宗庙盛放黍稷的祭器，后来以物喻人，专指治国

---

①《三国志·吴志》卷12《陆绩传》。

②《三国志·吴志》卷12《陆绩传》。

③《三国志·吴志》卷12《陆绩传》。

能才。也就是说，对于陆绩的学术才气，陈寿一点儿也不怀疑，他甚至觉得，陆绩完成《〈太玄经〉注》这部书，就如同是儒家鼻祖孔子将《左氏春秋》改编成《春秋经》、道家先圣老子将《庄周》发扬成《道德经》的功劳一样，空前绝后，无与伦比。但令其扼腕叹息的是，这样一位旷世英才却没有得到好的施展舞台。时运不济，命运多舛，仅仅做了个“南越”的郁林太守，简直就是浪费人才！

客观来讲，身为历史学家，陈寿惋惜陆绩才华未竟，可以理解。但是，他仅仅因广西远离中原，就视之为无足轻重，此为不妥。其实，他这样论事的立场，正体现了传统时代以中原汉文化为本位的局限。而且，当时的广西，对于东吴政权而言，实属边疆重灾区，正亟待开发和建设，显然这是陆绩个人生命中的一次巨大挑战。一旦成就了郁林，一旦解决了千千万万广西民众的生产生活问题，谁能说这不是“人尽其才”了呢？谁又会坚持说，在三国动乱战局之中，那些毕生都构思着杀人点子、掀起一场场你攻我伐的政客谋士们，就该是一帮正大光明的“贤智之士”了呢？

最后的历史业已表明，陆绩既没有冷漠岭南，也没有辜负广西这片热土，郁林同样没有浪费陆绩的才学品性，否则，这近2000年来的“廉石风流”，又如何得以建构生成和保存至今呢？

第二节　从“郁林石”到“郁林孙”

至于陆绩来广西后，在机关衙门具体做了哪些事，因年远事隔，记载不详，故不能凭空臆想。也许，著名导演俞胜利先生拍成的《廉石传奇》电视剧，刚好可以填饱民众此方面的“历史饥饿”。不过，在这个消费年代里，影视界多半习惯借着“历史”的一丝由头，去开发极富“文学性”的煽情之作。虽然文本里面的确少不了“历史的影子”，但结果玩转的还是“架空历史”的游戏。[①]换言之，一旦让陆绩成了他人表达现代欲念的由头，与道德廉政的本来面目相悖，与机关道德建设的目标相悖，那自然就是一件得不偿失的事。以下主要考

① 杨天保：《传媒时代的文学幻想与史学新危机》，《中国图书评论》2008年第9期。

察“廉石”故事生成之后，后代广西人据此宝贵资源开展诸多样式的再生产，及其成功被送入衙门的进程。

一、官方“廉石”系列

今日披检地方志书、民间文献，细查实处，所幸还是发现了几处让人兴奋的遗迹。

第一，“陆公井”是当年陆绩整治州城时（旧治布山），就近在西江码头选址凿成的。因为它要供全城居民使用，故规模较大。所以，说的虽是井，但当时真正做出来的实际是个“人工湖”。约600年后，五代时期南汉刺史刘博古一度瞻仰古迹，颇有诗意地在井边栽橘一株，且建“怀橘坊”一座，以之景仰“怀橘遗亲”。于是，这井自此又称“橘井”或“怀橘井”。

到了明代，“廉石”大白于天下。于是广西学使刘节就觉得，刘博古的那些做法只是表彰了“孝道”，还没有突出“清廉”风韵，所以，他接着就在原地又建起一座“怀清楼”。顾名思义，就是还要缅怀和牢记那份难得的清风品

图23　贵港西江码头牌坊（重建）

图24　“橘井名区”遗址

性。“廉”虽后起，但显然已经超越“孝道”，成为明清及以后的主流。晚清时期，广东东莞人蒋航任贵县知县，为尊重、留恋这段历史，一并集合了古井、楼坊等诸多德育符号，且增设门道，统一将这一文化区重新划定为一个单独的空间，取名“橘井名区”，打造了广西最早的“廉政文化园”。自此，一个针对陆绩信仰的“祭祀圈”，在广西官僚系统中应运而生。

可惜，时代丕变，昨日繁华之区，今日已是被遗忘之域。西江黄金水运带上，再也没有多少过客知道江边芦苇丛中还有这么一个好去处了。当然，礼失于朝而求之于野。若我们有幸踏上“贵港南江古码头遗址”这片土地，寻幽访古，除了能得见那些弥足珍贵的湖池和牌坊，在地方“社稷坛”等细微处，我们或许还能有幸一睹“怀橘坊中团社稷之尊”这样一些古代的神牌、神像，体验其中那些将陆绩信仰与社稷信仰合为一体的奇妙历史。

第二，陆绩依照《浑天仪说》，制作出了一幅精密的《浑天图》。这个制作地点，就在广西贵县（今贵港市）县治北部20里的“显庙冈”[①]。也就是说，

① 按，《太平御览》和《元和郡县志》等地理书称之为“显朝冈”。

现在的显庙冈，在近2000年前，曾是陆绩仰观天象、从事科研的私人“天文台”。当年，若不是广西远离了兵火连天的三国交接之域，怎会有如此闲静明亮的山冈，使陆绩专注一心地去完成那些探究宇宙的科学实验呢？乾隆年间（1736—1795年），浔州知府胡南藩游历此地，思绪起伏，心境难平，撰《读浔州名宦志诗》，唱道：“军旅雍容一老儒，登冈手制《浑天图》。归舟满载江边石，可是清贫太守无？”[①]坚守天人之间的沟通与对话，且基于天人关系去求索人间正常合理的人际秩序，陆绩这样一种解答“政治合理性问题”的思考方式，的确已经触及道德的本体！

最近，突然听到有人说，在“显庙冈”对面的六庐山发现了类似“仙记图”的摩崖，字大径尺，中间有一行四字文特别突出，曰“四千五正”；左有一行三字文，曰“日成四”；右有一行三字文，曰“月穴百”；还有两行小字，夹在中行……大约都是些与天文历法相关的古语。人们推测它与陆绩的《浑天图》可能会有某种关系，是否当真如此，这当然有待学术详考。但是，当地民众自发地要将这些神奇的现象，一股脑儿地与陆绩连在一起，且在地名“显庙”中寄寓最朴素的敬意——显灵之神庙，个中的道理，那就是郁、贵两地的民众一直都要让陆绩活在心坎里！

另外，南江码头也还留有陆绩取石的遗迹，当地人称其为“廉石大埲”。“埲”是尘土飞扬的意思。看来，当年以人工搬运这片巨石，也着实费了一番精力。虽然石头已搬走，但当年的“场景”依旧刻记在江边！

第三，郁林州治由贵港迁移郁林后，迄至乾隆五十五年（1790年），知州陆澍在州署二堂西侧（今玉林市监察局左右），既建起“景陆堂”和“爱石轩”，又筑成“景陆台”，而且还重新找出一块相似的巨石放置在台面上，以缱追思。接着，又沿着州署仪门（今玉林市政府大门23米处），一直深入办公处所，向里竖起一道庄严的大屏风，上面写下宋太祖赵匡胤改造后蜀末代皇帝孟昶（919—965年）在广政四年（941年）所颁《戒谕辞》后的十六字“戒石铭”——“尔俸尔禄，民膏民脂；下民易虐，上天难欺”，作为一个“衙门联”，以资于丰润“廉石”之魂。

自此，后人歌颂之篇，此起彼伏。例如，在“景陆堂”，有人题诗云：“汉代称廉吏，台留景陆堂。一时能洁己，万古遂留芳。丽日檐间燕，清风槛外

---

① 光绪《贵县志》卷8《纪文》，贵县编志办1987年重印紫泉书院本。

图25 西江畔“怀橘坊”

香。庭闲人延伫，地白月生光。士拟循行舍，花如蔽芾棠。谁知声望重，归去只轻航！”至于道德“进机关”的效果如何，现在也可以读一读清人杨芳（1770—1846年）[①]的《直隶郁林州图说》。其文说：“改置直隶，环领四县，诚审乎控驭之宜也。北流勾漏，擅美地灵，而藤厘瑞泉，斯启祐我农田，谓非天之协应欤？勤抚循而敦化理，吏治蒸蒸隆古，宁独使廉石风流，台存景陆已乎！”[②]可见，台依在，风流依在！郁林“吏学”和政风，得益于“廉石”的激励和支持，确实有了好发展。

第四，苏州方面，前后政府营造出了一个“廉石三迁”的故事：先是明代弘治九年（1496年），巡按樊祉（河南胙城人）反复做工作，好不容易从陆家请出巨石，移至都察院左侧，首次进入公共场域，且请工匠镌上“廉石”二字，还建亭护石，尊奉为官方宝物，以警群僚。接着，清代康熙四十八年（1709年），镇守陈鹏年大人（1663—1723年，号称“陈青天”）又移石至郡学（今苏州中学），用以陶冶学人的心性。最后，1989年8月16日，苏州市有关部门再度将它移

① 按，道光皇帝誉之为“黔省之英”。

② 冯德材、全文炳修：光绪《郁林州志》卷1《舆图》，光绪二十年刻本。

至孔庙。数百年间，一石三迁，制度化建设，让私人物件升级为公共文化产品，总算尘埃落定，找到最终的落脚点。

不过，岁月蹉跎，今人能见到的，仅仅只是北上之后的苏州“廉石”。它高2.13米，宽1.50米，厚0.50米，顶部椭圆，重2000余公斤，石色黄，质地粗糙，“廉石”二字为“颜体”，一尺二寸见方，用笔凝重，风骨敦厚。尤其是，陆家的“传家宝”被请出私门、大白于天下后，世人奔走相告，转眼之间，石贵于金。但口耳相传者，多数只知“廉石”一词，却不知“郁林石”这一层丰富的历史内涵。难怪放置在江南和岭南的两块石头，结果却命运迥异——广西自己的那一块晚起的“廉石”，反倒早就不见了踪迹！难不成，广西的东西只有离开了本土之后，才能日见价值贵重？还是说，边疆只是生产奇珍异物的摇篮，而非道德价值生成的理想之域？

二、吴粤民间“廉石魂”

官方视野之外，民间社会对于“廉石魂”的流传与传承，贡献更巨。其中，广西本地的精英们，既能自觉汲取“廉石精神”塑造自我，又能再造、宣扬之，成为推动道德文化“进机关”的另一路径。例如，“拔贡生”周锡就此编写出一首脍炙人口的《郁林石歌》，流唱岭南。歌词曰：

南宫米氏何好怪，片石离奇见之拜。
袖归一饭三摩挲，吞得云梦曾蒂芥。
郁林何为石亦传，太守廉明善政全。
姓字共知陆公纪，仕吴直道为之先。
一朝出为郁林牧，民饥民寒若不足。
更悯郡人未知学，诗书旦暮变其俗。
政成化洽解组归，渡海舟轻行李稀。
取将山石置帆底，廉光久与日齐晖。
今守古守多异绩，巍巍山石同何极。
古守今守等贤良，郁林之歌歌且长。
风骨棱嶒石可见，我民见石思无疆。[①]

① 光绪《郁林州志》卷20《艺文编》。

又如，郁林“江岸苏”第16代孙苏宗经（1793—1864年，字是程，号文庵），身居晚清乱世，安贫守道，砥砺廉耻。“归途千里一空囊”，以自己宦海“空囊”的新境界重新演绎了“廉石风流”。[①] 如其《景陆堂怀古》诗曰：

周官设六计，重廉考吏职。为官不要钱，天下平如席。
刑法昭公道，子孙留清白。世风日陵夷，仕宦尚贪墨。
有财官自达，那问才与德。闾阎畏虎狼，城市多鬼蜮。
但求身家润，谁知草野瘠。清廉怀陆公，归舟轻载石。
至今千余载，清风尚奕奕。一堂署内开，扁额好装饰。

图26 “怀橘坊”内置石像石碑

① 参见杨天保“晚清玉林‘第一廉士’苏宗经研究”系列论文四篇，载《桂林师范高等专科学校学报》，2012年第4期、2013年第1—3期。

顾名能思义，自然肯饮蘖。郁林虽偏隅，粮税有出版。
物产已繁盛，土地尽开辟。纵不盈囊橐，亦未艰衣食。
屈指历任者，少踵前贤迹。仓库日空虚，词状多堆积。
富昔不如今，贤今不如昔。谁是挺拔人，清白联双璧。[①]

晚清乱世中，能坚守“廉石精神”的广西官员，已是屈指可数；今不如昔，制度化的道德文化“进机关”进程，显见阻碍。但是，身为本土士人，苏宗经还是呐喊不息，以退仕在野之身，采用非制度化的社会方式，呼吁、劝诫、鞭策在职官员们，要像陆绩一样，做有骨气的“挺拔人”，确保千载清白。

苏州民间方面，明代著名诗人高启（1336—1374年）作为陆绩的苏州老乡，后来总是一再地告诉来苏州临顿里的游人：“汩汩泉通圃，萧萧柳映门。折花摇树影，踏藕损莲根。饥鸭呼归舰，新蚕试浴盆。屋前高石在，知是郁林孙！”[②]已经自觉地充当了延播“廉石风流”的好义工。所以，只要石头不倒，这精神就在。大家观赏园林之余再带上这份“廉石魂”，“郁林孙”就会遍布天下！

其他江南士人的看法，绍兴人商盘［后为雍正八年（1730年）进士］写有《陆公纪廉石一具已载回姑苏置诸郡庠曩曾见之今权是邦石去名存追忆赋此》，极具代表。

其诗曰：

昔游吴郡庠，曾睹陆公石。
汉代去今遥，一卷存旧迹。
古人励贞操，束身等圭璧。
弃砚与沉香，高风垂简策。
乐天取支棐，犹恐伤清白。
元章时置袖，频遭上官斥。
兹石得廉名，载归年代易。
无用材自良，不落果长硕。
平泉聚奇观，到眼堪一掷。
萧萧临顿里，介介郁林客。

① 苏宗经：《酾江诗草》卷10，广西省立桂林图书馆民国卅四年（1945年）劫后存书，第534—535页。
② 高启：《大全集》卷13《临顿里》之九。

峨峨太守祠，穆穆丞相宅。
摩挲千余载，忽作斯州伯。
岘首访残碑，桐乡溯遗泽。
薄暮赏心亭，松篁起寒色。
再拜景先贤，饮茹当冰蘖。[①]

总之，虽然“廉石精神”直到明代才正式得到官方的确认，虽然清代由郁林官方建置的“景陆堂”今已毁没无存，但令人深慰的是，自三国时期以来，广西和苏州两地的基层民众，始终都在以最传统朴素的古老方式——“造神”，由“人”及“神”地牢记这位精彩人物。

特别是，今日“玉林六属”（即玉林、北流、容县、博白、兴业、陆川）民间各地现存的“陆公庙”或“陆马庙”，香火燎绕，长盛不衰。日积月累，“廉石精神”不仅已被固化在广西最基层的民间信仰结构中，而且也一直是稳定基层秩序、祛暴安良的积极“文化力”。它一次次让人明白，其人虽死，其石虽失，但精神永存，灵魂犹在！有了这一番新景象，我们也就明白，“进机关”与“进基层”，其实也是两个相随相伴的进程。机关自上而下的引导和基层自下而上的参与，是道德文化“进机关”的一个有效路径。否则，政府单方面的努力，终究会因为缺少民众的大力支持而让这一文化失去持久的生命力。

三、从“廉石”到“匪石”

另外，当年陆绩在郁林“衙门”生有一女，取名“郁生”。可以想象，一位饱读圣贤诗书的父亲，给自己的女儿取这样一个既简便又通俗的名字，若非对任职之地怀有一股独特的情感，又怎会做出如此名正言顺的抉择？

一方面，一方水土养育一方人。有了岭南山水的滋养，陆郁生多多少少就有了一些广西的基质。另一方面，有了陆家“廉石”基因的鼓策，男男女女的“陆郁生”们也多多少少免不了有些“石性”。据东吴太常卿姚信（名将陆逊的外甥）称，陆郁生“少履贞特之行，幼立匪石之节”[②]。这“匪石”虽然不是什么“廉石”，但它显然比“廉石”的历史来得早，而且更是一种意志坚定、永

---

① 光绪《郁林州志》卷20《艺文编》。
② 《吴郡志》卷27《烈女传》。

图27 “怀橘坊中团社稷之尊”牌位

不变心的“倔”石头和“硬”石头。《诗经·邶风·柏舟》曰：“我心匪石，不可转也；我心匪席，不可卷也。”说的就是这个道理。

陆郁生13岁时，出嫁给苏州老乡张温[①]的二弟张白，但新婚才3个月，丈夫即遭祸，客死他乡。接下来发生的一幕就是：“郁生抗声昭节，义形于色；冠盖交横，誓而不许。奉（张）白姊妹崄巇之中，蹈履水火，志怀霜雪。义心固于金石，体信贯于神明。送终以礼，邦士慕则。”[②]一个才13岁的小姑娘，甘心做寡妇，终生不再谈婚论嫁不说，还勇担夫家的养家重任。所以，难怪当时姚信一听到这事，就慌忙火急地上奏政府：“臣闻昭德以行，显行以爵，苟非名爵，则劝善不严。……乞蒙圣朝斟酌前训……褒郁生以义姑之号，以厉两髦之节。”[③]要求给予自己这位了不起的“堂姨母”（姚信称呼陆绩为堂外祖父）一个“义姑”之类的荣誉嘉奖。可见，陆郁生那一份“固于金石”的烈女气节，明显就跟“廉石”大有渊源。

---

① 按，《姑苏志》卷46《张温传》载诸葛亮评价其人，曰：“其人于清浊善恶太分明耳！”

② 《吴郡志》卷27《烈女传》。

③ 《吴郡志》卷27《烈女传》。

至此，上文所述的“家国同构”生成发展逻辑又再一次得到了证明：修身齐家治国平天下，先是陆绩接过家族传统，以“孝”入“廉”，辞离家乡，进入广西机关系统，铸就“廉石”精神；后有陆郁生承续父辈遗产，将治政理念又引归于治家，且通过“义”的价值增添，再度刷新“廉石”内涵，为陆氏家族建构出“匪石”新象征。

第三节　“廉石”再生产机制

苏州人陆绩任职广西，谱写了一曲“廉石风流”，这既是苏州人的骄傲，同时也是广西郁林人的荣耀。今人品味“以石压阵，渡船还乡”的“廉石”故事，在敬佩中深念着这位曾经一度怀志远来又空身离去的廉洁之士，为的就是要在千年之后探讨出陆绩的“真精神”，在广西再创一个“风流南北、风行全国”的现代机关道德文化建设样式。

按近代国学大师章太炎先生（1869—1936年）的说法，建构一种思想精神，离不开三个主导要素，即“地齐”（区域文化）、“政俗”（政教风俗）和“材性”（个人特质）[①]。以此种学术标准来看待“廉石精神”的建构史和探讨道德文化“进机关”的有效策略，最显恰当。

一、“政俗”：治理“边服”的制度需求

显然，三国时期的“政教风俗”是催生“廉石精神”的必然因子。换言之，这就是常说的“时势造人”。这一“时势”就包括汉魏以来中原日渐定型的儒学理念，以及受其支撑下得以运转的东汉、东吴官僚机制。其实，这两点已一一刻印在陆绩这一社会个体身上。一方面，在广西地方衙门作太守时，陆绩延播圣学，创办书院，以礼化俗，注解《易经》，显然就是中原儒学“南传”岭表的著名使者；另一方面，凿井兴农，疏浚河道，筑城御寇，澄清吏治，

① 《章太炎全集》(三)《訄书（重订本）·原学》曰：“视天之郁苍苍，立学术者无所因，各因地齐、政俗、材性发舒，而各名一家。”上海人民出版社，1984年。

图28 贵港漪澜塔

更是北方“清官文化”输入粤西的杰出代表。

所以，陆绩奉命南下广西，进入机关，受历史“时势”要求，不管他内心是否愿意，也无论他的思想是否已具有这种自觉，随之带来的结果，就是在广西这片土地上的确长出了些北方业已具备且日趋成熟的儒家风范、汉人节气和清官情操等华夏文化“组件”。也就是说，“时势”赋予陆绩以绝好的机会，天降大任，他充当了三国鼎立时期沟通中国南北文化的有效“中介”，这就是“廉石精神”能够在广西衙门中生成的第一要点。

清代广西巡抚金鉷（字震方，一字德山，辽阳人）考察广西风俗，后来组织人手，撰成《广西通志》，里面作有一段归纳说：“旧志风俗总论曰，粤西古为边服，文物稍逊于中州。后由张栻、吕祖谦之教化被于桂，范祖禹、邹浩之正气行乎昭，柳宗元之文章著乎柳，冯京、黄庭坚之德誉动乎宜，二陈（陈钦、陈元）三士（士进、士燮、士壹）之经术启乎梧，谷永之恩信、陆绩之儒业播于浔，马援之武功、文成之道学畅于邕，渐仁摩义，贤才蔚兴，即远至交趾之界、傜獠之居，咸弃卉服而袭冠裳，挟诗书而讲礼让。由是观之，革俗易化岂不在人哉！”① 可以看出，因不同历史“时势”之要求，“正气”也好，“德誉”也罢，古代广西衙门已经催生、造就了多样别致的道德廉政典范！所以，在这样一个宏大的前赴后继的人物序列中，陆绩仅仅只是受三国“时势”推动、经营桂东南的一个典范而已！

二、“地齐”：吴粤文化的优势互补

一方水土养一方民众！故乡苏州的“吴文化”和任官之地的“八桂文化”，作为两个不同类型的“区域文化”，共同孕育了“廉石精神”。现在，一旦有人看不到“吴文化”的前期影响，否定了“廉石风流”得以出台的前提基础，那么，“为何古今以来，那么多南下广西的流官个体中，仅有陆绩抓住了机会，融入了当地，最终成就了‘廉石风流’”的问题，也就无从解答。

同样，如果忽视广西本土文化的再造之功和后期贡献，将“廉石风流”仅仅当作“吴文化”在省外异地发展的另一样式，那么，这样一种狭隘的文化观，显然就有鼓吹大汉族主义的可怕嫌疑。因为持有这一观念的人，自古以来总在唠叨，广西历来无文化、缺文化或文化落后，只有像陆绩此类的汉人精英南下或移民实边，才能为其带来一些“先进”文化，才能最终让广西脱去荒蛮野俗和贪婪无耻。其实，真的历史无一不表明，如果陆绩没有到岭南边地，如果他在衙门中故步自封且对接不上广西少数民族的多元文化风情，如果他不曾亲近广西俭朴守拙的乡土民习……那么，可以肯定，后世自然也就不会有什么陆绩的“真精神”！

总之，与大家一起分享的看法就是：“三国陆公一片石，涵盖吴粤两清天！”一方面，陆绩是“吴文化”和“八桂文化”塑造的成功代表，“廉石风流”是中国南北文化融合互动的结晶。另一方面，“廉石精神”丰富发展了“吴文化”

---

① 雍正《广西通志》卷32《风俗》。

图 29 西江畔古道上的“亚魁”牌坊

和“八桂文化”，更是今日广西建构现代政治文明的宝贵资源——没有东西对接，没有南北互动，没有民族融合，又何谈广西道德文化“进机关”！

今天，各级各类领导干部在不同的机关进进出出，转岗频繁，极具流动性。个体在这一流动进程中，都会实现不同空间的转换，进而受到不同区域文化的熏染。当然，区域文化元素有好也有坏，坏的也会把人的心术引向邪恶贪婪。所以，关键就是，进驻不同的机关和政治空间，穿梭于不同的文化区域，个体如何能够像陆太守那般，既总结归纳出不同区域文化中的特色优势，又能将这一优势引进自身、引进机关，推动道德价值的生成，推动区域文化的更大、更好发展？

三、“材性”：在制度与文化之外

陆绩个人的特质风貌，是“廉石精神”破茧而出的积极因素。俗话说，人文化之，以文化人！任何人都生活在一定的文化体系当中，都是一定的文化体系所要塑造、完善的历史对象。但是，对象却因人而异——有的人具有可造性，有的人就冥顽不化。

所以，这里面，作为一个成功被“文化”的对象——陆绩原本就是“吴文化”陆氏家族的优秀代表，后来又是“八桂文化”予以完善的“文化对象”——这显然都与陆绩个人的家庭背景、生平际遇、行为选择以及生命哲学，密切相关。其实，历史人物的可敬与可爱，就在于他既为“时势”或历史潮流所决定，又不为其所奴役驱使！

今天，各级政府机关基本都是一样的建制，但“进机关”的心态、目标和价值意义，皆会因人而异。所以，机关与个人之间的辩证关系，有待明确和重识。“进机关”后，一旦稍为时势所迫，即刻故步自封，陷入保守主义，动静失措，不再务心于政治创新，结果就决计不会有什么道德精神的生成；而一旦凌驾于机关、超越机关的权限，无限地膨胀个人欲念，视机关为己物，无视公权边界，将机关推向一种“无限政府”，那么，个人也终必为机关所拒绝和抛弃。换言之，任何个体基于文化而养成的一种可塑性、一种进入机关的自我调适能力，即是确保机关道德建设的一个要素。

综之，以上对待“廉石精神”的态度，即应是今人对待古代广西治政大小官员及其道德文化资源的总态度。否则，《廉石传奇》全国热播，一旦它所解读的主题，仍旧是片面性鼓吹某种“先进”的“吴文化”，仍旧认为正是通过陆绩这个有效的“中介”，才成功将外来的先进文化“输入”广西衙门和八桂大地，并进而“提升”了广西区域文化品位的话，那么，这样的电视剧，作为广西观众，不看也罢！

第四章

粤西县衙德育举要

南疆重鎮

春秋时代，我国已建成县级衙门。秦统一后，立为定制。据《汉书·百官公卿表》载："县令、长，皆秦官，掌治其县，万户以上为令，秩千石至六百石；减万户为长，秩五百石至三百石。"[①]此后，历朝沿用此制。在中国传统时代，县官是一县的行政、司法长官，除教化百姓、维护基层稳定之外，县衙还是征纳税粮、听讼断狱、劝民农桑、赈济灾荒和兴学建校等诸多事务的处办场所。县衙虽小，但肝胆俱全，既可呈现传统官僚体系的一般运作方式，又能因接触基层，可在行政最前沿察见政府机关及其治权变动的具体细节。

就中国古代管理体制而论，因种种客观原因，"皇权不下县，县下皆自治"[②]，国家意志力和中央行政权力下渗的最低深度，最多也只能是县级层面；县级以下主要是由多种民间社团和社会组织控制的庞杂场域。对此局势，国家除吸收一些地方精英并利用其社区网络，实施粗疏性的控制之外，基层社会基本上就是一片自治性的"江湖社会"。所以，一方面是关注赋税和治安秩序的官方行政控制系统，另一方面是家族制度与地方士绅构成的非官方地方控制系统，两者正好形成一种"国家—社会"的二元对立格局，支撑和推动了传统中国的换代更新。

在这个二元格局之中，几近于皇权最末端的县衙，实质是国家通晓下情的最直接触手和神经单元。一旦地方县衙失职，信息不对称，上传下达的整部机制就会出大问题，"国家"与"社会"也就会彻底隔离成两个互不往来且各怀己意的政治空间。所以，县衙道德建设的成败，是整个官僚系统中的重大一环，疏忽不得。

而且，天高皇帝远，中国巨大的地理空间，在前工业时代总会让中央望洋兴叹，鞭长莫及；地方政府"处江湖之远"地一步步强大起来，一有机会，也多会无视中央统辖，据权营利，逾越界限，抗命而为，甚至孤注一掷，自下

---

① 《汉书》卷19上。

② 按，学者温铁军等人提出，但亦有学者质疑其准确性。参见张新光《质疑古代中国社会"皇权不下县、县下皆自治"之说》，载《学习与实践》2007年第4期。

而上地揭竿而起，另立中央。中国历史上频频上演的这些地方变故与“乱政”，多与县衙道德建设相关。换言之，地方政治的非合理性发展，常会将中央推向政治合法性问题的险境。

今天，地方行政建制已深入乡镇，“国家—社会”二元对立格局已近终结，但正如学者所论，“县市分置”，扩大县权，积极建成“县政中国”，已是国家开展制度化分权的合理选择。在此激剧的改革进程中，一份常抓不懈的工作，就是一定要抓好“县级政府机关”的道德建设工作，确保地方政治或基层治权的合理性发展。其中，边疆县政，更是关键！

第一节　博白县衙

广西博白县古称白州。称谓之由，大体有两种说法：一是“以山为名”。《明一统志》《粤西文载》等持此说。[①] 例如，《资治通鉴纲目》载：“白本秦象郡，汉为合浦县也。唐初析置南州，并置博白县，以山为名，寻改南州为白州。宋废州，以县隶廉州。”[②] 二是宋代《太平寰宇记》载：“博白县旧一乡，今三乡，州所理。唐武德四年析合浦县地置博白县，以博白江为名。博白山在邑界。”[③] 明显舍山而取江，因江名县。唐宋两代前后相承，但前朝强调山势，后者着意水运。山水景观之选择偏好，折射出唐宋王朝调整行政区划的不同理念和制度差别，但它们总体仍旧坚持了以自然山水景致建构人文行政的传统逻辑，亦进一步强化了“自然的人化”原则和地缘政治特征。

一、孟尝“珠政”与“珠还”

汉代时期，博白归属合浦郡管辖。《后汉书·孟尝传》所载“合浦珠还”的动人故事，早就在北部湾一带传颂。孟尝，字伯周，会稽上虞人，汉顺帝（115—144年）时期出任合浦太守。当时，合浦“郡不产谷实，而海出珠宝，

---

① 《明一统志》卷84《梧州府》，《粤西文载》卷11《广西郡县志（苏浚）》。

② 《资治通鉴纲目》卷38。

③ 《太平寰宇记》卷167《岭南道》。

图30　白龙珍珠城（合浦珠还旧地）

与交趾比境，常通商贩，贸籴粮食”[①]。在南中国的一个沿海边疆区域，以南海品优质美的珍珠，换取东南亚地区的优质稻米，实现了海洋经济和稻作农业的局部互补。可见，原始珠业是合浦区域经济的主导产业。但是，“宰守并多贪秽，诡人采求，不知纪极，珠遂渐徙于交趾郡界。于是，行旅不至，人物无资，贫者死饿于道”[②]。地方政府官员为满足无穷贪欲，上下其手，私自组建开采队，“珠盗”猖狂，无视“生产—消费”的自然法则，竭泽而渔，终致无珠可采，珠业日趋于萧条。随着边境贸易的破败，沿边疍户生存陷入绝境。

孟尝到任后，“革易前敝，求民病利”，力行“珠政”——寓政于珠，立本于商，既整顿官场积弊，打击非法捕捞业，又以全新的外贸举措激活珍珠市场，重振本地居民赖以为生的采珠业。结果，“曾未逾岁，去珠复还，百姓皆反其业，商货流通，称为神明”。《后汉书》如此书写“珠政”之效，近乎迷信。后来，清代史家姚之骃[③]（杭州人）为之作按语，曰：“老蚌何灵？珠岂能不胫而走？疍户以贪守诛求，故诡言蚌徙耳。廉吏至则群返其业矣。然如史所传，

① 《后汉书》卷106《孟尝传》。

② 《后汉书》卷106《孟尝传》。

③ 按，康熙年间进士及第，授翰林院庶吉士，官至御史。

乃成千古佳话。"[1] 事实上，"珠政"就是廉政！"合浦珠还"，实质就是还给民众一个清廉政府，重建一个为民服务的衙门。史载，孟尝离任时，"吏民攀车请之"，他只好"既不得进，乃载乡民船，夜遁去"。回到北方老家后，"隐处穷泽，身自耕佣。邻县士民慕其德，就居止者百余家"。[2]南来北往，一进一退，皆坚持以德处世。

到了汉桓帝时，做过朝廷尚书的老乡杨乔还一度向皇上极力推荐孟尝，说："臣前后七表言故合浦太守孟尝，而身轻言微，终不蒙察，区区破心，徒然而已。尝安仁弘义，耽乐道德，清行出俗，能干绝群。前更守宰，移风改政，去珠复还，饥民蒙活。且南海多珍，财产易积，掌握之内，价盈兼金。而尝单身谢病，躬耕垄次，匿景藏采，不扬华藻。实羽翮之美用，非徒腹背之毛也。"[3] 自古南海众多的太守，在杨乔的"书写"总结中，只有孟尝与众不同，将"道德"与"能干"有机结合在一起，真正在边疆地区做到洁身自好和创新治政。所以，"去珠复还"的故事，不仅仅一改南海诸多县衙在内地的政治形象和政治声誉，作为宝贵的文化财富，它对于汉末腐败的官僚系统而言，也是一个很好的德政典范。

北宋宣和七年（1125年），金兵大举南下，朝野震动。宋徽宗赵佶（1082—1135年）慌忙传位于太子赵桓（钦宗，1100—1156年），仓皇南逃避祸。权相蔡京（字元长，1047—1126年）亦举室南窜，但随后又被新皇放逐岭南。跟从其出逃的第三子蔡絛（字约之），也一道被贬流放白州。在贬期间，蔡絛遍游白州铁围山（古称铁城）[4] 等地，写成《铁围山丛谈》6卷。所以，白州之人情风俗，大体皆为其当时亲接亲睹。其中，他就步追汉代"珠还"的地方记忆与民间传说，再度以"崇孟"之笔，详叙了宋代博白仍旧兴隆的采珠产业。最后，他还强调："岭右僻且陋，而博白在岭右又甚焉。惟其僻陋而甚，故俗淳古则多长年，动八九十岁不为异也。"[5] 从"岭右俗淳物贱"[6] 可知，作者蔡絛历经了人生、家族、仕途和王朝的重大变动，从繁华之都、权贵之家和高官之

① 姚之骃：《后汉书补逸》卷10《孟尝传》。

② 《后汉书》卷106《孟尝传》。

③ 《后汉书》卷106《孟尝传》。

④ 按，在兴业县南。

⑤ 蔡絛：《铁围山丛谈》卷4，冯惠民、沈锡麟点校，中华书局，1983年，第75页。

⑥ 蔡絛：《铁围山丛谈》卷4，第115页。

阶，来到岭南边陲之地，与民同游，一点点被“本土化”后，他早年那些抛之不去的高门品性和世胄血统，也渐渐隐去而浮现本真。于是，此际他就能俯身发现，自汉至宋，博白虽然偏僻了些，远离中原政治中心，但一份“珠还”的治理记忆和回报逻辑，以区域文化传承方式，始终不渝地营造出博白的3个区域亮点：俗淳、长寿和物贱。

到了清代，虽然“博白为郁林首邑，地广民繁”，但是，“多旷土而产不丰，治麻枲、蕉布为业；齐民编茅为屋，服御无丝帛珍错；婚礼贫富异等，丧葬用灰沙坟，少碑碣，致生讼端；山子、狼坡、斑人，率多流寓，租地而耕”。[①] 故此，“风气完固，生斯土者，往往崇尚气节，不为柔阿”[②]。总之，自宋至清，博白移民四进，人口骤增，多民族交往互动，率为郁林首邑。其中，随着垦荒农耕业的兴盛，原始珠业行将作别历史舞台，但“珠还”所激励和再生产出的本土古朴之风，依旧不辍，且与客属农耕族群的新精神信仰，融为一体，再展新篇。

二、清白：“白州”名实浅释

《大清一统志》总论博白建置沿革曰：“唐武德四年，析合浦地置博白县，兼置南州。六年，改州曰白州。天宝初，曰南昌郡。乾元初，复曰白州，属岭南道。五代属南汉，宋仍曰白州南昌郡。政和初，州废，县属郁林州。三年复故。绍兴六年，州复废，县仍属郁林州。元、明因之。本朝初属梧州府，雍正三年，还属郁林州。”[③] 可知，在岭南边疆政治地图中，其隶属关系和行政层次，屡有变动，整体折射出博白地方治理的多元选择及其不稳定性。但是，“博白”“白州”之称，相较于“南州”“南昌郡”等南方型概念，一直是主流。换言之，汉字“白”在县名中的治理意蕴和符号象征，足见不凡。

清代李乔木《建博白县名宦乡贤祠记》说：

白虽荒邈，民社之寄，均名宦乡贤。前此岂无其人乎，抑有之而未表章者乎？于是考图稽籍，文献足征，搜辑故实，修成县志，而得名宦六乡贤四，萃为一祠，所以寓高山仰止、景行行止之意也……予考庞孝泰之忠义自许，赵奎之爱民如子，冼积中之仁惠为政，楚偃之劝民耕织，徐噩之力战死节，秦

---

① 嘉庆《广西通志》卷88《舆地略九·直隶郁林州》，第2820页。

② 雍正《广西通志》卷32《风俗·直隶郁林州》。

③《大清一统志》卷367《郁林州》。

怀忠之平反冤狱，赵惟清之以礼为教，李时亮、刘胜、吴原正，亦皆遗德在人，不可泯者！[①]

从唐代庞孝泰到明代吴原正，共计有10人，先后皆因忠义死节、仁惠爱民等，列诸博白县“名宦乡贤祠”，而成为县衙政治文化的主要构成。原本一个“炎海荒逖”之域，终让一批批“名宦乡贤”在走进来后，处荒不乱、处野不惊，既练就了德性，又施功于民众，其中的关键，还得从区域文化持之以恒地倡导一份“清白”的传统中去寻绎。

例如，据北宋《太平广记》转引《岭表异录》载，博白县双角山下旧有“绿珠井”一口，“昔梁氏之女有容貌，石季伦为交趾采访使，以圆珠三斛买之。梁氏之居，旧井存焉。耆老传云：‘汲饮此水者，诞女必多美丽。’里闾有识者，以美色无益于时，遂以巨石填之”[②]。美女绿珠的传说一直在中国古代海道丝路上飘扬[③]，但历来传播者多重视美女绿珠（汉晋四大美女之一[④]），皆寄情于她与

图31 博白绿珠“贞烈祠”

① 雍正《广西通志》卷104《艺文志》。
② 《太平广记》卷399《绿珠井》。
③ 按，汉晋时期，丝路出海口在合浦（今北海市）一带，后才转向西江水路，由广东徐闻出海。
④ 按，据俄罗斯所藏西夏遗址黑水城文物《四美图》，画中从左至右分别为班姬、赵飞燕、王昭君、绿珠。

晋代石崇的浪漫爱情[①]，而总体疏忽了其故乡之井的象征意蕴！

爱美之心人皆有之，然而，“十贪九色”，因沉迷美色误政乱国者，中国历史上不可胜数。博白普通乡民“以美色无益于时”，自觉肃正乡风，决然填实绿珠井，以此根绝他人“诞女必多美丽”之贪念，如此纯朴自爱，显然就不是什么外人教导的结果。更重要的是，从晋代到清代，王朝易代，不舍昼夜。“野水荒村无客到，清风高节有人思。”[②]井虽塞，游客亦不再来，但是，“贞名不朽，义气如生”[③]。烈女风节、清白妇道总在民心！换言之，井若在，贪欲之门就在；井不在，杜塞了旧源头，却能开出别样的价值新枝！“以巨石填之”的简单行为，既是“里闾有识”的历史产物，也是边疆基层民众开展德育实践最平常的选择。

明人张佳胤认为：“后世好游之士，凡胜概之在中原者，穷备舟舆樶輂杖屐之物，卷石勺水，一草一木，原本命辞，迭赋累吟，甚至流连光景，放形自废，狂呼无赖，与振发清言，为风流之宗。如晋王谢诸人，是也。若乃五岭之表，古所谓冥域绝徼，人迹不到。”[④]观景养性，品物发情，中原胜景既推动了旅游业的发展，更激励出道德文章，以景寓人。相较之下，岭南一直被视为“冥域绝徼”，人迹罕至，即便有什么可值得观睹的，也多半成不了大气候。但是，“粤西三载”编纂者汪森说：“广西僻在遐陬，声明文物之盛，虽逊于中土，若林壑岩洞之奇特，则夙称山水区者，亦莫或过之。自汉唐以来，名流迁客，身历其地，登临凭眺，往往发为篇章，以纪其胜。而又置亭构馆，以增美丽之观。镌题名氏，遍诸岩壁，使后之人有所考焉。”[⑤]汉唐以来，探寻“林壑岩洞”，已成积习，从自然到人文，演绎出诸多不逊于北国的人间故事。

例如，玉虚洞是博白邻县北流勾漏山[⑥]十洞之一，旧称“念经窟”“观冲洞”。南宋绍兴年间（1131—1162年），福建侯官人吴元美（字仲实，宣和六年

---

① 按，一是石崇不惜重金，以珠买女；二是石崇辟建洛阳“金谷园”，金屋藏娇；三是绿珠不畏权贵，“愿效死于君前”，毅然跳坠崇绮楼殉情。

② 《粤西诗载》卷19《白州吊古》（尧恺撰）。

③ 按，博白绿珠“贞烈祠”现存门联。

④ 《粤西文载》卷21《游贵县南山记》（张佳胤撰）。

⑤ 桂苑书林编委会：《粤西诗载校注》，广西人民出版社，1988年，自序第1页。

⑥ 按，勾漏洞是中国道教“三十六洞天”的第二十二洞天，由宝圭、玉阙、玉虚、白沙、桃源、玉金等十个岩洞组成。

进士）改为今名。洞中物象莹洁如玉，每当有云从洞中涌出，天就下雨；风从洞入，天就晴朗。“虽公输之巧不能琢削，虽龙衍之辨不能形容。”[①]不过，当年吴元美游历玉虚洞，开始总是不得其门径，后叩问村民陈访：“其始不肯吐，久乃曰：‘此岂无有？但父老戒我勿以告人耳。’询其故，则曰：‘客官来游，吏卒有追呼之扰，若缮桥道，备薪火，尚有可为；其需物品，备饮食，何其甚也！驱逐捶詈，虽鸡犬不得宁，顾何益于我哉！’”游访北流韬真观时，吴氏又偶然拾得石碣一块，上书：“岩洞多嵌空，或深数尺，遂积土以实之。”[②]所以，屡遭“塞洞”之窘，吴氏不无可惜地说道：“予陋之，曰：‘大为洞，小为穴，凡石以嵌空为奇。政欲空所有，安可实所无哉？’……实而夷之，使吾不获见造化之全巧，顾不惜哉！”作为游客，吴元美非常惋惜美景不能尽观，且兴发出“鄙夷”式的价值批评。可是，当地百姓填实岩洞，对此他们一点儿也不感到可惜，而是觉得减少了一份困扰，获得了一份安宁。

又如，玉林附近溶洞之奇秀者，以水月岩为著。溶洞现在城区东南11公里南江街道云良村白鸠胸石山中。洞中奇观，引人入胜。此处还盛传明代建文皇帝朱允炆（1377—？年）曾一度藏身于此，故民间又称“藏过朝”。明代知州杨于陛到此一游后，叹为观止：“水月洞天即勾漏洞天，勾漏洞天即罗浮洞天。此洞正三十六洞天之散布凝结，奇奇怪怪，不可测识。”[③]但当年游览之惑，一如宋人吴元美：“土人复指某为栖霞庵，某为钓天洞，某为天（大）马洞，景致差胜。土人惧来游之妨农，垒石塞之。”

总之，天南一域，多异景奇胜，从博白、北流一直到玉林市郊，因地理使然，皆以“林壑岩洞之奇特”称世，皆是是中原汉人游猎场所。但是，从赵宋到朱明时代，地方民众皆以壮乡朴实的“妨农”为虑，代代示诫、洞洞相塞，前后相沿。这样一份独特的倡廉之念，这样一种返璞归真、因俗养廉的简单努力，一再让权贵和精英们大感意外。吴、杨两位地方官员，先后皆不知就里，反而书呆子气地教训起农民：“因塞以求通，可乎？余应之曰：浑沌凿，机智生。可使由之，不可使知之。导民者因之而已，其又何求焉！”不去直面和反思简单务实的农业生产问题，反而重弹高妙空玄的儒家哲理，岂不可笑！

---

① 《粤西文载》卷19《玉虚洞记》（吴元美撰），下同。

② 《粤西文载》卷19《韬真观记》（吴元美撰）。

③ 《粤西文载》卷21《游水月岩记》（杨于陛撰），下同。

图32　北流勾漏洞（道教第二十二洞天）

所以，“博白填井”之前，正是大批中原猎奇观光客和附庸风雅的文人达士们，闻风而动，络绎不绝来此，既妨农又扰民，故而民众不堪其累，亲手破坏“景点”，断绝了源头。在人类发展史中，井是人类征服自然的象征符号。开泉凿井，单就是希望有源头活水，保济一方。有井水的地方，就能为驯化自然、演绎文明开拓空间。中国汉语中的“市井”之称，即其明证。但边疆博白民众一反通例，视井如祸，宁可填塞之，这更彰显出“人类—自然”关系中的主体能动性：人类生存发展虽然依赖于创建多种外在的器物设施，但其主体意识决不受制于“器物”，也决计不让人物关系颠倒，形成某种庸俗堕落的拜物教，最终人为物役，人沦为奴。相反，一旦“器物”膨胀为束缚和羁绊，只有正常健康之人，才会当即断然破除之。所以，“博白填井”的原创之举，极具边疆德育象征。它既销匿了欲望追寻的对象，防微杜渐，让贵族雅兴无从生发膨胀，又对今日风行全球的“眼球经济”“眼球政治”“眼球机关”，来了一个实实在在的当头棒喝！相较诸多的达官游客，岭南边塞那一群乡民的本真举动，显然就“清白”和“清醒”多了。

综上，唐宋文献以山川命名博白的诸多说法，并未真识这片神奇的边疆县域。再说，如果一定要这样，那他们为何又不选取其前一字而称之为“博州”？实际上，随着时代变换，南珠、美女、水井、丝路、出海口等，虽然皆淡出世人视野，但它们已前后相承地“同构”出一种地方特色的道德文化。这样一部地域文化史，就让今天的后人觉得：原来“清白”才是命名“白州”的真缘起，同时它又内在性地规定了地方治权的价值向度。难怪这里从来都不缺少可读和可供机关衙门借鉴的“道德故事”。

三、《详革博白陋规各款》

吕犹龙（？—1722年），字尔霖，号雨村，满洲正红旗人，世居辽宁铁岭，爷爷吕成科，父亲吕九思，皆出任过宫廷典仪官，“礼学”传家。《论语·季氏篇》说：“君子有九思：视思明，听思聪，色思温，貌思恭，言思忠，事思敬，疑思问，忿思难，见得思义。”显然，其父吕九思取名的考量，即本原于先儒法旨！又如，所谓“犹龙”亦是春秋典故，语出于孔子准备去拜见老子李耳，临行之前给弟子们讲的一番话：“至于龙，吾不能知，其乘风云而上天。吾今日见老子，其犹龙邪！”[①]也就是说，孔子认为，老子的道德境界高深奇妙，就像东方传说中龙的变化一样，深不可测。那么，以此来取名的人，大概暗含着要在道德修身之学方面严格要求自己。

康熙三十一年（1692年），吕犹龙前往浙江出任平湖知县。到县后，询民疾苦，给酒米以慰劳；禁绝请托，遏抑强暴凶猾，“且缓催科，葺城垣，一切兴革，百姓尽蒙其福”。又在南门外建“吕公书院”，[②]提携后学。康熙三十二年（1693年），为方便东湖两岸人民的出行，他自捐俸银，在启元门外东北龙王堂侧修建桥梁，后人为纪念其恩德，取名“吕公桥”。[③]康熙三十九年（1700年），吕犹龙调任广西梧州府岑溪县令。“岑接壤粤东，流匪往往逋藏煽讼，地小而称难治，犹龙洁己爱民，四境胥悦。”[④]两广交接部的岑溪县，历来就是流寇的渊薮。但是，吕犹龙这么一个不熟悉南方水土的北方客，始终坚持“洁己爱民”这一根本点，结果边疆“难治”之县，转成治安最稳定之域。往日为贼、为匪及好讼之人，也不忍心再制造麻烦了。

---

① 《史记》卷36《老子列传》。

② 平湖县志编纂委员会编：《平湖县志》，上海人民出版社，1993年，第747页。

③ 《浙江通志》卷34《关梁二》，商务印书馆，1934年，第812页。

④ 雍正《广西通志》卷69《名宦传》。

当时，以“廉能第一”享誉清廷的广西巡抚彭鹏（1635—1704年）[①]，很是惊叹于这位下属的才干和为人。康熙四十年（1701年）彭鹏离任前，就奏上一本《甄荐粤西属吏疏》，云：“梧州府岑溪县知县吕犹龙，硎虽初发，豹见一斑……不愧为民父母……吕犹龙赴岑溪，举家十数人，旬月之间，十口病没，今存仅白发之母，与其垂危之妻耳！其状乞归养，臣怜其才，冀其有成，强留再三，令其母移住梧州，现委摄梧州府博白县事，敢请圣明破格改授为博民父母，人地又相宜，必能称职。”[②]据此史料可知，吕犹龙南下广西，已经付出了惨重代价——“十口病没，今存仅白发之母，与其垂危之妻”，热热闹闹的一家人，由北迁南，待到了岑溪，就只剩下三口人了！但即便如此，个人家庭中的变故和痛苦，并没有压倒吕犹龙。他内心中始终没有忘记自己的责任所在——“为民父母”，毅然抛开小家为大家，勇担边疆县政大任。

彭大人对他的评价，最紧要的一句，就是“硎虽初发，豹见一斑……不愧为民父母”。所谓“硎”，就是磨刀石，典故出自《庄子》中众人皆知的“庖丁解牛”寓言故事。当时，庖丁回答文惠君，有一段话说:“臣之所好者，道也，进乎技矣。始臣之解牛之时，所见无非牛者。三年之后，未尝见全牛也。方今之时，臣以神遇而不以目视，官知止而神欲行。依乎天理，批大郤，导大窾，因其固然，技经肯綮之未尝，而况大軱乎！良庖岁更刀，割也；族庖月更刀，折也。今臣之刀十九年矣，所解数千牛矣，而刀刃若新发于硎。彼节者有间，而刀刃者无厚；以无厚入有间，恢恢乎其于游刃必有余地矣，是以十九年而刀刃若新发于硎。”[③]其中，“刀刃若新发于硎”，指的就是刚磨好了刃的刀，锋利无比。简言之，彭大人以刀喻治，围绕吕氏案例，阐发了一份新的“吏学”思想：吕犹龙治县，一如庖丁解牛，强调由技入道，既要遵循“依乎天理”“因其固然”的无上法则，按规律办事，修炼出“以神遇而不以目视，官知止而神欲行”的治政风格，又需不断改进个人方法论，“以无厚入有间，恢恢乎其于游刃必有余地矣”。在持续性的基层政治实践中，切不能因为时间流转而让自

---

① 按，字奋斯，又字古愚，号九峰，又号无山，福建莆田人，历任三河知县、工科给事中、贵州按察使、佥都御史、广西巡抚、广东巡抚等。在广东时，释放受冤案株连的一百多人，杜绝杂派捐款十万两，与湖广总督郭琇革除学政积弊，一时并称“郭彭”，有“彭鹏郭琇，劾人无救”之语。为官忠廉，为人耿直，以节气为重，著有《古愚心言》，康熙亲自赏银三百两奖其廉直，皇后又赐给其夫人一座“銮驾轿”（后演变成地方的新娘轿）。死后，民间采撷其廉直故事，写成“古代公案小说”《正续彭公案》。

② 金鉷《广西通志》卷113《艺文志》。

③ 《庄子》卷2《养生主》，下同。

身患得患失，失去创新政务、增进品德的能力，也决不可妄自菲薄，沦落为老于世故、不甘进取的俗吏。相反，理当勤政若初，谨小慎微，如庖者“每至于族，吾见其难为，怵然为戒，视为止，行为迟。动刀甚微，謋然已解，如土委地”。力求“手之所触，肩之所倚，足之所履，膝之所踦，砉然向然，奏刀騞然，莫不中音。合于《桑林》之舞，乃中《经首》之会”。最后，十九年之刀，“解数千牛”，但依旧锋利如新，刀出必解，治效卓著！

所以，当这位优秀的下属岑溪任满，向自己请求辞职，准备回寄养地梧州奉母时，做上司的就“怜其才，冀其有成”，极力左右周旋，上报朝廷，终于让吕犹龙“破格”地就近出任博白县令，为其宝刀出鞘、建治于边疆，提供更多机会和空间。

据博白《县志》记载：“博邑多陋规，民虽重病而因仍供亿，莫敢言。（吕）犹龙莅任甫两月，访悉民隐，凡现办、换票、拆引、加耗诸弊政，列款具详禁革；镇以廉，示以信，惠威交挚，一如岑溪，治行为一时最。晋秩去，两邑士民，至今怀思不置。”[①] 看来，彭鹏大人的确没有看走眼。为了进一步认识吕县令的博白治政及其县衙道德建设，下面就详引由他制订、实施的《详革博白陋规各款》：

窃照粤西，天末地瘠民贫，兼之瘴雨蛮烟，官斯土者，率多因循，旧习苟且成规，独不思普天率土，莫非王臣，凡一饮一啜，皆系民膏民脂，居官一日，即有一日之责任，岂可系身家于分内，置民隐于膜外哉？卑职兼摄博篆，留心体访，稔悉民艰，择其万不可缓急当革除者，胪列于后，仰恳批允，镌石永禁：

一现办，宜尽革也。博邑陋例，通县按米分作十排，每年一排，轮当现役；无论米数多寡，每米一石，缴银四两，名曰公务，后至加作两排，协当名色，民不堪命矣！即就本年而言，应值五排轮役，总计共米七百八十七石有零，内除绅衿优免一百余石外，尚余米六百八十余石，该缴银一千八百余两，内实用解粮水脚等项五百余两，其余皆作交接礼数，及答应往来差使。今各台俱属清廉仁爱，而奉差各役，亦遵功令，不敢需索，则此项余银开销何地？若以两排计算，每年可得五六千金。敢请将解粮水脚必需实数，归于正项随纳，或令里民自解，其余浮数，尽行禁革。

一盐饷，宜定额也。粤西盐政，率皆官征，自顾考成。如拘成例，招商销

① 雍正《广西通志》卷69《名宦传》。

引，不但官受参罚，并国课必不能完；即如博邑，两载乏商，引盐未折，业将前令题参在案。卑职署事，屡遵揭示招募，皆以两年积逋未清，畏不敢认，而博邑绅民又谓，地近高廉，盐价颇贱，现在食盐，每斤不过伍厘陆厘，若一招商，定照部例，每斤须价一分七厘，再加运费商本，则非分九二分，难足埠用，纷纷具状，公举上商，愿助完折两年引饷。查博邑东西两饷，额引七十四道五分，奉文一引改作十引，计小引七百四十五道，共该饷银九百一十三两有零，总计折引领票水脚解费以及诸项规例，不过一千二三百两，足供料理，前经派至三千，民力几何？敢请酌赐批定，余派革除。

一铜斤加派，宜减也。每年部文取解本色铜斤，按县分之大小，随米均派。博白应解黄铜五百八十二斤，该照米均派，贴解费银五十八两二钱，前经加派五百两，几至十倍。自卑职到任，亦经照前宪，均定数目派解矣。窃恐法久弊生，敢请批定。

一东墟墟税，宜革也。博邑向有□木、沙河、江滩三处，小税年例额解藩库税银一百二十两，因遭兵燹之后，江滩居民逃散，墟场已废，正额不敷，经历任将龙潭、阴桥两处小墟收补，而东墟附近县城，虽属富庶，逢墟不过本地乡民抱布贸丝，以无易有，亦被编入抽收之列。敢请批准，永行示禁。

一年终墟租，宜革也。博邑地方辽阔，各村俱有墟场，历任于年终，责令村长每处收银四五两不等，名曰墟租，不必起解，留作私囊，虽为数无多，率皆民力，敢请批定。

一牌脚费，宜革也。博邑陋规，凡遇一事，不拘大小，差票俱有牌脚使费，通邑三十三图，一差管催新粮，凡有旧欠将完、新粮将征之际，户房送票，即搭差役姓名，批准后，每票一张缴银五六两十数两不等，官得一倍于役，役索十倍于民，上下相沿，其来久矣。卑职亦经示革，敢请批准。

一换票规例，宜除也。博邑设有会总练总乡长狼总等辈，名曰头人，例给照票，约束地方。凡遇新官到任，呈缴旧票，请换新牌，例送承管银六两八两以及十二两不等，率以为旧例如此。试思此辈，穷役此银，从何而来？要亦派之里民耳！敢请革除，庶免假公济私之扰。

以上七款，早革一日，则民受一日之赐；民省一分，则多完一分之饷。酬国必先裕民，裕民必先削己，此卑职微吏之愚忠，伏乞宪慈察照准行，其惠泽所濡，非特群黎一时一世已也。[①]

---

① 雍正《广西通志》卷119《艺文志》。

图33 博白字祖庙
（光绪十五年建）

总之，这1300多字涉及当时存在的七大县衙陋规：“现办余银”“盐饷加派”“铜斤加派”“野墟征税”“年终墟租”“牌脚使费”“换票承管银”。说穿了，它们都是一代代“官斯地者”弄出来的贪污花样。所以，吕犹龙要革除的，绝不是往届县令所关注的那些所谓的夷风陋俗。即便今天大多数人对这七大陋规的具体称呼颇为陌生，一时间参不透它们的具体内涵，但是，古今贪婪的本性始终没有什么两样，只是以权寻租、私设小金库的手段方法略有不同而已。所以，《详革博白陋规各款》在今日依然有其参考价值。最起码，其中有两句话，最能概括吕犹龙个人的“吏学”思想，值得后世牢记：第一，“凡一饮一啜，皆系民膏民脂，居官一日，即有一日之责任，岂可系身家于分内，置民隐于膜外哉”！第二，“酬国必先裕民，裕民必先削己”！只有立足于“裕民”和“削己”这两个根本点，摆正个人利益和集体利益的关系，才能敢除弊政，真正成为令人钦佩的“博民父母”。

自此，吕犹龙的治政才能一步步为世所大用。大体来讲，康熙四十六年（1707年），他升任宣化府知府；五十一年（1712年），任承宣布政使；五十七年十一月（1718年），又任福建巡抚。一到福建，他就向皇帝上奏，说：“州县钱粮，令知府严加稽查，随征随解，无许久存州县库内，以绝侵挪之弊。”[①]他

① 《清圣祖实录》卷288，康熙五十九年七月庚午。

仍然没有放松防腐止弊的工作，地方财富入库，不为贪官留下可乘之机。康熙五十九年（1720年）五月，大水入城，“市肆舟行，坏庐舍田禾”，吕犹龙亲临一线，指挥救灾。对于此事，《福建通志》后来有则耐人寻味的记载，说吕犹龙“于安泰桥水中哭拜，水寻退”①，已经活脱脱地描写把他成为一位上通天理的神仙人物了。

除此之外，他还大兴文教，涵养人的正性，激励廉耻。例如，当他得知因朝廷弄错时间而被迫休致在家的“庶吉士”蔡世远（1682—1733年）②为人正派、学问渊博时，就立刻聘请其到省城，主持“鳌峰书院”。于是，他们两人合作拟订出新学约——“以循序体察为致知之方，以敦本立诚为力行之要”，革弊而新，“闽士慨然感兴于正学”，③培养了一大批博学多才之士。另外，他还奏拨怡山院税渡（即渡口税）专门充作“龙津书院”春秋祀典之费用，不准政府作其他的行政挪用。康熙六十一年（1722年），吕犹龙调任浙江都察院巡抚，不幸逝于任上。其子辈中，有吕大春、吕大成、吕大雅，谨传父风，先后皆出任知府，且将先父道德风尚带进各级衙门。

第二节　陆川县衙

古今人谈及陆川县，最常见的一句话就是，“八桂南门一扁舟”④！所以，陆川“当两广交会之冲”⑤，扼守粤西“南大门”的重任，不言而喻。另外，借助于与广东接壤的地缘优势，一批批的省外移民，最早大体就是经由这条“渡船”，安全西行入桂。一定程度上来讲，陆川县就是历次移民及其文化输入的“中转站”。中国北方原是传统家族及其宗族势力兴起膨胀之域，但其建构维

---

① 乾隆《福建通志》卷65《杂记（祥异）》。

② 按，字闻之，号梁村，福建漳浦县人。因世居梁山，学者称之为“梁山先生”。康熙四十八年（1709）进士，历任翰林编修、侍讲、右庶子、侍讲学士、少詹事、内阁学士、礼部侍郎等，为官谦恭自持，淡泊为怀，“妻、子仅免寒饥，敝衣粗食，视窭人或甚焉”。死后追赠礼部尚书，谥“文勤”。

③ 方苞:《方苞集》卷4《礼部侍郎蔡公墓志铭》，刘季高校点，上海古籍出版社，2012年，第260页。

④ 黄家才、罗威:《可爱的陆川》，广西师范大学出版社，1992年。

⑤ 《粤西文载》卷39《陆川名宦乡贤祠碑》(伦诏撰)。

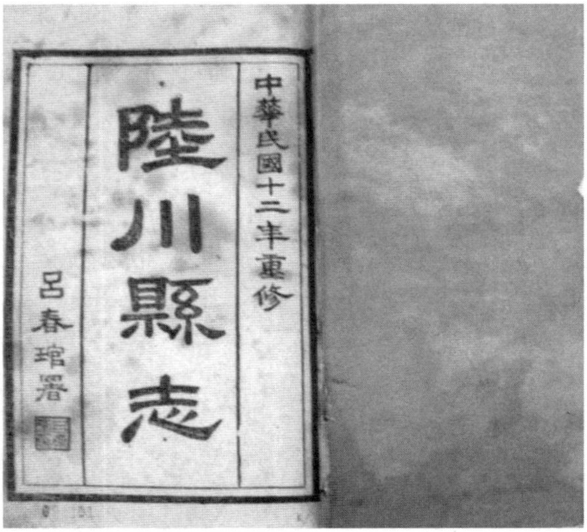

图34 民国《陆川县志》

护的“宗族政治”，唐宋以降始终是“皇权政治”的重点打击对象，加之草原文明常在的战争威胁，于是，各大宗族先后南迁华南各地，其宗法文化亦随之在异地开花。日积月累，有了远离中原的地理空间和山川屏障，华南渐次长成“宗族复振”的大本营，村落自治、社交权限等，皆受影响。其中，陆川弹丸之地，可谓是入南族群由平豁区转向山林、深度融入的选择结果。不同家族理念和多元文化的相互交融，为“陆邑”取长补短提供了宝贵资源。

一方面，就其整体风俗而论，明清方志常载：“陆邑风气朴实，不尚奢靡。”① 又说：“婚丧大礼与中州同，厚薄隆杀，称家有无，不竞奢靡；宴客不夸珍馐，以鸡豚丰洁为尚。”② 显然是一个守穷务实、砥砺节操的好地方。诸多迁徙入桂的家族，一路颠沛流离，融入本土逐次起家后，祛繁就简，抱朴守拙，并没有丢失治家的根本。相反，继续保存和发扬了勤俭持家的“中州”美德，为祖国西南边疆道德建设的“内地化”浓墨重彩地添上了厚厚的一笔。所以，当地诗人时常吟唱的主题曲就是：“不需彩礼蓝田玉，糖果香茶敬友宾。”③ 另一方面，陆川本土原有的资源禀性和客观条件也一直都是培育德性的珍贵养分。

① 雍正《广西通志》卷32《风俗志》。

② 乾隆《陆川县志》卷12《风俗》，乾隆二十一年（1756年）传抄本。

③ 李振德等编：《中国古今婚联大全》，广西民族出版社，1995年，第266页。

例如，清代陆川知县石崇先认为："陆虽偏小，其间川岳所钟，道化蒸洽，或以行谊，或以才猷，或以气节，或以学问，要皆各率其性之所近，而品汇成焉！"[①] 所以，水土养人。即便是位匆匆忙忙的"过客"，但只要踏入此境，那些涤荡灵魂、净化人心的山川林木，在人类与自然的接触关系中，从来就不吝啬自己的热情和期待。于是，自古以来，这样一个人来人往的"过站"，守廉名士前后继起，地方德政络绎不绝。

一、《陆川名宦乡贤祠碑》

明代嘉靖六年（1527年）秋天，陆川建成"名宦乡贤祠"。当时，郁林州学正伦诏[②] 撰写了一篇近千字的《陆川名宦乡贤祠碑》，曰：

嘉靖丁亥秋，陆川名宦乡贤祠成。先是，礼部奏准通行天下，而钦差提督学校宗主唐申谕各府州县有司奉行惟谨。盖表彰贤哲，以风励将来，甚盛典也。陆川邑，汉合浦县，地属越州，唐属容州，宋仍唐旧，至国朝洪武十年始隶郁林。当两广交会之冲，有妙垌温泉之秀，风俗渐美，人才日兴，盖自汉唐宋以来，食禄是邑而政教可称，生长是土而才行可录，第以屡扼兵变，记载弗详。考诸旧志：

如名宦，则有道州吴庸，以宋淳熙特科为簿尉，适李接倡乱，统兵御之，凡六战，众寡不敌，殁于阵，死节与日月争光，帅刘焞上其事，赠承事郎，仍官其子。我朝洪武初，长沙王麟以卓荦之才，筮仕邑丞，兴创之初，能阜民利，秩满之日，保升邑长。泉州庄概，成化乙巳授尹来任，简易近民，六事毕举，九载荣归，民不忍舍。临安郎珍，弘治乙丑拜官邑宰，廉明仁爱，修学筑城，七载解绶，民皆感仰。南海彭金，职虽县尉，志存经济，催科不剋，民留去思……呜呼！宦绩有名闻者，固不止此，而此数君子，则遗爱之在民心者也！

如乡贤，则油凤以洪武丁卯登乡进士，初授肇庆贰守，而德政感孚，后改谅江州守，而士民爱戴。杨启发身贤科，职任同府，初莅广州，而政事不苛，继至琼郡，而廉明昭著。庞经则文学俱优，师儒不忝，乡荐政事，长于

① 乾隆《陆川县志·序》（石崇先撰）。

② 按，广东南海人，正德八年（1513年）举人，任郁林州学正，另有《郁林科贡题名碑》。

别驾……呜呼！人才有誉望者，固不止此，而此数君子，则贤声之尤显者也！

名宦乡贤，生有功德于世，殁当庙食不朽，盖功德自有公论焉耳。前令以邑僻一方，漫不加意，比龙川何侯至，展诚释奠毕，慨然叹曰："十室之邑，犹有忠信，是邑虽小，岂无贤哲？"乃奉宗主条约，廉得来宦与乡宦之可敬畏而足垂荡者若干人，题其姓名官秩于木牌，以表其贤，欲分为二祠，而学地狭隘，求之他，又非崇重之所，以是移竖学门于明伦堂之东面，然后辟地于明伦堂之西面，择材庀工，并名宦乡贤而一之。创于是岁之春，迄于秋七月，而祠宇始翼翼矣，神栖既奠，祀事攸行，勒诸金石，以告后人。

征文于诏，诏曰："同堂享祭，毋拘于迹，毋泥于势，而惟其功德之相若，曰之数贤者，世之相后，不止百年，地之相去，千有余里，虽仕路有遐迩，遭际有险夷，而发迹崇卑之顿异，其功其德，均无愧于天下后世矣。"俎豆登降之间，不识观者亦为之动容乎，庸书此，以复何侯之命，是为记。

碑文从陆川县衙中选列宋代以降"食禄是邑而政教可称"者，共计5人：死于平乱的道州吴庸、为民谋利的长沙王麟、与民生息的泉州庄概、廉明仁爱的临安郎珍、文学俱优的南海彭金。一如文中所言，5人"来宦"陆川，"世之相后，不止百年，地之相去，千有余里"，但"其功其德"，皆能跨时空地集结于陆川县域空间，成为边疆县衙道德建设的主体构成。

其中，泉州庄概（字世平）乃闽中"理学"开山，被学生尊称为"遁庵庄

图35 陆川"菁莪馆"

先生”[①]；“成化间，知陆川县，简易近民，庶事毕举，塞陂溉田，九年荣满，民思之”[②]。又周孟中《陆川县学记》载：“今知县事庄概来饬而美之，制以大备，偕训导彭銮具事状请记。”[③]可知，地方乱后，建学兴教，化民成性，亦是边疆县政要务。另，据蔡清《送庄先生尹信丰序》载：

（蔡）清受业师曰“遁庵庄先生”，有宋少师藻斋公为之远祖，有国朝广西佥事松崖公为之父（庄琛），有德庆州判官世范公为之兄。又诸父有为兵科给事中者（庄亶），有为雷州知府者（庄敏），可谓阀阅之门矣。而家则素贫，用则素约，盖不独未仕时为然，前此既尹于陆川六年矣，而贫约如故也，则吾先生之所以为人者可知。兹以考绩至京，改任信丰。信丰，江西小邑也，而吾先生大才也，以大才任小邑，当道者独无所用其鉴衡乎？盖先生始以例授远方任，得广西之陆川。今九年之秩未满也，故改任例仅得此。当道者不欲以伸一人故而改令，固势然也。夫才与命不能相谋，自古豪杰负有为之志而展转下僚不得大伸其志者，何限吾先生？于是乎可以命自遣矣，且命在天者也，而又有在我者存。吾先生博学高志，少年声光驰八闽。阅世益深，抱负益壮，所养益不凡。其所施为，不以官之崇卑、地之广狭限者，又岂区区门下小子所容喙哉？出崇文门而南望，天高日朗，万里极目无障，于是而拜送吾先生之别，先生之意气何如哉？“老当益壮，穷当益坚”，汉马伏波（马援）之言，吾先生之素志也。[④]

由学生“书写”的这则文献来看，作者歌赞“受业师”，为其“以大才任小邑”等处境抱不平，但也讲明了一个“吏学”要点：士人由学入政，如何才能真正做到“以学养政”的问题。庄概出自福建“阀阅之门”，“庄氏子孙以学植身，以礼正家，以孝奉先，以仁睦族”[⑤]，科考登第、入仕治政和报效国家的家族传统，稳固浓厚。而且，“先生博学高志，少年声光驰八闽，阅世益深，抱负益壮，所养益不凡”。加之父亲庄琛曾任广西佥事，“以仁恕清靖著闻”[⑥]，两代宦桂，对于他来说奠定了基础。所以，国栋权臣之选，非他莫属。但事

① 李清馥：《闽中理学渊源考》卷58《县令庄遁庵先生概学派》。
② 《粤西文载》卷64《名宦传》。
③ 《粤西文载》卷27《记（学校）》。
④ 蔡清：《虚斋集》卷3《序》。
⑤ 何乔新：《椒邱文集》卷12《晋江庄氏族谱序》。
⑥ 李清馥：《闽中理学渊源考》卷58《县令庄遁庵先生概学派》。

与愿违，9年之间，“负有为之志而展转下僚不得大伸其志”，陆川任满后，又改任“江西小邑信丰”县令。于是，“以大才任小邑”，学与政之间的不对称性，已极其鲜明。如此命运，但庄概从未因自身学精志高而生出一股弃政、傲政的怨气，相反，他认真遵从现有的干部制度设计，无论是“授远”还是“改任”，一切依照官场惯例执行，坚持做到“所施为，不以官之崇卑、地之广狭限者”。结果，既成功将“家则素贫，用则素约”的治家原则带入边疆穷县，实现“以清白世其家”，又炼养出县衙新政。要之，“以学养政”的“鉴衡”指标，不是为政的大小高低，而是“民思之”“民不忍舍”，坚持着要让他永远活在“食禄之邑”！

二、谢锡侯的“减式”廉政

我们只要翻看一下清代县志，就会发现，在历代流官当中，就数谢锡侯这位知县留下的史料最多。单就个人文学而论，围绕陆川的古今典故和传奇故事，谢知县写成《吊卜夫人墓》《伏波庙记》《修启圣祠记》《新建忠孝祠记》《新建节烈祠记》《节烈卜氏墓记》《重修县学记》等一大批文章。所以，乍看起来，他这么喜弄文墨，以文缱思，将情感发挥到极致，自然就会让读者的心里头渐渐习惯性地涌出一种感觉：眼前这位文绉绉的地方官员，可能也就是位不求实干、以文博誉的家伙。不过，如果读者真的这样去猜想，那就是冤枉了好人。俗话说：诗言志，文以载道。谢锡侯以地方县令的身份，记事作文，书写陆川，只是表达政治诉求的一种形式而已。读其文，识其志，方是科学的态度。

满洲得中国政权之后，顺治十八年（1661年），新政府就勒令陆川县在北部地区的米场镇设置税厂，但事隔不久，又要在县城南关再增设另一间税厂。所以，一时之间，弹丸狭小之地，竟然“列南北二厂”，机构人员繁琐，实属多余。发展到后来，南北两厂政风迥异：“去城数武者，曰南厂，司之者，犹畏法知职；其北厂，去城二十里，诸役纵恣，虽斗粟只鸡之微必征，商民苦之已匪朝夕。”[①] 一县之内，原本事务趋简，但地方政府治理无章，重叠机构，终至南北两重天！新增南厂，地近县治，多少要顾及衙门形象，故虽是新建，但犹能“畏法知职”；北部米场税厂的职事被分割之后，加之地处县治的边缘

① 乾隆《陆川县志》卷17《裁城北税厂记》，下同。

图36　陆川谢鲁山庄

区，故以权营私，扰民之举，无所不为。雍正二年（1724年），谢锡侯出任陆川知县，“恶其扰民，详请革除此厂”，才最终将这60多年的旧制度，一并撤除。

当时，陆川名儒、上寨人李昌祚[①]专门为此事写有一篇《裁城北税厂记》。他开篇就说道：“予老而善病，杜门抱膝外，他所弗闻也。迩来谢使君甫下车，删陋规，却苞苴，予闻且喜，然犹未敢遽定其为贤也。”也就是说，这位谢知县进入县衙后，在机关系统内做的第一件事——“删陋规，却苞苴”，就已经让足不出户的他令人耳闻。所谓“苞苴”，本义就是用苇或茅编织成包裹，专门去盛装鱼肉之类的食品。也就是说，古代时期，人们相互之间赠送食物，出于礼节，都要精心准备一种装饰物，以免赤裸裸地将食物丢给对方。所以，有没有采用苞苴，这是一个关系到自己是否懂礼貌的大事。比方说，在《礼记》这部古代礼仪大典中，就专门有《少仪》这一节内容，谈到了苞苴问题，看来颇重礼数。难怪东汉经学大家郑玄（127—200年）[②]就一直提醒后人：“以果实

① 按，字远甫，号修庵，康熙五十一年（1712年）岁贡，勤于举业，落落自好，有不可一世之概。生平词严义正，凡后辈至其前者，必敛容敬听，无敢稍怠，惟廉洁一介不取，乐施，遇有急必济，乡里德之。

② 字康成，山东省高密市人，东汉末年的经学大师，著有《毛诗笺》《三礼注》，其著作一直都是古代中国的官方教材。

相遗者，必苞苴之。”[①]

但是，历史演变的神奇，就是那么让人无法预料，如此温情脉脉的一个名词及其礼尚往来的生动画面，不知自何年开始，竟然跌落成一番不堪入目的丑行：礼节性的追求日渐消退，“货贿”的面目浮出水面，“苞苴”终究发展成为“贿赂”的代名词！原本日常性的致谢与送礼，突变成贪污腐败的巧妙掩体。“苞苴”进入衙门之后，官员寻租害政的现象在中国历史上可谓是举不胜举。例如，唐代宰相李德裕（787—850年）[②]一度指斥吏政，曰：“苞苴日行，纪纲日坏，朋党益炽，谗言益昌。”[③]一语击中了当朝利益集团的要害。甚为可惜的是，“苞苴”一族的强大，早就超出了宰相大人的治理实力，结果他自身反遭诬陷，被贬海南。同样，明代末期，抗清将领张煌言（1620—1664年）[④]不无痛恨的东西，也依旧是“选将迁官，先论贿赂；登贤吁俊，亦藉苞苴”[⑤]。所以，他清醒地意识到，天下“苞苴”大行，朱明政权如何能保得住！

当然，在“苞苴日行”的历史进程中，也同样要看到诸多官员的铮铮铁骨。可以说，与一部“苞苴史”结伴而行的，就是另一部“反苞苴”的机关道德建设史！例如，明代清官王恕（1416—1508年）[⑥]巡抚河南时，身在衙门，不仅让自己始终如一地坚持了一种简洁朴素的生活风格：“不挈僮仆，惟行灶一，竹食箩一，服无纱罗；日给惟猪肉一斤，乳豆二块，菜一束，酱醋水皆取主家结状，更无所供。”而且，“其告示云‘欲携家僮随行，恐致子民嗟怨，是以不惜衰老，单身自来。意在洁己奉公，岂肯纵人坏事’。人皆传诵其词”。在中央任吏部尚书时，王恕因不满贿赂之风，为了堵塞源头，让那些源源不断的上门行贿者望而止步，索性就公开贴出一张告示和一副对联，挂在官署大门两边，以为警诫：“宋人有言，凡仕于朝者，以馈赠及门为耻；受仕于外者，以

---

① 《毛诗注疏》卷5《国风》。

② 字文饶，河北省赞皇县人，历任翰林学士、浙西观察使、西川节度使、兵部尚书、左仆射、宰相等，死后追封太子少保、卫国公，赠尚书左仆射。

③ 《历代名贤确论》卷18《管仲对害霸》。

④ 字玄著，号苍水，浙江宁波人，南明将领、诗人，乾隆四十一年（1776年）赐谥号“忠烈”。

⑤ 张煌言：《张苍水全集》第一编《答赵安抚书》，宁波出版社，2002年，第183页。

⑥ 字宗贯，号介庵，又号石渠。明三原（今属陕西）人。英宗正统十三年（1448年）进士，选庶吉士。后为大理寺左评事，迁左寺副，又历任扬州知府、江西布政使、河南巡抚，南京刑部左侍郎、左副都御史，南京兵部尚书兼左副都御史、吏部尚书加太子太保，官至少傅兼太子太傅等，谥号“端毅”。

苞苴入都为羞。今动辄曰‘贽仪’而不羞于人，我宁不自耻哉!”[①] 所以，一旦让馈赠、“苞苴”“进机关”，就决计没有什么衙门道德建设。

同样，清朝康熙年间的于成龙（1617—1684年）[②]，从广西罗城知县做到封疆大吏，一生清廉守身，“日惟啖青菜”，故有“于青菜”之称誉；迁转各地，也仅仅就是“赁驴车一辆，各袖钱数十文，投旅舍，未尝烦驿递公馆”，[③] 连官家的驿站酒店，非办公需要，他都不去享用。任直隶巡抚时，他要求下属各官：“凡遇重阳、冬至、元宵等节，并过路送礼各衙门，概行禁止。如有私相馈献，查出并行题参，决不宽姑!”[④] 命令下达后，又苦口婆心地给大家送上一句名言——“不事苞苴梦亦清!”[⑤] 任职福建布政使期间，还在大堂上悬联一副：“累万盈千，尽是朝廷正赋，倘有侵欺，谁替你披枷带锁；一丝半粒，无非百姓脂膏，不加珍惜，怎逃得男盗妇娼。”[⑥] “苞苴”清，则衙门清，这样一份对待“苞苴”的零容忍态度，的确极具现实意义。

总之，谢锡侯一到陆川，就“删陋规，却苞苴”，这确实又让当时大多数的陆川民众再次在官员身上看到了那份久违的铮铮铁骨。但是，阅历丰富、熟读历史的李昌祚先生却意有保留——“犹未敢遽定其为贤”。也就是说，在衙门任上光干这一件事还不够，以后的合理治政更显重要。不过，谢知县后来真的没有让他老人家失望。《裁城北税厂记》继续写道：

忽有来告者曰：“使君裁北厂税矣。”予曰：“得毋奉宪令乎？他邑都有，何独去此？得毋好名乎？且此厂之税，倍蓰于南，谨俟之，惧其或无以为久也。”未几，通详成案矣；未几，勒石永禁矣。于是，心折其贤而乐闻所未闻也。念自下车至今，方期月耳，平反锄奸，予我元元若干；钜条次第，修举不贤者，能如是乎！今且有事邑乘，以创昔之所未创，诚哉！其贤于前人多矣。乃命二子曰：“纂修之举，政体攸关，往钦哉，以共襄乃公，毋辱使君命。寄语使君，予耄且病，笔花久秃，不堪绘化，理以为寿……”

---

① 沈佳：《明儒言行录》卷4《王恕介庵先生端毅公》。

② 字北溟，号于山，山西永宁（今吕梁离石）人，历任知县、知州、知府、道员、按察使、布政使、巡抚和总督，加兵部尚书、大学士等职，以“天下廉吏第一”蜚声朝野。谥号“清端”，赠太子太保。

③ 陈康祺：《郎潜纪闻二笔》卷3，中华书局，1984年，第360页。

④ 《于清端公政书》卷7《严禁馈送檄》。

⑤ 张应昌：《清诗铎》卷18《自感诗》。

⑥ 徐兆玮：《徐兆玮日记》，李向东等标点，黄山书社，2013年，第150页。

图37 陆川新城大夫第

看来，民众对于地方官员及其衙门的评价，绝对不是什么一时心血来潮的结果。历史表明，谢知县裁撤“扰农”的城北税厂，一不是奉命行事，听从上司旨意的结果。这之中，深入民间，详悉民情，关注民生，才是他勇于行事、敢于创新的前提。二不是为了谋求个人声誉，去做些花架子的官样文章。其中，所谓“倍蓰于南”，就是说清初北城税厂的税额完成量，原本是南厂的5倍。可以想象，整个陆川的地方财政从此凭空被去掉了六分之五，仅剩下可怜的六分之一，这无论怎样解释，都有理由让李昌祚自一开始就怀有种种的质疑和不信，都有理由让谢知县认真检讨自己的利益观。现在，尘埃落定，裁厂一事，既上报朝廷，“通详成案”，又“勒石永禁”，永不再设。到了这一地步，它就由不得李先生不相信和佩服了。所以，当他一听说谢知县要召自己进城去帮忙编纂《陆川县志》，虽然年老体迈，但也一定要两个儿子替自己去做好这件事。

总之，无论是“却苞苴”，还是革税厂，谢知县为政不务于增作，倒是以精简为能事。其实，任职一地，造福一方，非仅有“加法”一途，政治“减法”或许更重要。因为几千年的中国政治发展，良莠不齐，若是不分青红皂白地全部予以继承和推行下去，难免患上政治僵化之病，民众生活自然也会苦不堪言。所以，谢锡侯革繁祛弊的“减式廉政”，仍有其价值意义。

第三节　西江四“县衙”

古代贵县即今日的贵港市。就地理而论，玉林、贵港同在广西“玉贵走廊”，一个位居南流江畔，扼守西南入海（即北部湾）的要道；一个总控郁江，紧紧锁住西江上游北向的关口；二者一南一北，辐射了整个岭南的关键腹地。所以，中国历代治政者多数遵循自然之理，因势利导，将其划归为一个行政区，并坚持“自然的人化”原则，故文明建设极具合理性。

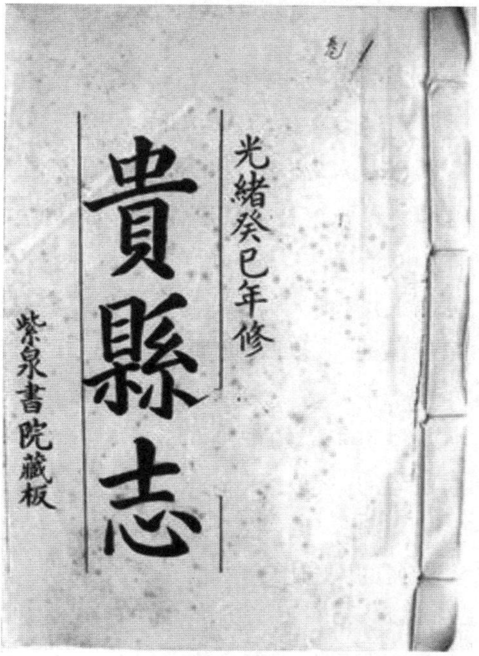

图38　光绪《贵县志》

在宋代汉人眼中，一方面，贵港“蕞尔之区，闲田瘠土，茅苇弥望，而无原隰膏腴之地”[①]。所以，不是什么大富大贵之域，养就出来的人文景象就是：“土尚朴素，不事华饰，不机巧取利；士多志学，虽贫亦延师教子，以故科名独盛；男子务耕读，妇女守阃范，颇知崇尚廉耻。风土温厚，虽凶荒亦无乞丐；去其轻悍故习，继美增高，服化良于邹鲁矣。”[②]显然，本土的道德建设成就，已经受到北方汉人的赞誉。另一方面，居住其中的少数民族，“生以唱歌为乐，死以木鼓助丧。又郡连山数百里，有俚人，皆以乌浒，诸夷率同一姓。男女同川而浴，生首子即食之，云‘宜弟’。居止接近，葬同一坟，谓之‘合骨’。非有戚属，大墓至百余棺。凡合骨者，则去婚异穴。聘女既嫁，便缺去前一齿”[③]。当地多得让人眼花缭乱的原生态习俗，让初来的汉人们一时还不清楚这样做的

① 《方舆胜览》卷40《贵州》。

② 雍正《广西通志》卷32《贵县》转引宋代《怀泽志》。

③ 《太平寰宇记》卷166《岭南道十·风俗》。

文化底细。总之，贵港既穷又朴，既勤奋又神秘。所以，外来的流官们耳濡目染，与民同乐，在政治文化建设进程中，也为后代留下了绝好的德性故事。

一、“唐颂是吾师”

贵港市较早的行政称谓是布山县，属百越之地。1976年，考古学界在贵县罗泊湾发现了西汉初期的古墓，出土了1000多件铜器、铁器、陶瓷、玉器、漆器、竹木丝麻和一些器具，且多烙有“布山”二字铭文，后经广西壮族自治区博物馆原馆长蒋廷瑜先生考证认为，贵县历来就是秦朝桂林郡、汉吴时期郁林郡的治所。[①]这中间的政治内因，自然就与被誉为“黄金水道”的西江（古称郁水）有很大关系。今天，迈步现代化，建构北部湾经济圈，沿着珠江水系，完善一种“腹地（贵港）——港口（广州）”发展模式，依然少不了要立足浔郁冲积平原，做好“西江经济带”这篇大文章，所以更不用说古代时期这条河流横贯中部的重要性了。可以说，来来往往的一切故事，都是因这条河水而发起的。

唐颂，字德雅，东汉广东番禺人。未来贵县之前，“奉养以孝闻”，是一个有名的大孝子，人称“唐大孝”。当年，其父母接连撒手而去，他“摧毁几至灭性”，差点就因悲痛至死。待到安排父母下葬时，他亲自“负土为坟”，不要别人代劳，真是倍受辛苦。坟墓建好后，他又在坟墓的左侧用茅草盖起一座小庐棚，“寝处其中”，让自己待在里面，好就近陪伴双亲。此后整整六年间，他“扶服哭踊，朝夕奉盥进膳，事之如生者……终身衣不纯采，非祭不近酒肉，忌日必斋肃以祭。见父母所遗物，或经父母所历，辄捧手而泣”。[②]所谓“扶服”，即是“匍匐”；“哭踊”，即是顿足拍胸而哭。按照古代丧礼的要求，父母死后，亲子要“交手哭踊无数，恻怛痛疾”。也就是说，六年时间内，唐大孝子因思念双亲，就是这样趴在地上捶胸顿足、号啕大哭地坚持过来的。

这还不算，也许是他的孝心感天动地，于是，“有甘露降于树者弥月”。普降甘露，这是天大的吉兆。作为祥瑞之物，中国古代帝王多数都为自己做过“甘露梦”。其中，最著者就是汉武帝刘彻。他曾经一度求仙心切，不惜重金购置铜料，在长安城建起了一个宏大的“承露盘”，以便收集些长生不老的

① 参见广西壮族自治区博物馆编《广西贵县罗泊湾汉墓》，文物出版社，1988年。

② 郝玉麟等：雍正《广东通志》卷44《人物志·孝义》，下同。

圣水。但他到底还是没能喝得上多少甘露，就一命归去了。所以，历代帝王将相都苦心追求的东西，现在突然得见于这岭南两广的民间荒外，此等奇事，就吸引了大家跑去观看。谁知道，大家到了那片坟场之后，又见“白鹿驯扰拾食于其庐次”，一如家庭豢养之畜。总之，不仅有沁人心脾的甘露，还有那么一群悠闲自在的野生白鹿穿梭其间，与人为伍，让参观者都觉得仿佛是到了什么神仙之境。在中国古人的心目中，以白鹿为祥瑞神物的文化观念，比起甘露来，又强得多了。据东汉辛氏《三秦记》记载，“周平王东迁，有白鹿游于此原，以是得名，盖泰运之象”[①]。俗话说，搬家三次穷！一个小家庭对于搬迁之事都要慎重，那么一个国家的迁都，更是件政治大事，是好是坏，马虎不得。那么，可以想象，当年周平王迁都之后，必定就是政通人和，万家康乐。否则，怎会有白鹿出现？现在陕西省蓝田县，不就是为了让子孙后代牢牢记好这件事，索性将地名改成了“白鹿原”了吗！只有在太平盛世才能看得见的白鹿，现在频繁在南中国抛头露面，这的确寓意着吉祥。唐颂那一片纯朴的孝心，本是件自家事，谁知竟然引出了与周平王迁都同样令人震惊的自然奇观，看来，事情绝不是唐颂本人为了获取名声而矫情为之了。

说到这里，我们还应约略了解些中国东汉时期“察举”的官吏选拔制度。当时，“孝治天下”，国家以孝治政，朝廷为了将地方上的廉洁贤德之士纳入行政系统，就硬性规定，每20万户中每年要推举“孝廉”一人，经考核通过，再由朝廷任命官职。那些受举荐的人，既要博学多才，更要孝顺父母，行为清廉，故称“孝廉”。然而，在古代信息传播系统较为落后的情况下，一位读书人是否能得到机会，获取一个被推举的名额，除了他自己在当地做得好，更要他足具名气，家喻户晓。说穿了，政府以才德取人的愿望，落实到具体的操作之中，就只能是“以名取人”，个人名气成了考核的第一指标。可以说，古代政府通过这种方式来更新官僚系统，强调优质资源“进机关”，以新补旧，本来是件好事，但是，地方上的读书人为了升官发财，很容易就找到了制度上的漏洞。一大批弄虚作假、不学无术、道貌岸然之辈，趁机就在地方上苦心经营种种“宣传策略”，大造个人声誉。尤其是，那些把持推荐大权的地方豪族，更是上下其手，想尽千方百计，精心“包装”自家的纨绔子弟，通过家族之间的互相吹捧，将自家儿郎“网红”化，一次次将朝廷命书收归囊中。结果，

① 陶宗仪:《说郛》卷61上《三秦记·白鹿》。

东汉桓灵之世，民间童谣迭起：“举秀才，不知书；举孝廉，父别居；寒素清白浊如泥，高第良将怯如龟。”[①]……世道完全颠倒了，说他是孝子，亲生之父却蜗居在别人的屋檐下，连自家的门都进不了；对外宣扬说自己身家清白、一尘不染，结果内骨子就是一团污浊不堪的乱泥，与众多势家官户连为一体；称道自己出身高门，有治世救国之能才，“进机关”后遇事临敌，却是个缩头乌龟。

正是有了以上所述的这种险恶的时代背景，我们才能发现，唐颂六年如一日守着一丘荒坟，没有什么外在的依靠和经营做作，后来“郡察孝廉”，他就从这岭南的珠江下游，一路被上报到京城洛阳，击败无以数计的贪婪无耻之辈，成功被委派到珠江中上游一带，“仕为布山令”。这其中的关键点，就在于那实实在在的孝心，众人已经目睹。所以，任何有权势之人，即便再想为难他，也都无法瞒天过海，否定这些客观事实，而对于唐颂“笃行之纯，盖天性”的本质，视而不见了。

现在，贵县迎来了这么一位“唐大孝”，虽然他不能将甘露和白鹿带进广西，在异地再造一次“天降甘露”和“白鹿游原”的政治神话，但是，那份孝道还是可以一道进入广西。问题是，以孝为基础做官治政，会有什么结果呢？地方志记载：“布山在郁林境中，杂以民夷，号难治。（唐）颂铺以大和，不事威砻，挫强拊柔，惠及婣嫠，民感其仁，无梗化者。”[②]如果说，上一次唐颂在广东家乡以“孝道”感动上天的话，那么，这一次，他手握异乡大权，但丝毫“不事威砻”，更不助纣为虐，始终坚持“仁和”，这感动了广西民众。尤其是泾渭分明，态度坚决：对待弱势群体，宽和惠爱；对待地方强权恶棍，除强锄奸，决不姑息。他第一次在布山民众面前撤去了历代“官权”的花架势，第一次彰显了县衙为民办事、为善者撑腰的政府形象和公权理念，故此“民感其仁”，支持踊跃，号为难治的一方水土，也渐成和谐安怡之地。

相较而言，三国陆绩以孝入廉，由吴入桂，为后世政务机关带来了“廉石”精神，那么，唐颂同样以孝入廉，由东入西，又诠释了另一种道德文化“进机关”的内涵：一个人若是要将家庭孝道推演达于民众，造功于社会，最好的方法，就是在“进机关”之后，自己仍能以亲爱之心、尊长之孝，对待所有民众！

---

① 梅鼎祚：《古乐苑》卷45《杂歌谣辞（汉谣）》。

② 欧大任：《百越先贤志》卷4《唐颂》，下同。

图39　贵港古码头遗址

说到底，廉爱民众，保护弱小，这就是德政。中国重孝的传统，的确方便将“小爱”推至“大爱”。难怪唐颂死后，为感谢他的恩德，“民报祀之”，也以孝报廉，将其奉为地方神灵，定期举行祭祀，予以回报。生前“进机关”，死后“进神庙”，这是古代中国民众感谢清廉官员的真实逻辑。

同样，故乡广东也将其视为本土骄傲，建起了“唐颂祠”，以激励后人。南北朝时期，河南人范云（451—503年）[①] 出任广州刺史，专门派遣特使前往番禺县祭拜，以示尊崇和宣扬。不久，江苏镇江人王僧孺（465—522年）出任南海太守，还就此事写有《至南海郡求士教》一文[②]。可以说，后来的两广人，都

① 字彦龙，河南泌阳人，南朝齐、梁间诗人，“竟陵八友”之一，著名无神论者范缜的从弟。历任刘宋政权的中书侍郎，萧梁政权的侍中、吏部尚书、尚书右仆射等，居官能直言劝谏，卒谥“文”。史书评价其人说：“尽心事上，知无不为；临繁处剧，精力过人。”

② 详见第七章第二节“宜乎粤之人，无所待而各诣其极”。

要好好地读一读王先生的这篇大文。这其中的原因，还不仅仅只是王僧孺标榜了唐颂和罗威[①]这两位岭南精英，更重要的是，作为一个来自北方的汉人官员，他主动摒弃文化偏见，在两广本土士人的身上，看到了这片土地的可爱、可贵与可敬！在他眼中，岭南水土不仅仅只是常人所说的山珍海味的出产地，而且它与中原儒教浸润之地一样，同是培育、催生忠孝仁义之士的热土。与历代那些“仇粤”“鄙夷”“讥蛮”的观念相较，王僧孺的见解实属高明难得！所以，唐颂的言行故事，不仅仅是两广人自己的一个标尺、典范，而且也征服了王僧孺这位北方高儒博士，是岭南人树起文化自信、平等开展南北文化交流的重要证据。

康熙三十四年（1695年），岭南名士屈大均（1630—1696年）弥留之际，给儿孙们写下一纸遗嘱，说：“吾死之日，以幅巾、深衣、大带、方舄敛之，棺周以松香融液而椁之，三月即葬。而书其碣曰‘明之逸民’。”[②]且手书墓亭曰：“孝子仁人求我友，罗威唐颂是吾师。”[③]以本土先贤为榜样，学作罗威、唐颂。唐颂的人格魅力，1500年之后依旧深深地感染和规范着这位岭南后学。所以，说到这里，作为两广人之一的广西人，也的确不能忘怀：两千年前，“唐大孝”就是第一个让布山民众强烈感受到政府之爱的人；身受恩泽的广西后人，当然要将这份对待弱势群体的态度和精神，好好地带进机关，继续发扬下去。

二、幕佐侯元采筑城御暴

侯元采，字文卿，“其先中原人，宦游桂林因家焉”[④]。元朝至正十二年（1352年），侯元采出任贵州（唐贞观九年设置，治所在今贵港市）吏目，作知州的一个副手，但由于元朝政府暂时没有派来知州大人，所以，侯元采就暂时摄理一州大事，挑起大梁。作为副手临时主持地方大局，侯元采丝毫没有退缩胆怯，也没有据权行私。相反，“不三月，政和而理成”，一个季度还不到，他就将贵县治理得风调雨顺，这的确是神来之笔了。

---

① 按，南北朝时刘宋人，终生不仕，奉母避于增城。

② 屈大均：《屈大均全集》第3册《翁山文外》卷8《翁山屈子生圹自志》，人民文学出版社，1996年，第154—155页。

③ 王元林、胥雪松主编：《番禺区现存碑刻集》，广东旅游出版社，2017年，第317页。

④ 《粤西文载》卷22《修筑贵州城记》（邹鲁撰）。下同。

政务处理得差不多的时候，有一天，侯元采看到贵县“城池颓圮”，就召集当地的父老士庶召开大会，集中商讨解决之法。会议一开始，侯元采就问大家：“裸裼而战，可乎？”贵县地处西南边境，加之元代末年又是个动荡不安的时代，所以，没有座坚固的城池，扎牢阵地，万一遇到敌人来侵，只能就是自己这一帮人赤膊上阵，逞匹夫之勇，生灵涂炭的悲惨结局，自属难免。看到大家没有回应，侯元采接着讲起道理说：“都鄙郡邑，以囿生民，聚民非城，弗可也；城弗完，岂尔民之安哉？由前至今，贵为巨州；宾象浔藤，疆土犬牙；溪猺峒獠，旦发夕至；州城不治，殆将百年；日月受敌，数倾于陷。吾为若等倡大修之。”号召大家同心同德，亲手结束贵县这百年无城的历史，以保一方安宁。其实，筑建贵县县城最早者，是三国太守陆绩[①]，后元和刺史谢雕也做过一定程度的修补。侯元采之前，也曾有过几任长官动过修筑城池的念头，但都“限于赀费”而作罢。这一次，侯元采放下官架子，在广西基层搞起了有史以来的第一个“听证会”，听取下层民众意见，看来意志坚定。而且，经侯元采那么一讲解分析，大家这才回过神来，重新认识到筑城的重大意义——“足以保我子孙、黎民、国家、人社之利”，建城完全就是件功在万代的大事，而不仅仅只是官员们上工程、捞政绩的方便“法门”。结果，群情激昂，议论纷纷，大家一个个明确表态，要“具畚锸，以从侯君”，没有一个不举手赞成的。

得到了民众的支持，万众一心，侯元采首先就“出私帑，傭军民”，亲作表率，拿出自己口袋里的私钱去筑城卫民。当时，为寻找到方便快捷的筑城砖料，减轻人民的负担，他“又祷于北山之神，得古石冢数千室，于近郊砌垒有余，陶冶无费焉”。也就是说，他顶着一个亵渎神灵的大风险，破除了迷信鬼怪观念，捣毁一大批历来无人敢动的远古荒冢，然后搬出那些墓砖石料，变废为宝，形成了城墙的第一批材料。这么简单的一个策略，结果就彻底解决了整个修城的陶砖之费。至于剩下的“版筑之役，则城中之民，第其物力而分筑之；不给，则又以己帑相之”。所以，整项工程中，地方民众承担的劳动量，仅仅就是按照其家产的多寡而相应领到的一份筑土方的任务。经费方面，除了侯大官人自己不计得失，一再地掏腰包之外，政府衙门也没有向民众摊派一分钱。相对于借助兴修工程大饱私囊的一些官吏而言，实为难得。换言之，只要

① 参见本书第三章。

图40　贵港南城墙石基遗址（2019年发掘）

是让摊派“进民户”，那么，就不会有什么道德文化“进机关”的了。正因为劳力、物力、财力、智力都有了充足保障，所以，此项工程开始于头年六月，第二年二月就顺利宣告完工，前后仅仅只用了九个月的时间，这在中国元代末期创造了州城建筑史上的奇迹。为确保工程质量，当时侯元采还偕其兄弟侯元忠（字信卿）“日巡行城上，董治工役，谕民以理，作者千人，不加一杖而自勤”。

这座岭南新城建得如何，据邹鲁所撰《修筑贵州城记》可知：“城高十尺有奇，上为女墙，五尺有奇。土石填实，灰液胶固，周围二万余尺。南距大江，三面浚池，深丈余。城上之屋凡千间，东北西北二隅，东西二门，凡为战楼五，崇二丈。则四方之民，验其田赋而分构之；工无重科，人无余力，瓦木坚好，以永弗坏。君所筑之处，复作二楼，其高广如东西二门，东南曰朝阳，西南曰江月，皆君所自建也。东西门之外，各为墙斗，折内向，以拒冲斥；南门之外，东西又各为石门；门有敌楼，列巨栅，屯兵义合守之；商庐贾肆，鳞列蚁傅焉。城完乃籍居，人占其所筑之地，分布防御，民以为便。”同时，还“设窝铺二十四间”，以备商人生活之需；又“均土析基，覆屋以瓦，民始奠居，而知有生之乐矣”。

总之，侯元采的奇妙过人之处，就是“工无重科”，没花多少钱，没向民众借机摊派“工程款”，就干好了一件大事——“所备寇周防为生民计者，莫不尽竭其心焉”。他成功借助筑城稳固边疆一事，已经合理地将发展地方经济、调整基层秩序、改善民生民情等融为一体。至于这座城池的防御功能，我们可以从下面相关的史事得到更准确的证明。一是在工程刚开始后的八月份，一大帮土匪奔至万塘村，准备从西南方向围攻贵县，破坏这次修城计划。当时形势十万火急，侯元采就率领弟弟侯元忠，依赖初具雏形的新城作为临时指挥部，“捐赀募勇士”，统一调度人手，组织兵力，制订平衡进退的作战方针，最终身先士卒，“擒其酋党八人，斩五人”，一下子就稳定了局面，保证了工程的顺利进行。二是第二年修好城池后，从五月份开始，“贼皆数千人犯城壁，君与弟信卿帅义兵出门，连日逆战，旦暮五六合，摧锋陷敌，败退逐北，杀获无算”。所以，有了一个稳固的后防，更是进退自如，用兵不怯，地方的战乱很快就得以平息。知道这些胜利的消息后，“广西海北二司荐剡交致，遣使亟镇焉”，侯元采屡获上司表彰和奖励。

其实，那些史事至今已经远隔千年，不同时代有着不同的情感方式和思维习惯，跨不过时间的隔膜，没有亲临其境的经历，恐怕难以激发出某些真挚的感受。虽说是在讲故事，但其中的价值还是难以品味，这也是当前重整古代广西官员道德建设资源的一个大障碍。其中，借用当时人真实的文字记载，阅文观史，知人论世，是探讨县衙道德建设意义的极佳路径。例如，邹鲁《修筑贵州城记》一文，借题发挥，写下以下一段耐人寻味的话：

至若出积敛以给民，兴学校以劝士，均赋役，去凶暴，复流亡，决淹滞，又不可一二数……非其心忠以仁，其志果以达，而其天质之美有以异于人，乌能成其功业若是之盛哉！于戏，世之为卿相，列方岳，为国勋戚，为时名臣，尊爵禄而都显宠者，可胜叹哉！迩者乌合蚋集之徒，窃发淮蔡间，肉食而桓圭者，委城郭如敝屣，曾不少顾恤，视之为可以少，愧矣！况岭南去天万里，吏于其土者，率自诿远宦，以王事为贷市，视公宇为逆旅，汲汲焉渔猎其民，丰其家室不厌，又安有割己俸以为城，捐躯命以御暴，尽忠报上若此其至者也！坐省府、镇藩维者如彼，而况于一郡之幕佐乎！若君者，诚所谓求十一于千百也！使君居廊庙，赞出纳，用足以究才，位足以满德，其功业又当何如耶？虽然有德者必食其报，余于贵之士民望之。

所以，若是回到元朝末年的那个时代，像侯元采这样的人物，的确是“千百”中的“十一”，马上就可以分别。向上，他可以令那些尸位素餐、不顾及民众死活的中央大员们汗颜失色，无地自容；向下，他又可以让岭南贪鄙之吏风，顿失猖狂之势。所以，侯元采简直就是元末之际，以幕佐身份，挑起官方德政大旗的中坚斗士！这还不够，邹鲁继续说出一件有趣的事："余闻州有紫水出，则为守佐之应。君视事之初，泉觱沸出城下。噫，石发于郊，泉瑞于郭，非人力之所至也，贤者之获于天，盖如是!"用今天的思维来看，邹先生其实是在讲风水迷信。他说贵县素来有个"怀城紫水"的景观及谶语，城外溪流一旦有紫水涌出，那么就寓示着贵县要出现轰动中国政坛的"守佐"人物。[1]事情就是那么巧，刚好侯元采到任的至正十二年(1352年)，作为一个副手，他就碰上了贵县这个千年难见的自然现象。所以，按邹先生的文化逻辑，侯元采治贵，这是上天的委派。

其实，邹鲁以这种神怪的方式，或者说"造神"的思维，来感谢有恩德于民的清正官员，这在中国古代屡见不鲜。换个角度来说，邹鲁内心愤愤不平的是，既然朝廷没有胆量去重用这样一种清风正气的人物，好让其在更高级别的机关部门里，"用足以究才，位足以满德"，功施于民众，那么，民众对于此类德性官员的纪念和珍爱，官方即便是再有能耐，也不可能禁止得了。所以，一旦道德文化"进机关"向上的路径受阻，那么，它向下"进民间"的路径依旧发达。爱到极处，民众最好的办法就是"自然的人化"——将这位难得的"守佐"及其精神风貌融入本土，转换成广西文化系统中必不可少的要件；将廉政官员"神灵化"，让他们与本土其他精神资源融为一体，始终不息地促进本土德性价值的生成！总之，从这里可以发现，现代道德文化"进机关"的丰富土壤，的确还是广大的基层民间。

三、署县事黄学准"不受堂馔"

黄学准，字本平，明代广州花县（今花都区）炭步塱头村人。2000年，塱头村被广州市定为首批历史文化保护区；2008年，该镇又入选首批"广东古村落"。据统计，该村一共孕育出了15名进士、10名举人、15名秀才。其中，与"七子五登科"的黄家[2]密不可分。现在，在塱头看得见的物质文化遗产，

---

① 按，明代名将沈希仪(1491—1554)，相传出生时恰逢"怀城紫水"，故号紫江，后出任广东、广西、贵州总兵官，官至都督同知、加镇国将军，官阶为从一品。

② 按，黄皞3妻7子，有学裘、学矩、学龄、学准、延年5子登科。

图41　塱头村古建筑群

一是有座横跨“鲤鱼涌”的“塱头桥”，二是保存完好的“友兰公祠”[①]。

广州花都区至今有句俚语：“茶塘庙[②]，塱头桥。”这后半句说的塱头桥亦称“青云桥”，顾名思义，是一个“青云直上”的故事。当年独自出资建桥者，即是黄家的第十四世祖黄皞（字时雍，号栎坡，成化间进士），他是明代嘉靖朝的五品大员，黄学准是其第四子。这座桥建于明武宗正德二年（1507年），当时黄皞身为吏部司务，转验封司员外郎，兼管全国赋粮贡物事务，但突然受到太监刘瑾（1451—1510年）的诬陷，终至罢官回家。看到家乡地势低平，村民往返炭步圩，苦涉鲤鱼涌，路途艰险，于是自掏腰包，建成一座双孔石拱桥。桥成后，远远看去，其轮廓外形极似官服饰戴的横腰玉带，故取名“玉带桥”。第二年，经查核，黄皞乃清白廉介之臣，朝廷立刻下旨诏其回京复职。得到这一信息后，黄皞索笔就写下“青云”二字留在家中。按当时的心境，他关心的倒不是个人声誉得以恢复，因为自己“进机关”后做过什么，是个什么样的人，外人的评价和看法都无关紧要，重要的是，自己要再一次珍惜好“进

① 按，黄学箕［基］(1468—1529)，号友兰，黄皞长子，务农，黄学准长兄。

② 按，茶塘庙位于茶塘村，茶塘村即“生意村”，诞生了许多生意强人。茶塘庙亦称“洪圣古庙”，祭祀南海之神洪圣公，是负责“广徕天下财利”的神灵。

机关”的机会，青云直上，为苍生万民造出些实实在在的福祉。光绪十九年（1893年），全乡人重修“玉带桥”时，当然没有忘记这一故事，直接将“青云”二字刻入石匾，镶嵌在大桥西侧。由此，“青云桥”这个新名称也就叫开了。

至于黄皞的政绩，今日从刑部尚书林俊（1452—1527年）[①] 的一则奏疏中，多少可以窥见一斑。在《均平税粮盐钞疏》中，林尚书公开向朝廷举荐经济类人才，说道：“左参议黄皞，谨实明亮，克称才猷，其编派税粮盐钞，可谓竭尽心思，而推算笔削之劳，皞尤任之。”[②] 作为主管粮税盐钞的大臣，常在河边走，能保证自己不湿身、不以权谋私，这已经不简单了，更不用说，他还竭尽全力地做好了国家的“守财奴”。不过，正是这一维护朝廷利益的做法，很快就为黄皞招来了上文所说的“罢官”之祸。

事情的详细过程是，黄皞受命管理国家财务，这一职守是个肥缺。当时，刘瑾阉党集团权势熏天，就派人送来厚礼，想收买黄皞为日后所用，结果遭到黄皞严词拒绝。这帮人一计不成又生一计，马上抓住黄皞出差江浙，而其夫人在老家庆贺生日之机，以送贺礼为名，准备重金行贿。谁知，发妻如夫，深明大义，也将送来之物如数退回。至此，阉党黔驴技穷，恼羞成怒，转而设计陷害黄皞。恰逢云南灾荒，黄皞主持开仓放粮，阉党上下其手，从中截取赈资，且诬陷主赈大员黄皞私吞灾款，终令其罢官，遣回原籍为民。事后，林俊等朝中大臣对此提出异议，才得机重查案件，澄清真相，起用黄皞。而且，据史载：“巨珰崔安附瑾作威，且忌其功赏，语侵之，皞不少屈，声色俱厉，安愧服，连呼‘铁汉吏’，民因称‘铁汉公’。”[③] 在与阉党的斗争中，他取得完胜不说，还让“铁汉吏”“铁汉公”的名声传遍朝野。黄皞再次回到北京后，一度听信了谗言的正德皇帝朱厚照（1491—1521年）为表达歉意，感慨他不为钱财和权势所动，奖赏他白银3000两，准许黄家建祠立庙，当即授予大中大夫，任命他为云南布政使司左参政，且用手抚摸着他的脊梁骨，脱口说道：“真铁汉公也！”于是，民间传说黄皞的官袍有个特别的图案——一只金色龙爪，意为皇上“钦点”！

---

① 字待用，号见素，莆田城内人。成化十四年（1478年）登进士第，授刑部主事，累官刑部尚书。性简俭，刚直敢谏，廉正忠诚，是成化、弘治、正德、嘉靖四朝的老臣，卒谥“贞肃”。史载：“数十年来，大臣以礼进退，无瑕隙可议者，林俊一人而已。”

② 林俊：《见素集·奏议》卷2《西巡稿》。

③ 《广东通志》卷45《人物志·黄皞》。

而且，正德皇帝还传旨奖赏黄皡木鹅一只，准许他在故乡巴江河一带随波放木鹅三天，凡是木鹅飘浮流经的周边土地，统归黄家私有，为朝廷封赏给黄家世袭罔替的封地。放木鹅的那几天，围观者人山人海。木鹅随涨潮上溯，向赤坭、白坭浮去，一时间，远离塱头村几十里的土地尽归黄家所有。但黄皡心有不忍，又不敢违背圣旨，正一筹莫展时，其夫人献计说："使人将木鹅引入港汊，让其停止浮动便可。"家人依计而行，木鹅果然停止在港汊水坑之内。谁知此时，赤坭缠岗村有个放牛娃，见水坑有只木鹅，觉得好玩，便又将木鹅抱回村，放在村前鱼塘之中玩耍。这一玩不要紧，结果就将大好的一口鱼塘也送给了黄家，害得缠岗村后来只好用另外一块土地才换回这口被御赐木鹅所"幸临"的鱼塘。从此，"奉旨放木鹅，不忍多占地"的"木鹅圈地事件"，也就成了广东花县朗朗上口、经久盛传的廉洁传奇。[①]

另外，现存的"友兰公祠"，坐北朝南，三间三进，总面阔12.2米，总进深39.4米，建筑占地502平方米，2002年成为广州市保护文物单位。虽然它是清嘉庆六年（1801年）和1927年重修的建筑，但昔日光华仍历历在目。其中，第二进是"接旨亭"，阔3.9米，深3.7米，由4根石金柱承重，花岗岩条石铺地，亭内悬挂"芳徽克绍"木横匾，是专门为纪念黄皡和黄学准父子接圣旨（"父子两乡贤"）而建。[②]所以，这么一段惊心动魄的家族史，对于黄学准的成长而言，至为重要。正德十四年（1519年），黄学准考上举人；嘉靖年间，受命为崖州学正，渡海赴岛，主管海南三亚地区的教学大事。初次"进机关"任职，他就发挥个人才学，"崖地荒远，士不知学，学准训以经义，多成就者"[③]。因此，任满升迁为湖北潜江县令。

古代潜江能成为楚文化的发源地，原因之一就是交通方便，离都城郢很近，楚灵王（？—前529年）还一度在潜江建有自己的离宫"章华台"。但是，"邑当江汉冲，夏潦，岁至没城，公署中可舟也"。潜江四野，湖泊河流众多，雨季一来，洪涝即至。元朝至元三十年（1293年）的一场大水之后，县衙一度迁往"斗堤"，以土垒墙，新修县城。因其规模狭小，似农家小屋，故时人取名"田舍城"。也就是说，为避开洪峰，衙门虽迁，但隐患依旧，政府和民众

---

① 李远等:《花都古村落》，广东人民出版社，2018年，第28页。

② 李远等:《花都古村落》，广东人民出版社，2018年，第14页。

③《广东通志》卷45《人物志·黄学准》，下同。

图42 友兰公祠

仍面临水灾的威胁。彻底解决此事，完全彰显潜江区位优势，这就要等到嘉靖二十三年（1544年）知县黄学准“进潜江”了。

建好城后，“剧盗夏三流劫湖湘间，郡邑兵不能制，学准密计擒之。初皇庄人藉三行劫，学准并擒之”，黄学准又以一个小县官的身份，帮助上司解决了地方安宁的大问题。但接下来，父亲黄皞所遭逢的那一幕“官祸”，也在儿子身上上演：“中官廖斌索，不与，而治兵使者亦忌其功，两人交构，遂改淮安教授；久之，擢南国子助教。”文中提到的宦官廖斌，当时正出任“显陵”①的守备太监，也就是一个守护皇家陵园的负责人，但他狗仗人势，欺上瞒下，不是什么好东西。黄学准一如其父，决不与阉党贪官污吏为伍，断然拒绝了廖斌的贪婪需求，故而为其所怀恨。于是，廖斌唆使一个早就眼馋功劳的治兵武将，从中设计，历经多次转折，让黄学准调离湖北，最终改任浔州通判，来到广西，兼署贵县县事。

回到岭南后，黄学准做的第一件事就是，“里甲日供堂馔千钱，学准曰，‘此皆民脂也’，一切不受，百姓德之”。所谓“堂馔”，又称“廊食”，原指

① 按，是明世宗嘉靖皇帝父母的合葬墓，也是我国中南地区唯一的一座明代帝王陵墓，位于湖北省钟祥市城东北方7.5公里的纯德山。

唐代宰相在政事堂办公的公餐，起源甚早。宰相办公，由皇帝依例赐以颇为丰厚的宴席，以示宠爱。但后来这一做法流出中央，地方官场率同仿效，官员们就“合理合法地”大肆享用起这种“免费”的办公餐了。年长日久，官府就形成了一个固定的行政陋习——官员办公做事，老百姓出钱请客。甚者，发展到最后，官员们又动用智慧，趁势将午餐折成银钱，在其他税费之外，公开向地方民众征收统一的“午餐费”。换言之，饭可以不吃，但钱一定要收。其实，堂馔“进机关”，就是腐败“进机关”！这一丑恶的官场惯例，自唐以来，一直都没有改变的迹象，只有等到明代黄学准在贵县任职，后人才发现，近千年间，仅有他有胆识对此项不成文的霸王餐及其收费“制度”提出质疑和抗议。

岭南地方志的作者，单单选择此事予以记载，真可谓独具慧眼，用意深远！读其书，知其事，以史为鉴——“却堂馔”事小，以公谋私、损民肥己事大！因为，稍稍看一看往日各级政府的办公招待费用，作为后人也的确应引以为戒。更为可恶的风气就是，一直都有人认为，自己当官，只要不拿公家财物就行，至于吃点喝点，那根本就没什么大关系。其实，一切都是吃喝惹的祸！传统医学讲“病从口入”，那么，对于政府机关就应该说“贪自口入”！[①] 黄学准在贵县“却堂馔”的响亮做法，咬紧了嘴巴，管住了伸出的手，下一步它就能让道德文化“进机关”。

四、主簿何楚英的“谪宦政治”

何楚英，字邦佐，南海人，明英宗朱祁镇（1427—1464年）正统十二年（1447年）中举，后入国子监，“卒业太学”；考上进士后，出任陕西道监察御史，是以进士身份“进机关”的代表。天顺年间（1457—1464年），风雷雨雹席卷而至，举国天灾不断。于是，仿照中国历朝惯例，受到惊吓的皇帝连忙向全国臣民“诏求直言”。当时，何楚英就率先上疏，条陈四事：“一曰课农桑，二曰禁游惰，三曰正伦理，四曰明礼制。”[②] 而且一再强调说：“孟轲敷陈王道，不过教、养二端，非有难行之事；今内臣旦夕惟以斋醮期格天心，则非臣之所

① 可参见本书第五章第一节“‘心斋’先生：南海、东海两县衙”中的“颐贞”解诂。
② 《广东通志》卷45《人物志·何楚英》，下同。

敢知!”[①]他这一席话，直接将矛头指向朝中内臣，显然就是有生命危险的惹祸之言。因为谁都知道，明代太监宦官之滥，可谓登峰造极。当时，面对国家灾乱，那帮心态不正常的宵小之辈，提不出好的解决办法不说，还一个劲地在宫廷内拼命鼓励皇帝去造道场，放弃眼前的治国政事不做，终日与一帮老道一起，着道袍，持法器，吟鬼曲，将一切的希望尽数寄托在虚渺的祈神活动之中。

何楚英强调治政重在“教、养”，看不惯这些“事神而不事人”的鬼把戏，但由此也就树立了劲敌。其中，他与大太监曹吉祥（？—1461年）[②]的冲突，最为突出。这位曹太监是个大有来头的人物。景泰八年（1457年），他伙同大将石亨（？—1460年）[③]支持在“土木堡之变”中被蒙古瓦剌部俘虏的明英宗回朝复辟，硬是从其弟弟明代宗朱祁钰（1428—1457年）的手中夺回了龙座，这就是历史上著名的“夺门之变”，亦称“南宫复辟”。皇权政变之后，曹吉祥作为功臣被提升为司礼监掌印太监，总督三大营；嗣子曹钦、从子曹铉和曹铎等人，皆被任命为都督。一时之间，他与石亨共同控制明代朝政，时称“曹石”。天顺元年（1457年），因“曹石”擅作威福，多次公开占夺民田，何楚英等17位御史一同上书弹劾二人，结果打虎不成反为虎伤，“曹石”集团逼迫朝廷下令：年龄不满35岁的官员，一律不准“进监察机关”；已进之人，一概另行调用。正准备执行新规时，所幸刚好碰上自然灾害，明英宗以为是自己处理不当，激怒了上天，故而又罢停此令。

这一次未能达到害人的目的，紧接着又来了机会。天顺三年（1459年）六月，宫廷举行大型祭祀活动，调派何楚英去督察光禄寺。结果，他发现厨师朱辛偷盗宫中蜂蜜，“举正其罪”后，才满一个月，谁知朱辛不病而亡。借此，曹党大做文章，诬告、中伤何楚英用刑惨烈，逼人致死，完全违背圣人仁爱之道。于是，明英宗“命锦衣讯之，下刑部狱，拟赎杖还职”，还下令“枷于都察院前三月，满日以闻，至九月始释枷，降为广西平南典史”。[④]所以，监察

---

① 中山大学中国古文献研究所编：《粤诗人汇传》第1册卷2《明一·何楚英》，岭南美术出版社，2009年，第239页。

② 河北滦县人，是明代权宦之一，天顺五年（1461年）发动谋反，事败被碎尸。

③ 陕西渭南人，曾由名臣于谦推荐入朝，掌五军大营，进右都督，封武清伯，但最终却因私怨谋杀于谦。拥立明英宗复辟，被封为忠国公。后因骄奢淫逸，被罢职，又因谋叛被斩。

④ 沈德符：《万历野获编》下，杨万里校点，上海古籍出版社，2012年，第746页。按，当为“以御史左迁贵县主簿”，而非是“广西平南典史”。

大员“进刑部大狱”，何楚英来到贵县前的三个月，就是天天扛着沉重的枷锁，顶着烈日在都察院门前度过的。对此，明人沈德符评价说：“以御史杖一厨役，且死在保辜限外，何至荷三木，且至三月，较之两指挥杀多命者，何啻天壤？盖是时曹石擅权，专右武人，以至台臣僇辱至此。”[①]可谓直切当时败政要害。

但是，风清气正之人，即便身心受此羞辱，也改变不了其内在的本性和执着的信念。贬到广西后，何楚英兴利除害，修学校，葺城池，建县厅，益有政声，于是擢知本县。“成化间，巡抚都御史韩雍用楚英剿贼，获文清等，以功升浔州府同知，仍掌贵县事。又以运粮草积有勋劳，升柳州府知府。城旧藟土垒，至即易以巨石，氓倚焉安。”[②]不久，母亲病故，何楚英回乡守丧。到了成化十二年（1476年），“起复，补太平，以弭盗、安民考上上，晋广西参政。越二年，去官归。杜门不谒公府，惟与朋故相娱，卒年八十二”[③]。可见，一度是监察御史的何楚英，离开京师来到广西地方衙门，仍旧坚守和发扬了“监察”和“御史”的本性，敢触权势，且从不以“贬谪”的心境来对待个人官品级别的高下升降。他“不鄙夷僻壤”[④]，一丝不苟地从最小的主簿、典史做起，克勤克俭，融入广西，以德治政，故其逐年提升，历迁县令、同知、知府、左参政等职。在两度治理广西期间，举凡筑城、兴学、保境、除贼等民生事宜，皆有成就。

可以说，何楚英后半生，因远离了帝都污浊渊薮之地，反倒又在广西重开政治有为之端绪，最终一发而不可收拾。相较于唐宋以降的历任贬官，他为后代重新书写了一部“贬桂官员的成功史”。显然，岭南“谪宦政治”的成功与否，关键就在于个人对合理性行政的积极寻求与坚持。身在机关和官场，领导干部的确存在一些政治风险，个人的仕途履历也定然会出现一些起伏和波折。但是，千万不能因为一时的挫败，就放弃自身对于政治文明的坚持与发展。换言之，无论职位升降，道德建设始终都是“政治人”的原则性内容，也是确保政治生命力持续不衰的本质源泉。

以下是何楚英任职太平府时期时人所写的两则史料。一是状元黎淳

---

① 《万历野获编》下，第746页。

② 《粤诗人汇传》第1册卷2《明一·何楚英》。

③ 《广东通志》卷45《人物志·何楚英》。

④ 《广西通志》卷108《艺文·太平府城隍庙碑记》（黎淳撰）。

（1427—1491年）[①]的《太平府城隍庙碑记》：

为国者，筑城浚隍固封守。《易》云，“王公设险，以守其国”；《礼》云，“城郭沟池以为固”，用此道也。然天地间鬼神体物，不可遗冥冥之中，城隍实有主焉，盖有是实理，则有是实气，理乘气行，微而显，费而隐，乃诚之不可掩如此。惟太平，古南粤地，溪峒旷深，俗殊中夏；虽州府于汉唐，威罔克制；寨峒于宋元，惠莫肯驯；至于皇明，始归一统；纲常伦理，靡悖国宪；衣服饮食，循用华风。城隍庙在府治东半里，洪武己酉改路为府，自驮庐还治丽江，肇建祠宇。粤俗尚鬼，凡民夷有事，悉来祈祷，神亦屡著灵验；愈人之疾，活物之命，救岁年之灾，为有司所严。

成化丙申，太守番禺何公楚英，移龙之节来为郡，偕二守通山韩公廷彧、通守揭阳蔡颙等同寅，协恭振立纲纪，勤劳尽瘁，用济民艰。原岁久旱，自冬至今不雨，至于春分，田亩辍耕。太守忧之，乃率僚佐官员府史胥徒乡耆

图43　太平府古城墙

① 字太仆，湖南华容县胜峰乡龙秀村人，本姓杨，从姑父姓黎。景泰八年（1457年）进士，殿试点为状元，授翰林院修撰，参与撰修《大明一统志》，官至礼部尚书。谥号“文僖”，世称黎文僖。儿子黎民表、黎民牧都是进士出身，黎民表为广西布政使，黎民牧为江西南康知府，皆为官清正，被后人一起尊称为“清白吏子孙”。

里耆，竭诚修礼，祈祷于庙。翼辰，阴云四布，越三日，大雨霔下，土脉悉润，犁锄遍举，民勤播种，秧苗罔遗。已而，逾月又不雨，仍来恳请甘澍如前，五日乃止。既优既渥，既沾既足，百谷生遂，秋成有期，赋税丰完，盗贼宁靖。太守以悦，边境以安。

盖太守为时名臣，初拜御史，立朝敢言，以刚直忤当道，左迁县佐，助天兵平两广有功，累升今职，其英烈之气，自足以动天地矣！而二守暨诸公，皆更化善治，简任贤哲，一心一德，为国仁民，人心之灵，固有攸在也。府之胜概，如将军、金匮、笔架、青莲诸山，左右屹立，而大江绕前，涵辉漾秀，昕夕荐灵。山川于人，亦良有助。夫以人心之灵而感山川之灵，又以山川之灵而协人心之灵，城隍之神司之阴为佑，助于其间，即所谓理乘气行、体物而不可遗者，则凡动物兴祥，皆常事耳，又况以太守之忠义感召乎？

太守每念庙祠逼隘，且将朽坠，谋于僚佐，图一新之，用答神庥，适有横槎梓人，执艺来谒。于是二守暨阖郡官僚，各捐俸资，抡材琢石，运甓陶瓦，费悉公出，财罔民征。经始是年六月戊子，落成八月辛未，开廓地基为正厅五间，高广倍旧，中塑神像，前竖门匾，彩绘丹碧，缭以周垣，望之巍然，雄壮一方；民夷云集，祀事日虔，灵光益著矣。

太守乃因二守书，特来京请为碑记。太史公为文以勖神曰："维明有礼乐，扶植阳道；维幽有鬼神，掌握阴灵；礼乐兴，治道备；鬼神安，气化全。"今高城深池，神实司之，遭逢圣明，不鄙夷僻壤，一春同育。俾贤太守，冠裳尔形容，堂宇尔家室，剑佩尔从官。凡新任，必预盟誓，岁祀必先牒告，出谒入参，礼罔暂违，皆敬神也，尔可不思尽职乎！其必舒英阐灵，贯通幽显，弼亮圣天子，宏宣威德，永奠南陲。赞助贤太守，以养以教，靖其政刑，辅翼明教，育成子弟，降山川清淑之气，钟为俊英，节宣日时，风雨寒暑，顺适时令，以蕃百谷，以消百病，孝子慈孙，义夫节妇，则默相之。

或狃于蛮俗，不信道，悖是者则谴罚之，凡在无事时，皆然。至若一旦猺獞窃发，或外夷内侵，尚当率属百神，折冲衔枚，保障一方，务为豫重门击柝，以待暴客，弗当为泰之象，城复于隍，弗用师，斯永奠厥位矣。维时郡臣敬听罔怠，遂书以刻于贞石。

铭曰：用夏变夷，国有守臣；辅德降祥，责在鬼神；祁祁甘雨，既蕃民食；赫赫厥灵，勿羞神职；阳阴表里，一敬奉天；皇图万世，庙祀万年。

这篇近1300字的文章，黎淳除了讴歌何楚英刚直敢言、保济民生、安宁边境，还提出了一个“以人心之灵而感山川之灵，又以山川之灵而协人心之灵”的观点。也就是说，以贬官身份来桂的何楚英，“不鄙夷僻壤”，人与地合，个人的廉洁修为、政治道德，终于在这贫穷俭朴之地得到了最好的发挥，结果，通过“自然的人化”，既成就了自己，也改变了贵县和广西。

二是名臣丘浚（1421—1495年）[①]的《太平府学记》：

国家受天休命，克相上帝，以治以教，际天所覆之地，凡具人形居地之上者，咸有以安其生，复其性。广西左右两江，在岭峤以南之极处。唐宋以来，固已州县之，然至今其守宰，犹袭用其土官，学校尚未遑立。惟太平一府，其守特出朝命常调，且立学设官，俾以教焉。两江州郡，前此所未有也。

成化丙申，番禺何侯楚英来知府事，慨然以教化为意，凡可以为一郡之人，变化其习、奠安其居者，无乎不用其心；大要欲其民风土俗，一旦与中土等夷。任未期年，政行化施，民猺胥彧。乃与其佐同知韩廷彧、通判蔡颙、推官陈宣等谋曰：“左右两江皆无学，而吾太平独有学；太平之支郡属邑皆无学，而独府有学。是则兹学之建，其标准之所示者广，风化之所及者众，非内地他学校比也。弦歌俎豆之地，师生之所莅止，民人之所瞻仰，为政首务莫此为急。”

乃鸠工庀材，重加修葺，规制宏壮，藻饰华丽，视旧盖有加焉。既成，适生员陈鼎、赵驰应贡春官，教授罗顺具事迹，以记来征。惟天在上，其形穹然，而下覆乎地，地所至之处，极乎海而止。凡在寰海之内，莫非天王之地，惟其化之所及者有先后，故其人之归化者有迟速，苟有介然，蹊径可通，圣人在上，推其教化而驯及之，则无有不可化之理。原夫二帝三王之圣，其所治之地，四方相距亦不甚远，观成周之故疆，而质以后世之职方可见也。洛阳为王城，而皋落氏陆浑戎，密迩乎其境，东之莱牟介莒，皆夷地也；淮南为舒徐西戎，河北真定中山之境，乃鲜虞肥鼓国；河东之域而有赤狄甲氏，此外荆楚吴越闽蜀，又皆在荒服之远；中国所有者，仅宋晋齐鲁卫郑，通不过今数十郡焉耳。自时厥后，疆界日拓而远向之，荆楚吴越闽蜀，遂皆为内地，其声名文物之盛，顾若反有浮于宋晋齐鲁郑卫之旧者。盖天旋地转，气运随之而迁移，则夫左右两江之间，其转移通变之机，安知其不本于今日兹学之设乎？

---

① 死后追赠太傅，谥号“文庄”。另，可参见本书第五章第二节“左参政陶成：‘白日心无愧’”。

何侯虽于一郡立学，然所关系甚大而远；后之继侯芳躅，以治以教于兹者，尚当体侯之心，汲汲然皆以教化为心。而士之生于兹地，受侯之教养者，皆从事于学，孜孜不已；与凡支属之邑，接近之壤，闻其风者，相与感发，慕好学周公仲尼之道，亦如今日荆楚吴越闽蜀之区，出而与北方之士相后先，其将自此始耶！

何侯兴此学，其关系之大且远如此，不专为一郡也，其不负圣天子所委任而克相之，于是乎见焉。

总之，培养本土士人，“与北方之士相后先”，与中原北国一竞高下，让“左右两江”来一次天旋地转，既能超越“荆楚吴越闽蜀”，又“反有浮于宋晋齐鲁郑卫之旧”，将边隅成功发展为中国第三大片“声名文物”的极盛之域，这就是一名“八桂贬官”要创建太平府学的伟大意义所在！近六百年前何楚英兴办地方教育的此番宏愿，亦实有助于今日发展广西教育的谋篇布局。

第五章

明清海疆桂籍官员德育事例

南疆重鎮

传统中国以农耕为主，虽然凭借农业经济的稳定性，支撑了中华文明的持续不断，创造了世界文明史上的奇迹，但是，它也部分地限定了自身政治主题的深度发展和政治视野的外向扩大。除了强调以农为本的国家原则，除了针对游牧民族的南下威胁而给予北疆重点关注，传统农耕文明对于东部、东南部的海洋文明，历来都缺少足够充分的准备。翻开历史要籍，古代中国的海患、海乱层出不穷，但治理海疆问题仍不能与北疆相抗衡。如果说，在守中虚外的边疆经略总则中，治理北疆始终坚持的是一种积极防御战略（如修筑长城等），那么，海疆和南疆经略，总归是帝王将相们的一项力不从心的战略收缩（如海禁等）。所以，一股初志于谋财获利的日本海盗，西入中国国土，竟然成为政治统治上的“倭寇之患”，撼动了大明政权的半壁江山。步入近代后，传统中国遭逢“三千年未有之大变局”（李鸿章语），西人远道结队蹈海而来，海洋文明对农耕文明的挑战遂入白热化阶段。

不过，任职海疆的历代中国官员，仍不乏开明之辈，常常在君王短视或国家治理缺位之际挺身而出。其中，因古代流官制度设计所致，广西人赴任海疆，几成惯例。因此，治理海疆亦是古代广西政治文化发展的一个亮点。今天，“泛北部湾”“南海新一极”等战略，以及“一带一路”倡议相继实施，正好是检讨、总结这些历史的好时机。所以，书写古代海疆衙门“廉吏传”和德育史，同样是现代海疆道德建设的必然内容。

第一节　嘉靖“东山何氏”父子

明代洪武年间，祖籍广东南海的何勒山（字玉才，号万二），为了避乱，举家从顺德黄莲村迁入广西兴业石南镇东山村，开创了中国何氏的广西新支。300年时间内，这个移民家族真是应验了“东山再起”的成谚，处理好与本地原有居民的关系，成功起家。而且，精英辈出，望甲一方，干出了一件件令广西人大感自豪和骄傲的盛事。所以，当地人后来干脆就以姓名村，尊称这片土地为“东山何”。[①]

何家兴旺发达的内因，明代刑部尚书王用汲[②]一度总结得很到位。当年王大人赠有一副对联，说：“天发祥，地孕瑞，灵秀亶钟，形势壮江山第一；子克忠，父笃孝，令闻丕著，家声抚郡国无双。”一就是水土养人，地尽其利，新来的何家人没有辜负这片热土；二就是事在人为，家风纯正，且代代相传，坚持到底。这些道理，换用何家自己的话来讲就是：“支来南海，宇启东山，积德善贻谋，冠带蝉联六七世；又控葵峰，背崇松岭，钟灵环毓秀，科名鹊起代有人。”特别是，这支从南海迁出的华南宗族，扎下根基后，异地开花，又能培养出一大批杰出子孙，家国同构，代理国家治权，再次又从广西回到南海，治海理疆，成功实现了“流入地”与“流出地”的有机统一。

图44　兴业县石嶷塔

① 按，以下“东山何”家族文献源出《兴业何氏族谱》，1996年印制。

② 字明受，号麟泉，泉州人，隆庆二年（1568年）进士，一生“为人刚正，遇事敢为”。明清俗传“交友当如王用汲”。

一、“心斋”先生：南海、东海两县衙

首先，第一位就是走出宗族“书香堂”、以诗文奇绝著称的何世纶（字伯起，号心斋）。明武宗正德十四年（1519年），何世纶考中举人。后来，何世纶负笈东游，在梧州“东湖书院”跟从老师吴廷举（1459—1525年）①、湛若水（1466—1560年）②求学，终成一家。为此，乡人建起“卓才坊”，以示尊敬。

《庄子·人世间》云：“唯道虚集。虚者，心斋也！”中国道家历来讲究的“三斋”（供斋、节食斋和心斋），其中“心斋”是最高境界，意思就是个体练就一种空乏其身的忘我状态，养成一份超越功利的审美情趣和放眼宇宙的宏大世界观。要注意的是，与何世纶同时代的江苏泰州人王艮（1483—1541年）③也是一位大学问家，一生最为自负和坚守不弃的名号，同样也是“心斋”二字！这位“王心斋”先生，作为明代著名的“平民哲学家”，沿袭王守仁（1472—1529年，世称阳明先生）的“心学”传统，既创立了一个“泰州学派”，又响亮提出“百姓日用即道”的新命题，将以往那种高深莫测且渐入虚谈的儒家学问引入中国老百姓吃饭穿衣的实际需要之中。学界认为，“泰州学派”的崛起，标志着民间儒学、乡村儒学、乡村教化走向理论自觉和实践自觉，且完成了体系化建构。因此，它是中国乡村儒学的真正源头。④今人探讨乡村振兴的路径策略时，热议“乡村儒学”，皆无一不援引“泰州学派”之思想观点。可知，何世纶与王艮在传承发展“心学”的道路上，当时二人做出了同种选择——以“心斋”明志。这就有理由让人相信，同一时代的中国江南和岭南地区，出现“王心斋”和“何心斋”，他们不谋而合的一个共同目标，就是要在各自生长的时间段面和地域空间，心系民众，将中国传统儒学的价值追求引入活生生的乡土“民生”层面。其中，江南的“心斋之学”已多有人关注，相较之下，岭南“心

---

① 史载，吴廷举任顺德知县期间，一是“令非有旧例新恩，一夫不敢役，一钱不敢费”，拒绝向百姓派工派款替朝中大宦官修建顺德祖先祠堂。二是“有使者道经顺德，索其人事夫马柴薪，以为常例”，吴廷举“挺身与之角，卒不与”。三是破败“常以银委买葛布充贡”、满足市舶司提举（太监）敛财受贿的惯例。

② 字元明，号甘泉，广州人，弘治十八年（1505年）进士，历任南京礼部、吏部、兵部尚书，追赠太子少保。以“随处体认天理”为宗，提出“为学先须认仁，仁与天地万物为一体”的理念，创立“甘泉学派”，与王阳明并称为“王湛之学”。

③ 按，今江苏省东台市安丰镇人，初名银，后王守仁替他改名为艮。

④ 颜炳罡：《“乡村儒学”的由来与乡村文明重建》，《深圳大学学报（人文社会科学版）》，2020年第1期。

斋之学”还有待发扬光大。

首先，岭南何世纶要努力去做的决计不是一个不食人间烟火、远离尘世的佛道“心斋先生”，他是要由学入政，实实在在地将“心斋之学”付诸治政实践。嘉靖十一年（1532年），何世纶首任广东英德县令。英德古称英州，位居珠江三角洲与粤北山区的结合部，是入海的中转环节。作为石灰岩区，它以盛产“瘦、皱、漏、透”的“英石”而得名。“英德”之谓，就是以石喻人，砥砺海疆民众要养成石头的德性与品质。而且，北宋第五代皇帝宋英宗赵曙（1032—1067年）登上龙位之前，一度在此地居住过（即“潜邸”），所以，地以人贵，英德就由县升格为府，也算是一个出过皇帝的海疆名邑。

史载，何世纶第一次任地方县官，“有惠政，祀名宦”[①]，牛刀小试，就取得成功。当时，他主要大刀阔斧地做好了几件事——“禁凶人，安善类，恤孤幼，悯贫穷，敬老尊贤”[②]，就像他的吴廷举老师一样，很有道德魅力和为政胆识。更重要的是，“英石”在宋代已为皇宫贡品，至今仍是中国园林四大名石之一。但何县令一尘不染，从来就没有把异乡的这些好东西据为己有。仅此一事，就让人发现，与古今借口艺术爱好、收藏兴趣等由头，努力搜罗任职之地奇珍宝物的官场“玩家们”相比，这位桂籍治疆官员实属高尚。殊不知，众多的玩家也就是在那一次次的把玩流连中，积嗜成欲，一步步失去政治原则和道德底线，终至玩物丧志，沦为十足的“雅贪”。

另外，他还延续了吴老师注重教育的习惯，自掏腰包为海疆地方学子修建了一座“颐贞书院”。取“颐贞”这样一个古怪的名字，其实寄寓了文化深意。因为，“颐”是《易经》的第二十七卦。《易·颐卦》曰：“颐，贞吉，观颐，自求口实。”疏云：“颐，养也。”[③] 因此，“颐”卦的本质含义，用它的《象辞》来解释就是“山下有雷，颐，君子以慎言语，节饮食”——想要做成君子圣贤，就要戒贪，就要咬紧牙、管好自己的嘴巴，不要为了追求享用，让自己陶醉于诸多爽口的美味。如果做不到，那也就等于开启了万恶之门，接着就会贪婪成性，无所不为。后来，学者闻一多先生（1899—1946年）进一步指出，“颐”与“牙”近音，卦象又近似人的嘴巴，所以，“颐”的最好解释就是“齿”。所

---

① 雍正《广西通志》卷78《乡贤》。

② 丘海沧主编:《英德县志》，广东人民出版社，2006年，第765页。按，记为“何世伦，字心齐”，误。

③《周易注疏》卷5《上经》，下同。

谓“观颐”自然是“以人齿为卜”，也就是用人的牙齿来卜卦。[1] 俗话说“病从口入，祸从口出”，养好身体，“立言”讲学，也离不开嘴巴。可以说，人生的祸福，皆由口出！

“贞”的意思是正道，“颐贞”联在一起，就是叫人坚守正道，节制饮食和欲望，既养好身体又养成德性。所以，《彖辞》接着又解释说：“颐，贞吉，养正则吉也。观颐，观其所养也；自求口实，观其自养也。天地养万物，圣人养贤以及万民。颐之时，大矣哉！”养正、养贤也好，自养、他养也罢，一个“养”字可谓了得！养得身正不斜，养得心正不邪，这既是“心斋先生”的希望所在，也是他在南海衙门践行德政的真坚守。“颐贞书院”就是广西何世纶廉养海疆民众的象征符号。

图45　英德南山摩崖石刻

英德县城南郊2公里处，有一座由大小18座山峰组成的“南山”，历来都是游人赏景赋诗、刻石留念的好地方。北宋苏东坡等人南迁惠州路经此地时，都一度留下石刻。据统计，“南山摩崖石刻”现存107件。1978年，南山摩崖石刻被列为广东省第一批文物保护单位。其中保留有弥足珍贵的何世纶的《涵晖谷》。文曰：“天留好景待游人，此日登临尽荐绅。踏遍岩崖寻古迹，放开怀抱乐天真。涵晖对酒千杯少，绿水观风百感新。三载政无慈母爱，薰风亭上愧吾民！”[2] 三年时间内，政通

① 何新：《天行健：〈易经〉新考》，中国民主法制出版社，2008年，第207页。

② 《英德县志》，第765页。

人和、百业兴旺的大好景象，可说是直奔眼底。

此后，何世纶调往福建，出任古田县令。古田一如英德，同为近海区域，只是一者濒东海，一者近南海。殷周时代，古田即有开发经营的历史，实属千年古县。南宋庆元时期（1195—1200年），年近七十的朱熹（1130—1200年）曾流寓此地达三年之久，且通过讲学传教，悉心培养出林用中[①]等一大批本土“理学”精英，迎来了一个地域文化发展的鼎盛期，所以，古田县曾获“先贤过化之乡”的美誉。现在，来到这样一个文教成熟的海疆之地，岭南“心斋之学”既受到挑战，同时也获得了新的养分和资源。

何世纶留给古田民众记忆最深刻的一件事，就是“调度银矿，民甚德之”[②]。换言之，他处理古田银矿一事，善莫大焉！自古以来，地大物博的中国，独独就是这白银的矿藏量少得可怜，远远跟不上时代对白银的需求量。虽然明政府积极主动地派郑和（1371—1433年）七次“下西洋”，通过出海开展对外贸易，用茶叶、丝绸大量换取国外的白银。但是，远水终究解不了近渴。所以，明代政府鼓励全国开置银冶，万民趋之若骛。当时民谣就说：“三千买卖客，十万采银人。”[③]声势之浩大，可见一斑。不过，到了明中叶，这些移山倒海、竭泽而渔的穷折腾，结果都闹得矿脉断绝，一个个银矿先后破产倒闭。可恨的是，矿银虽然没有了，但原来由国家定下的矿税犹在！各级政府一一将矿税巧妙地摊入赋税，每年依旧按照人头去征收。于是，为补偿这些不合理的“国课”，平民只得鬻妻卖子、典当家室，苦不堪言，形成一个个人间悲剧！

福建古田银矿自宋代以来，就以宝兴银场和龙岭银坑最为著名。嘉靖二年（1523年），朝廷派出大太监高寀总理福建的开采事务。但这位高太监“嗜金银甚”[④]，对钱财很贪恋。为霸占大批白银，他的确用心良苦——一个地方有没有矿藏，他根本就不关心，只是先派爪牙一定调查清楚，采掘地点附近是否与富人商家的房舍、坟墓或祖产相连，只要是有点关联，他就下令大规模地发掘。他始终坚信，即便真的没有白银，终究也会有人掏出大把的白银，亲自送到府

① 字择之，一字敬仲，号东屏，学者称其为草堂先生，后主讲溪山书院，著《东屏集》《草堂集》，终身不仕。

② 雍正《广西通志》卷78《乡贤》。

③ 徐晓望：《明代前期福建史（1368—1521年）》，线装书局，2017年，第160页。

④ 《明史》卷325《和兰传》。

上来，而且还要一直挖到对方倾家荡产为止。此时，身为县令的何世纶，一没有借助手中的权力，官商合谋，将白花花的矿银收归己有，中饱私囊，做成不法银矿老板的“保护伞”；二没有迎合上司爱好，罔顾地方民众生计，以财货贿赂他人，反倒是一如英德任上，“禁凶人”“悯贫穷”，敢抗权势，要与阉党们斗争一场，让他们收回伸向民众口袋的贪婪手！可惜的是，至今仍没有找到有关这场斗争的详尽记录，只清楚最终的结局是：一手遮天的高太监，灰溜溜地被召回了京师；“心斋先生”维护了民众的利益，处理好银矿后，也因病缠身，自请离职。这之中，是否朝廷平息双方的一种权谋在起作用，因文献缺失，已无法知晓，但可肯定的一点就是，高兴起来的就是古田县当地的矿民们！

总之，何世纶从南海奔赴东海，任职一方，洁己为民，无论是英德的名石，还是古田的银碇，它们都没有机会进入他的腰包，且被带回广西。倘若这些宝贝当时能“进口袋”，那么，它们既会污染“心斋”，也会败坏广西的声誉，明代广西官员“进海疆衙门”的历史也许就要重写了。不过，历史事实是，何世纶只是将一份在大陆内地锻炼成功的“心斋”功夫，毫无保留地带到了海洋文化之区。他的这一德治法，为探索在不同文明类型、文化区域以及行政辖区之间促成互动性的机关道德建设，提供了好素材。

二、潮州丞何敢复[①]“配祀昌黎”

何敢复，字学闵，“心斋先生”何世纶之子。少时在故乡读书，取铁城山和自家藏书楼合在一起的含义，自号“铁楼先生”。在学术上，他对中国古文字学很有造诣，著有《字学源流策》。中国北方是甲骨文等古文字的摇篮。汉字南传且进入民间，是一个持久且复杂的社会工程。若就晚清之际，容县创建“惜字会”组织、博白建成“字祖庙”等现象来推测，明代时期岭南的一个士人去研究中国古文字的起源，必是一件很需要勇气的事。在“字学”上扎下了根基，嘉靖四十年（1561年），何敢复成功中举。万历年间，他先是在“驾部”任职做了一个管理车辆马匹的官员，后来转任兵部员外郎，到了万历九年（1581年），他“移丞潮州”，去地方上当了一个“二把手”。[②]

---

① 按，现存文献记载何敢复的姓名、字号，多有出入，又称何敦复，字学敏。待考。

② 《广东通志》卷41《名宦志》，下同。

史载，咸和六年（331年），东晋政权设立海阳县[①]；到了隋朝，朝廷撤郡县，设州府，始称“潮州”，州府的治所仍在海阳。明代时期，发展了千年的潮州，已经享有“海滨邹鲁”“岭海名邦”等美誉，堪为东海门户。同时，中古遗风浓郁，大锣鼓、潮方言、潮剧潮乐、潮菜潮茶等独具一格的地方民俗文化，在滨海之地同构出“中原文化的典橱”。所以，民间盛传的一则歌谣常在耳边唱道：“到广不到潮，枉费走一遭。”[②] 当时，何敢复出任“潮州同知”兼澄海县令，是知府的副手。对于这样一个人文鼎盛的海滨区域，何敢复“清介自矢”，首先把好“廉洁关”。其次，为民办实事，“嘉惠学校，在海阳置市租佐祀，在澄海建韩祠，与诸生课业。所至皆有惠政，今配享澄海韩祠”。所谓韩祠，指的就是纪念唐代韩愈（768—824年）[③] 的祠庙。韩愈曾经一度被贬，南下出任潮州刺史[④]，问民疾苦，为地方做了两件大好事：一是想法子彻底肃清、驱逐了境内为祸一方的鳄鱼[⑤]，使海疆人民的生命财产安全得以保障；二是大兴文教，“命进士赵德为之师，自是潮之士，皆笃于文行，延及齐民，至于今，号称易治”[⑥]。他这样一个来自中原内陆的外乡人，成功地让海洋渔民走向了平安富裕和文明健康，所以，潮人也毫不吝啬地将其奉为地方神灵，建起祠庙来纪念他，连带城东面他曾经游览过的“双旌山”，后来也跟着被改名为“韩山”。明代人何敢复虽然不及韩愈的“主祀”地位，仅仅是一个作陪伴的“配祀”神，但是，一位广西人，能够以“神灵”的身份被置于海洋信仰文化体系中，合法性地享受海疆民众的祭拜，确实不是一件轻而易举的事！

---

① 按，1914年因与山东海阳同名，故改名潮安县，取“潮州安宁”之意。1983年撤县，并入潮州市。

② 《新编中国地图集·广东省》，成都地图出版社，2018年，第153页。

③ 字退之，河南孟县人，自谓“郡望昌黎（今属河北徐水县）”，故世称“韩昌黎”；是唐代“古文运动”的倡导者，与柳宗元并称“韩柳”。苏轼称他“文起八代之衰”，明人推他为“唐宋八大家”之首，还有“文章巨公”和“百代文宗”等荣誉。“贬阳山令，惠爱在民，民生子，多以其姓字之。”死后，赠礼部尚书，谥号“文”。

④ 按，《新唐书》卷176《韩愈列传》载：“宪宗遣使者往凤翔，迎佛骨入禁中，三日乃送佛祠，王公士人奔走膜呗，至为夷法灼体肤，委珍贝，腾沓系路。愈闻恶之，乃上表……表入，帝大怒，持示宰相，将抵以死。”

⑤ 按，《广东通志》卷38《名宦志·韩愈》载：“初，愈至潮，问民疾苦，皆曰恶溪鳄鱼，食民畜产，为患害。数日，愈自往视，令其属秦济，以一羊一豚，投溪水而祝之，约三日至七日使徙去，以避天子，命吏祝之，夕暴风震电起溪中，数日水尽涸，西徙六十里，自是潮无鳄患。”

⑥ 《广东通志》卷38《名宦志·韩愈》。

图46　东山何氏“忠孝祠”

第一，如同韩愈一样，何敢复继续将潮州的文教事业发扬光大。万历十二年（1584年），他在澄海县龙潭寺东侧建起“景韩书院”[①]和“韩昌黎祠”，再一次大规模地以官方名义宣扬了“昌黎精神”。当时，广东提学使何地山（字廷谦）为书院题词，说：“此乡为闽桥通衢，前朝战垒犹存，宜以诗书回犷俗；其地有昌黎遗庙，多士讲堂新立，固应山斗仰名贤。”[②]完全肯定了何敢复促进农耕文明与海洋文明相融合的历史价值。书院也好，祠堂也罢，它们都是何敢复德治地方的象征符号。时至今日，它们依旧是潮州道德文化建设的好物件。

其实，若光是“绵祀典”，建庙构堂，或者“时延诸生校课谈艺”，都还可能只是官员做做样子的表面工作。关键还在于，他要为文教事业寻到一个稳定的经费支撑，让这些书院庙堂一直好好地坚持下去，不至于最终弄得庙毁堂废，彻底中断了潮州的“文脉”。自古至今，在职的官员们一般有两种做法；一是做“善事”性地捐俸禄，虽然自掏腰包能博取个好名声，但杯水车薪，数量确实少得可怜。况且，这还要他人处在高兴状态下才能实现。二是大家普遍

① 按，光绪三十年（1904年）改为“景韩小学堂”，民国初再改为“景韩学校”。

② 邓洪波：《中国书院楹联》，湖南大学出版社，1999年，第205页。

要些拆东墙补西墙的政治谋略，挨过一阵算一阵，根本就没有什么长远打算。针对此弊，何大人后来想到了一个好办法——“置市租于海阳，以佐祀”。他大胆地在海阳县设置官办的海产品市场，既搞活地方经济，同时从中抽取收入，资助教育事业。这种“以商养教”“以海养文”的方式，在轻视商人和海洋文化的古代中国，的确需有超凡的胆识！有了稳定的经费来源，潮州文风自此与日俱增。

第二，潮州近海，明代倭寇匪乱层出不穷。所以，整顿海疆的重责，远远超过了唐代的“鳄鱼之患”。为了对付那些穷凶极恶之徒，何敢复丝毫不敢马虎。史志称他“诘盗安民，修举废堕，于南澳、柘林等处，防务尤为着重”[①]。打击内贼外寇，双管齐下。现在游人能够看到的古遗迹，就是万历十一年（1583年）何敢复邀同南澳副总兵于嵩在“汉寿亭侯祠”（即关公庙）[②]前东侧树立的《南澳镇城汉寿亭侯祠记》。此碑高2.32米，宽0.96米，楷书，正文30行，足行54字，其上1000多字的碑文内容，就是何敢复当年的手笔。它记叙了嘉靖四十四年（1565年）九月至十月，民族英雄戚继光（1528—1588年）[③]会同俞大猷（1504—1580年）[④]突出奇兵，“一日夜俘斩三千级”，[⑤]彻底扫平盘踞南澳岛万余名海匪之史事。何大人为其树碑，既是为名臣记功的好手段，也是鞭策自我、激励海疆机关人员与邪恶势力斗争到底的宣言书。

第三，激励孝廉，转引风俗，同样也是何大人的分内事。例如，万历十一年（1583年）立春前夕，他带领同僚在城东洗马桥为乡民黄良丰建起了“潮安黄孝子墓”。墓主黄良丰原本是新田里人，世代以打铁为生。父母死后，他一个“不解丹青业”的铁匠，斗大的字都不识得一个，但由于“痛念仪容日远”，怀念爹娘，自己就弄来一支秃笔，用一双打过铁的大手，天天“捉笔描写，不类辄哭，哭已再写，凡数易，而酷肖之”[⑥]。最后，父母生前的容貌，居然硬是

① 高健斌、彭亮：《南澳石刻调查》，福建教育出版社，2018年，第123页。

② 按，即关帝庙或关公庙。因关羽曾封“汉寿”之地（在今湖南）的“亭侯”，故称。

③ 字元敬，号南塘，晚号孟诸，山东登州人。明代著名抗倭将领、军事家，谥号“武毅”，世人称其军队为“戚家军”。

④ 字志辅，又字逊尧，号虚江，福建泉州人，明代著名民族英雄、抗倭名将、武术家、诗人和兵器发明家，累官都督，谥号“武襄”。与戚继光并称“俞龙戚虎”。

⑤ 《南澳石刻调查》，第114—115页。

⑥ 丘复：《丘复集》下册《愿丰楼杂记》卷8《潮安黄孝子墓志》（何敢复撰），丘其宪点校，福建人民出版社，2013年，第1485—1486页。下同。

让他给画出来了。这件事震动全县，当地人“远近聚观，咸称为黄孝子”，都说这是精诚所至的结果。所以，黄良丰的孝道事迹，的确就是正俗励心的好材料，浪费不得。现在他人虽死，但一定要让这种孝敬长辈的“孝子精神”在海疆永远传承下去。正如何敢复在铭文中一再强调的：“谁谓冶子，德植厥躬？卓哉懿行，神明可通。七十而慕，如婴如童。我表墓道，庶几以风。”自己要做这件事，就是以地方官员的责任担当，奔着“有志且以风世”这样一种目标而来。

顺便提及的是，何敢复的潮州之政，近200年之后，又让另外一位广西人再次得以继续和发扬光大。他就是郁林“南门陈”家族中的清代进士陈科鉽。乾隆三十年（1765年）左右，陈进士临时代理澄海县令。他沿着明代老乡何敢复的足迹，也为潮州赢得了一个长治久安的局面。最后，潮州人也将他送进“韩昌黎祠”，成了又一位“配祀”。所以，明清前后两位广西人，同进一所衙门，同入一座祠庙，同被尊奉为海疆的保护神，的确是一件让广西后人引以为豪的事。

三、何敢复离潮释疑

像何敢复这样的廉能之官，海疆民众毫无保留地要将他留在地方记忆里，但是，在明末丑恶政风的挤压下，清廉能干的官员始终是贪鄙者的眼中钉。于是，何敢复个人的政治生命难免不被腐败官场所左右。史载，何敢复一度“遇事刚直，不为同官所容，谪判姑熟”[①]。他离开潮州时，谣言四起。有人说，何大人估计是做了见不得人的事，现在走人，“沉抑以辟罚，净嘿以谋免”[②]，就是要找个新地方去避难消灾。有的说，自从韩愈以来，不少的外地人都痛骂潮州，说它“多湿疫，短狐为菑，飞鳄为厉”，简直就是一个“涨海连天，毒务竟日”的人间地狱，他身为一个外乡人，一来就住不习惯，早就想走人了。所以，何大人也是如此人物。又有的站出来反驳说，何大人不是嫌弃这块海滨之地，而是不爱这片土地上的人。因为海洋族群出没山海风浪之间，“悍黠喜斗”，的确让他无法忍受。还有的说，潮州“煮海铸山，铁盐甲十州，俗富侈”，

---

① 雍正《广西通志》卷80《乡贤》。

② 《粤西文载》卷50《赠何学闵郡丞还郁林序》(郭子章撰)，下同。

既富甲一方，又荒淫奢侈，这就刚好与何大人“好修洁”的口味不相符，所以，怎不叫他愤愤而去呢！当然，还有人说，何大人这样一走了之，是“避嫌而远利”，主动与丑恶划清界限，分道扬镳……如果都不是以上原因的话，那么，剩下最可能的，就是“台臣监司暗于其为人”的结果。总而言之，说者的心肠是好也罢，坏也罢，归结到一点，就是大家对这样一位干得好好的潮州丞最终却落得个“不为同官所容”的下场的确弄不明白，朝廷上面到底卖的是什么药？

为此，当时的知府大人郭子章[①]第一个站出来为同僚辟谣。他认为，自己的这位副手“廉介贞诚”，来到潮州后，虽然大明官场丑陋，吏风不振，多数人近墨者黑，但他依然像孔圣人那样，做到了“不淄于涅”[②]，始终坚持清白品质。打个不恰当的比方，即便就是你喂给他“贪泉”，结果也会像古代贤哲伯夷、叔齐那样，始终都不会改变自己的气节。[③]在工作上，他兢兢业业，屡获上司的嘉奖和推荐。甚至有一次，何敢复身患重病，“无几微不堪状”，既让旁人看不出差异，自己还躺在床上兴致勃勃地吟诗唱赋，这显然又是一个“细死生且薄去就”的人，不会是大家想象的那般不堪一击。所以，事实上，“何君之去，非其才之罪也，非君相之暗、监司之蔽不引手也，非山川之阻、民萌之鄙、俗尚之薄不可州处也”。大家猜测的那些理由都不对。事情的关键点就在于，何敢复性格鲜明，“质直无沉心，口讷讷不出声，而无佞词”，在官场上，这就给他带来了很多麻烦——“无沉心，则不堤人之中；而不佞，则无以回人之听”。也就是说，像他这样既不用心设防又不善于周旋官场的人，怎么会有个安分的日子呢？其实，何大人早就想离开明末腐败的官场了，只是要等着拿朝廷下达诰封父亲何世纶的文件，才一直没办法地坚守着。如今诰令下来了，他就毅然西行。

---

① 字相奎，泰和人，“天才卓越”，隆庆五年（1571年）进士。万历间知潮州，政尚整肃，吏畏民安，著《潮中杂记》，补前志所未备，学者称为“青螺先生”。后督学四川，历浙江参政、山西按察使，晋湖广右布政、福建左布政等职。死后，加太子少保兵部尚书。

② 按，《论语·阳货篇》曰：“不曰坚乎，磨而不磷；不曰白乎，涅而不淄。”比喻品格高尚，不受恶劣环境的影响，坚守“坚白”精神。

③ 按，典故“夷齐不易贪泉”，周王朝建立后，作为商朝遗臣，伯夷、叔齐因耻于仕周而隐居山林，甚至于宁可吃山上的野菜，也“不食周粟”，最后相继饿死。

图47　东山何氏旧居“圣世名卿”匾(户部赠与太仆寺卿何以尚)

辞行的时候，何大人还有准备地再三请求郭子章向大家转告自己的心声——“何某数奇无能，脂韦世路。今之归矣，即家徒四壁立，冰井春草，足甘食饮；火山夜光，足洞肝肺。铁城铁门，据而楗之，吾室也；勾漏稚川，金石道士，招而狎之，吾侪也，晋之；而陈氏之《春秋》、柳州之词赋，可味也，又晋之；而张敬夫(栻)、吕成公(祖谦)之问学，可寻也，皆吾越西之所有，而郁林之足乐者。彼中者与听中者，趣吾归，以还吾乐，吾益友也！如或人言，吾且坐驰，恶得归而行乐乎?”自己回到广西家乡后，虽说有些贫穷，但大家不要挂虑，因为自己可以时时亲近“吾越西之所有”，进而获得“郁林之足乐”；“归而行乐”，这些显然比当官好多了。话又说回来，他自己还确实要感谢同僚中的那些“中者”和“听中者”，因为一旦没有了那些造谣中伤，以及听信了中伤之辞然后去排挤自己的诸多政治勾当，他就不可能回到故乡，并成功获得真正的自由快乐！

就这样，何大人又回家做起了原来的“铁楼先生”。死后，葬在蓉南乡对塘村背。儿子何雍读书，过目成诵，端品力学，事亲甚孝，以德行称，一度也是广西的“士林矜式”。万历十六年(1588年)考中举人，州人立“报捷坊”，以示庆贺。后官刑部司务，亦有先祖先父之风。

总之，明代何敢复的个人遭际让人明白：顺利促成行为主体在政治实践中生成德政，也需要一个好的政治生态系统！若是行为个体的道德建设“为同官所不容”，且以“归而行乐”为一种解脱出路，那么，决然不会有什么好结果的。换言之，整体上趋好的生态环境和行政风气，才会激励、生成并促进机关道德建设。

第二节　明中期的陶氏父子

父子两代声震明代海疆的，还有广西“郁林陶氏”：陶成（1390—1450年）、陶鲁（1434—1498年）。二人皆以卓尔不群的文治武功显绩于海防，流芳百世。

一、左参政陶成：“白日心无愧”

陶成，字孔恩，广西郁林人。明永乐十二年（1414年），以《易经》中广西乡试第四名举人。以父母健在，愿仕远方，为国效力。第二年，就注授[①]交趾（今越南）诸县典史[②]。当时，尚书黄福[③]（1362—1440年）兼掌藩臬司事[④]，听说陶成品学敦良，便向朝廷推荐了他。于是，陶成又被授以广西凤山县令，后署谅江府儒学教职。该地居民多为彝族，风化与汉人大不相同。边疆政治和民族政治的双重挑战显得尤为严峻。陶成为人严恕明直，遇事敢于仗义执言。任期满后，晋升为按察司检校（官九品）。母亲去世，回家守孝。守孝期满后，改任山东宪司。未几，按察使虞信以陶成“有守、有为，堪任风宪（御史）”，[⑤]荐举他到京城任官，终擢升大理寺评事[⑥]。不久，又因户部尚书刘中敦举荐，

① 按，指职官铨选时的登记、授受。

② 按，元始置，明清沿置，为知县属官，掌管缉捕、监狱。如无县丞、主簿，则典史兼领其职。

③ 字如锡，号后乐，山东昌邑县人，工部尚书。解缙赞其人：“秉心易直，确乎有守。”安南附明时期，黄福首任交趾布政使兼按察使，越南后黎朝开国君主黎利（1385—1433）说：“中国遣官吏治交阯，使人人如黄尚书，我岂得反哉！”

④ 按，藩司和臬司，即明清布政使和按察使。

⑤ 《粤西文载》卷73《左参政陶公墓碑》（丘浚撰）。下同。

⑥ 按，大理寺，官署名，相当于现代的最高法院，掌刑狱案件审理。评事，官名，明代官阶七品。

陶成出任浙江按察司佥事①。在浙江9年的任职期间，陶成数治疑狱，奸豪尽皆帖服。朝廷考核官吏政绩，他屡获好评，一再被当地百姓恳求留任。正统七年（1442年），倭寇肆虐，侵凌东海，攻破浙江大嵩、洮渚千户所，镇边三司②畏惧朝廷降罪，自缢身亡。因此，朝廷遣派陶成前往海疆整练边务。

陶成有勇有谋，遇事果敢。倭寇来犯洮渚，他推测出海寇来犯的时间，命人在泥中事先埋下铁蒺藜。结果，倭寇一登岸，尽被铁蒺藜刺倒，埋伏的明军将士一拥而上，四面合围，用火焚烧，倭寇举手就擒，无一逃脱，明军大获全胜。随后，为加紧备战，陶成奏请朝廷减少运输京城储粮35万石，调集兵士8000人沿海岸布防守御，倭寇从此不敢来犯。正统十三年（1448年），浙江金华、处州二府劫寇叶宗留（1404—1448年）、陈鉴胡（？—1449年）、陶得二（？—1450年）等人发起变乱，率领众徒四处焚掠，且将逼临兰溪时，"衙门之属"皆闻风而逃。僚属们商议说，兰溪向来是出贼人的地方，兰溪不守，则两浙震动。所以，一定要扼守住浙江的要冲，使贼乱消弭于无形。于是，大家一致推举陶成再次前往戡乱。到达兰溪的一个月里，陶成视察地形，加紧修筑防御工事。他身先士卒，伐木为栅，以补西南二隅之缺。又在离县南50里处，建山口、苏村、太严诸寨，以扼守来敌要冲。擒贼先擒王，双方开战后，陶成先是逮住乱贼首领，接着又采取各个击破的招抚策略，招降了2000余人，贼首叶宗留等逃回老巢及温台山谷间。

后来，"贼深入险阻，乘间时出，官军调和，又复远遁。抚捕之计，皆莫知所施"。为结束这种耗时耗力的游击战，大家商议派遣藩臬臣僚一人深入山林，以求招抚。这时，陶成又挺身而出，毅然独任其事。于是，他单枪匹马，闯入贼人巢穴，感之以诚，动之以情，晓之以理，贼首陈鉴胡等幡然悔悟，率领一班人马倾巢而出，接受朝廷招安，仅有陶得二率领余党逃窜。景泰改元之际，陶成招谕四境，率领从仆四五人造访陶得二巢穴，予以降伏，并设计引诱贼党数百人，生擒百余人，来归者3000人。朝廷闻此嘉绩，擢升陶成为按察副使。陶得二与40余贼逃入山谷，其势日孤，指日可擒。陶成先后平定沿海倭寇、地方匪乱，当地百姓心怀感激，传唱一首歌谣曰："佥宪陶君，贼

---

① 按，官名。金置按察司佥事。元时诸卫、诸亲军及廉访、安抚诸司，皆置佥事。明因之，都督、都指挥、按察、宣慰、宣抚等，皆有佥事。清初沿用，乾隆时废。

② 按，明代各省设都指挥司、布政司、按察司，分主军事、民政、司法，合称三司。

图48 《玉林陶氏族谱》中的陶成像

闻胆惊；始为民患，今则逃生。”从此，海疆趋于晏然，邻境亦有所仰赖，浙江境内一片安宁。因抗倭拒匪有功，陶成屡获朝廷重赏。

俗言：一将功成万骨枯！其实，在对待军功方面，中国古代统兵大将，在外任职多有邀功求赏的私意。借助战事，快速促成权力“再生产”，提升自己的官品和俸禄，率为常事。甚至于，有的边疆大员还一度苦心营造边患，激化央地冲突，挑动地方军事纠纷，进而趁势从中渔利。但是，陶成不是借助士兵们的鲜血让自己独享荣光、加官晋爵，而是将朝廷所赐的绫罗绸缎、金银珠宝，悉数分给浴血奋战的各位将士。同时，机关干部一旦对待战事的态度不正确，中国边疆必然会出问题。例如，浙江同僚嫉妒陶成军功，私下希望将功劳据为己有，所以，在进一步治理海患的问题上，他们多方作梗，终让陶成肃清余寇的计谋不能顺利施行。相反，贼党趁机东山再起，气焰愈益嚣张，猖狂来攻武义。武义原本没有城防，仅植木为栅，城里的兵士和老百姓无以自卫。乱贼来势汹汹，势不可挡。当时，有人劝陶成避其锋芒，稍加退让，但陶大人反倒劝说和组织众人，誓与匪贼不共戴天。开战当天，贼党陶得二先派十余人伪装成避乱乡民混入城中；自己后率贼众，从外攻栅。陶成不知是计，与都指挥崔源率兵出战，从卯时战至申时，胜负未决。这时，城中贼人以烧栅为信号，内外夹击，陶成等力战不支，皆不幸遇害。战事结束后，民众找到陶成的尸首，发现面容一如生前鲜活英猛，大家悲恸不已，如失至亲。

景泰元年（1450年）五月十七日，官方将其灵柩送归兰溪，当地百姓迎哭数十里，声震海滨。两浙百姓闻讯，如丧考妣，诸郡县皆遣人前来祭奠。接着，民众纷纷向沿海宪司进言，希望能隆重纪念这位有功于海疆的忠烈之士。于是，佥事陈永叫人雕塑陶成像，且建祠崇祀，又在祠庙后方建起“表忠桥”（位于金华县南15里）。朝廷获悉陶成的英勇事迹后，屡派朝官前来祭奠，且诰赠陶成为浙江布政司左参政（从三品），赐予其子陶鲁以新会县丞之职。迄至成化间（1465—1487年），中央又诏令兰溪、汤溪两地县衙，一年之中分别于春秋时节2次祭祀陶成（兰溪春祭、汤溪秋祭），且配享金华的越国胡公祠（即忠臣胡大海），一并成为国家礼典。如今，“陶忠烈祠”位于浙江金华市婺城区汤溪镇陶寺村南面，现存建筑为清康熙二十九年（1690年）重修。祠内存有2通残碑，一者位于门厅东次间，上刻明代宗朱祁钰景泰四年（1453年）的“谕祭文”；一者位于门厅西次间，上刻2道“诰命”。门厅前檐门额写有“大明敕封忠烈”字样。1999年，浙江金华县人民政府确定其为县级文物保护单位。

图49　浙江金华陶寺忠烈祠门额

景泰二年（1451年）十二月二十六日，陶成归葬广西郁林三山原，魂归故里。天启六年（1626年），广西政府遵从“郁林陶氏”家族的意愿，选址在郁林州学东（后为玉林市解放路百货大厅）建起忠烈祠，与浙江任职地的忠烈祠遥相呼应，同日奠拜。既让其精神传之于浙，又令其回归广西，激励本土。当时，大家还力请为官清廉介直的丘濬（1421—1495年）撰写《左参政陶公墓碑》。丘濬，字仲深，号深庵、玉峰、琼山，别号海山老人，海南琼山人，世以“琼山”尊之，也称琼台先生。景泰五年（1454年）进士，历任编修、经筵讲官、侍讲、侍讲学士、翰林学士、国子监祭酒、礼部侍郎、尚书、纂修《宪宗实录》总裁官、文渊阁大学士、户部尚书兼武英殿大学士等职，时人誉之为“中兴贤辅”“当代通儒”。他是一位从边陲海南岛走到京城的“布衣卿相”，与“海青天”海瑞（1515—1587年）一起被誉为“海南双璧”，他们又和王桐乡（1428—1512年）、张岳崧（1773—1842年）一道并称“海南四绝”。所以，让这样一位熟悉海洋与大陆文化之别的当世大臣来书写“陶成传”，当是首选。

图50 《忠烈祠碑》

《左参政陶公墓碑》对陶成极尽褒赞，且一度将其清正、忠义、勇猛的精神渊源，一直追溯到魏晋时代的名士陶渊明（约365—427年，字元亮，号五柳先生，谥号靖节先生，后改名潜）。据郁林《陶氏族谱》自称，陶成是迁居岭南边地的陶渊明后裔。身为南朝宋初诗人、文学家、辞赋家和散文家，陶渊明早年胸怀“大济苍生”之念，但后来13年的宦途生涯，终令他厌倦了势家士族把控的衙门。于是，“不能为五斗米折腰向乡里小人”①，他

① 《宋书》卷93《陶潜传》。

赋就《归去来兮辞》，辞官归里，逃离仕道，过着“躬耕自资”的田园隐居生活。所以，陶渊明的人生选择与进退去就，一直都是后世坚守“道尊于势”的儒学典范——“天下有道则仕，无道则隐”[①]，也为陶氏后人塑造出“高风亮节”的宗族骄傲和象征资本。

但是，与先祖不同，陶成的一生，始终都没有放弃衙门和海疆场域，内外海患也好，官场险恶也罢，他都守忠如一，在官场和疆场中打拼，以其忠勇武烈，做到了善始善终。尤其是，贼寇变乱之际，他置生死于外，挺身而出，运筹帷幄，“立一定之计，决必然之策”。所以，在丘濬眼中，他已经超越了先祖古训和宗族观念，在走进海疆衙门后积极创新政治实践，成长为一名旷古绝代的“毅然大丈夫”！换言之，陶成从故乡广西走出来，既将毕生无私地奉献给两浙，又血染武义，捐躯海疆，始终以衙门重责要求自己勇担“民生”之务，重新诠释了南朝陶氏“清节”的精神内涵；其人虽死，但精神犹在，气节常存，为后人在乱世中保守清洁的高尚人格，以及创建德政，提供了更优的选择。因此，无论是故乡广西，还是海疆民众，他们都愿意将其视为一种异于他人、富有神性的独特生命体：一方面，通过故乡的家族传承，在广西播下了不贪于功的正义基因；另一方面，沿海衙门任职之地的历史记忆，一直都是地方道德建设的主要构成。明代进士、吏部尚书周用（1476—1548年）在拜谒“陶忠烈祠”后，有感而发，赋诗一首《庚辰四月二十二日谒陶忠烈祠是夜梦青天白日心无愧遂次前韵足成》，曰：“白日心无愧，清朝节更孤。裹尸余马革，斋志毕桑弧。庙貌犹生气，穷泉不可呼。麒麟如可画，按席汉臣苏。”[②]可见，“青天白日心无愧”，已是明代海疆衙门开展道德教育的最好体会和传承！

二、“陶三广”：从治县到治军

陶鲁，字自强，景泰五年（1454年）因父荫授任广东新会县县丞。[③]新会扼守东粤之西南咽喉，又据珠江三角洲之要冲，濒临南海，亦是海疆要地。其时，陶鲁正值弱冠，知县王重（字任重，景泰年间进士）对他十分器重，勉励

---

① 蔡清：《易经蒙引》卷12下《序卦传下篇》。

② 《粤西诗载》卷11《庚辰四月二十二日谒陶忠烈祠是夜梦青天白日心无愧遂次前韵足成》。

③ 按，县丞，中国古代地方职官名，仅次于县令（或县长）。汉代每县各置丞1人，以辅佐令长，主要职责是文书、仓库管理等。宋代曾一度废除，或以主簿兼任，但历代大多设置，迄于清末。

他发奋向学，且亲自授课，启寓不凡。师徒二人，每天清晨即起，先是讲授经史，然后一起到县衙处理公务。王重是江西吉安市安福人，景泰七年（1456年）任广东新会知县，“性峻洁”[①]。有一次，他因事违忤法司[②]，上方要拿他入狱，他不劳狱卒动手，凛然正气，挂冠自来。人在狱中，又神定自若，不卑不亢。与他一同被拘押的人，知道他是蒙冤、关不长久的，借机都想巴结他。但他眉宇间的那一股浩然正气，俨然如坐公堂，令人敬而远之。一个多月后，朝廷还其清白，释之。他去世时，两袖清风，囊箧萧然，留下一双未成年的儿子，后皆由陶鲁资助成人。[③]

接任新会知县后，陶鲁借助王重的“衙门之教”，首先整顿海疆吏治，从衙门机关做起，革除旧弊，肃清诡籍。由于他为人精明敏捷，于是，新会猾吏再也不敢舞文弄权；海滨民众对他熟悉之后，往昔“深似海”的县衙，就成为大家常去串门的好去处。西南海疆官民关系为之一变，陶鲁的威信声望亦传遍南海之滨。有了这些好基础，于是，陶鲁文武兼治：一是在天顺二年（1458年），恢复新会县学，大兴文教，发展区域文化，在培育海疆子弟的同时，增进边地的国家认同。二是加强海防，搞好硬件建设。天顺六年（1462年）建成新会县城子城，内设马路，外浚重濠，又筑竹基重堑，周长1628丈（每丈约3.33米），高2.2丈，上广1丈，下广2丈，分建4个城门和城门楼，4个敌楼，31个警铺，2400个雉堞。天顺七年（1463年），陶鲁任满9年，适逢西路诸瑶犯境，沿海风声鹤唳，草木皆兵，百姓都自发地前往巡抚衙门恳求，希望允准陶大人继续留在新会，以保全大局。后来，巡抚叶盛（1420—1474年）上奏陶鲁的地方政绩，其被获准留任。当时，广西瑶乱贼寇窜至广东高州、廉州、惠州、肇庆等府县，破城杀吏，戮掠男妇，四郡几无完庐；广东香山、顺德之间，又有人沿袭贼寇黄萧养（？—1450年）之遗风，抢劫杀人，几无宁日。面临此境，新会孤悬边陲，而当地的一帮无赖之徒，借机群起响应，万木惊悚，情况十分危急。对此，陶鲁召集壮丁，激励大家做好誓死守城的准备。县城西北乃军事要冲，他就选择合适地形，占地为寨，又在瞭望堡设置烽火台，随时

---

① 《广东通志》卷40《名宦志》。

② 按，旧制司法机关，源出《商君书·定分》：“天子置三法官，殿中置一法官，御史置一法官及吏，丞相置一法官。”汉代又以廷尉、御史中丞和司隶校尉共同审理重大案件，称“三法司”。明清以刑部、都察院、大理寺为“三司会审”。

③ 《广东通志》卷40《名宦志》。

图51 《玉林陶氏族谱》中的陶氏宗祠

报警，还在县城外围筑城郭为辅城，四周开挖壕沟，安插铁蒺藜，加强内城防守。历经5年的坚守和战斗，新会县城终于转危为安。其中，昔日畏战惧寇的海滨之民，历此大乱，一变而为保家卫国、英勇善战的边疆战士。

成化七年（1471年），陶知县请示总督大人韩雍（1422—1478年），在新会县城西购地，建屋30间，正北为堂，旁列两庑，命名为“勇敢祠”，以纪念为保卫家园而牺牲的65名新会勇士。他自己亲撰《勇敢祠记》，强调破贼之功：“实由天子威德与诸父兄之教子弟之力……其尤可念者，奋不顾身，冒险阻，触白刃，弃其妻子死者实众。”[①]在对待军功方面，皆一如其父，从不据为己有，心中牢记的，还是那一帮同患难、共进退的老百姓。陶鲁将自身的勇猛精神，从衙门中有效地传递给民众，且让其在海洋文明中生根发芽。他把所有的功劳都记在老百姓的身上，既不居功自傲，也不沽名钓誉，所以，民众对待他的态度，亦自然异于他人。例如，大家先是在城南门左建造了一个“思德亭”，敬重和纪念这位清廉勇猛的“陶衙内”。后来，又新建“遗爱祠”（坐落在广州城隍庙东），让他与巡抚杨信民（？—1450年）、佥事毛吉（1426—1465年）、布政使陈选（1430—1487年）、知县高瑶一道，“享用”后人的纪念与祭拜。从此

① 《广东通志》卷60《艺文志》。

以后，每年三月十二日，新会县衙各属都要遵从惯例，一一到祠中祭拜，且接受道德教育。

古今军营，亦是“机关”，且因其组织优势，最显独特。所以，治理部队之事，历代常常都是独立开展，与其他行政机关相隔开。但是，军纪严整之域，亦同样是权力场域，一旦分配监督不周，自会生发贪财犯科之事。好战求功者既已有之，出卖军情等国家利益之属，更举不胜举。在此，进一步略述陶鲁廉治“陶家军”的史事，多少能让后人得到一些“军营”道德建设的有效参考。成化二年（1466年），广西大藤峡瑶乱猖獗，两广都御史韩雍率兵讨伐。当时，为加强战斗力，任命陶鲁征集勇士，组建新军。首先，他在韩雍军中张贴布告，比武招兵。规定凡能举起百斤之矛，且掷出200步远的将士，即可入选。结果，严格把关之下，三军将士15万人，入选的只有250人。于是，他打破部队常规，在军营外的老百姓中开展开放式招募，花了几天工夫，终于招满500人。其次，陶鲁亲自披挂上阵，小站练兵，加紧训练阵法，同时，每天杀牛宰羊，犒劳将士。就这样，陶鲁和将士们天天生活在一起，同甘共苦，打成一片，增进团队协作精神，大家都不惜身家性命，乐意为他效劳。最后，还采用优胜劣汰之法，从中再精选出300勇士，正式出战。每次作战，陶鲁身先士卒，直捣敌人老巢，斩首无数。战后，依然将所得战利品悉数分给士兵，自己分文不取。众将士感激涕零，更加英勇杀敌。大功告成，韩雍深为赞赏，上报朝廷，请求擢升陶鲁为知县。从此，以300勇士为核心的“陶家军”威名大振，两广地区的贼寇闻风丧胆，躲之唯恐不及，终皆弃甲归田，改恶从良，再也不敢为非作歹，肆掠百姓。

陶鲁以德治军，首重“军机不可泄漏”，密谋迅发，动无不中，谋定而后战，故战斗力强劲，战无不胜。为确保军机的隐秘性，他特地在衙门内开凿一个水池，池中心建有一座亭子，但不建桥。夜间，他召集部下议事时，便用小木船将众人运送到亭子，且一次一人，授意完毕，即刻让部下逐个退出。如此往返数次，不嫌麻烦。加上他又善于用人，扬人所长而避其短，故能不泄露机密而常得胜算。每次作战，都是战书一到，将士立即束装待发，而声色不动，草木不惊。乘敌不备，夜里出城，半夜合围，第二天清晨即可凯旋。纵使敌探再会侦察，终不解其军的真实动向。另外，为防止海疆军情外泄，打击奸细，他始终坚守以下三原则：第一，行军作战，兵不先知。对于作战命令，保守严密，不到时机成熟，陶鲁绝不随便告知军中士兵。有时，他提前半年就调运粮草；有时，他提前数月就运送兵械，以此迷惑敌人；设有多个屯寨戍守，调兵遣将，多寡不定，各依其需要，敌军就更难以捉摸了；运粮聚兵，他只说是为了戍守，贼寇畏惧有所防备，故此便隐遁不进；一旦贼寇战备有所松懈，陶军便兵分数路进攻，贼寇奔逃不及，又不能久战，自认倒霉。第二，发号施令，将不先知。陶鲁对将士从不事先透露军机，总是临时面授机宜。等到命令一发布，将士才知道是进兵，而且是数路并进，势不可挡，贼寇躲之不及，只有束手就擒。陶鲁每次征讨贼寇，贼寇均无一逃遁，但他也从不滥杀无辜。一次，陶鲁正在军中大宴宾客，杯盏交错之间，只听兵士来报贼寇已经拿下，客人无不称奇，大为夸赞说："陶公神算！"第三，陶鲁用兵，只与巡抚、按察使等高级长官谋议。这样一来，负责调运粮草的官吏不知道何时需要运送粮草，老百姓也不知何时要服兵役，但陶知县却总能克敌制胜，捷报频传。

成化二年（1466年）十二月，陶鲁率部将王瑛在两广钦州、化州一带大破剧贼廖婆保等，又获朝廷嘉奖。第二年，广西贼首黄公汉等起事，进攻思恩（治广西武鸣西北）、浔州（治广西桂平等地），攻克石康（广西合浦东北），且活捉了知县罗绅。当时，身为按察佥事的陶鲁，偕同参将夏鉴等率军镇压，在六菊山大败黄公汉。郁林陆川贼黄公定、胡公明等趁机为乱，陶鲁又与参将欧盘兵分5路，前往征讨，再度大破之，摧毁贼寇巢穴130处。弘治四年（1491年），总督秦纮（1425—1505年）派陶鲁平定德庆瑶乱，陶鲁因功晋升为湖广左布政使兼广东按察副使，奉敕抚治两广，人称"三广公"。当初尝过他厉害的贼寇，都管他叫"陶三广"，这一称谓一直沿袭至今。

两广地区自韩雍去职后，罢除总督不设，所以，继任的各方帅臣们画地为牢，多半互相观望、推诿。疆场制度上的这一变动，致使寇盗滋蔓，民无宁日。为此，陶鲁上奏说道："两广地势错互，当如臂指相使，不可离析。近贼犯广西，臣与广东三司议调兵，匝月未决，以是贼得大肆劫掠。乞仍命大臣一人总之，庶事权归一，而责有所归。"① 恳求朝廷仍然任命一位边疆大臣来统领两广，使南疆事务权责明确。结果，朝廷再派韩雍为总督，建梧州总府，并作为永制，控制两广，震慑海疆。在这份奏折中，陶鲁又说到自己："身居两广，而官以湖广为名，于事体非便。""乃改湖广左布政使兼广东按察副使，领岭西道事。"② 他长期在两广任职视事，与两湖无涉，而官职名称却是"湖广"，

① 《御批历代通鉴辑览》卷105《景皇帝》。

② 《明史》卷165《陶成传》。

名实不符，任职办事很不方便。所以，他请求朝廷改官职。从这份奏折中可以知道，陶鲁不是一个贪图虚名的人，而是心系国家边防，一心只想着如何维护边疆安宁，廉心治边。陶鲁统辖两广兵权的时间较长，每遇贼寇，大者会剿，小者专征，所向披靡，贼寇对他恨之入骨，便迁怒于他的祖居和族人，将陶家郁林故居洗劫一空，焚毁诰命，掘其祖坟。陶鲁闻讯后，悲愤不已。皇帝知情后，下诏恩准陶家迁籍广东，在番禺、新会一带定居下来，并补赐封诰，慰劳有加。从此，陶鲁去世后，其子孙遂落籍南海。明嘉靖二十四年（1545年），皇帝诏命守臣建祠广州，崇祀陶氏父子。于是，其子孙遂以此为新家。

三、陶氏海疆政要：“吾以广化也！”

史载，陶鲁“历官四十五年，始终不离兵事，大小数十战，凡斩馘二万一千四百有奇，夺还被掠及抚安复业者十三万七千有奇，两广人倚之如长城。然鲁将兵不专尚武，尝言‘治寇贼，化之为先，不得已始杀之耳’。每平贼，率置县建学，以兴教化”[①]。所以，为贯彻执行古代贤者所倡导的这个“以化之为先”的治边策，陶鲁每次平定贼乱后，都强调安民复业、置县建学，以兴教化。平寇而修学兴产，避寇而建城造祠，当时有些俗吏就评论，说他这些留心民事的做法，不像边疆大帅所为，既琐碎也迂腐，但陶鲁却坚持说：“吾以广化也！”现爬梳各地方志，简括其在海疆地区筑墙建城、置校、造祠等事迹如下：

恩平县城，明成化二年（1466年），陶鲁设立恩平堡巡司驿，县治所亦在此，乃筑砖城，周长325丈，高1.8丈，厚1.2丈，4个城门（东门阳和、西门镇彝、南门永通、北门承恩），城上环置敌楼窝铺。

恩平县学，在县治西，成化十六年（1480年）始置县设学，都御史朱英、按察使陶鲁，创建大成殿两庑，修门棂星门、明伦堂2斋，继建尊经阁、仪门、号舍。

吴川县城池，深1.5丈，宽1.5丈，滨临大海，浮沙飞塞，不开壕堑。成化三年（1467年），派遣俞鉴督凿之。

电白县城，成化四年（1468年），陶鲁奏迁县治于卫左。

---

① 《明史》卷165《陶成传》。

电白县学，在神电卫，旧在宝山下，元朝时毁于战火。成化四年（1468年）迁址于今所。

增城县城，成化五年（1469年），陶鲁与巡抚陈濂商议，修葺坍塌之地，通判余志董理其事，石砖包砌，周长800余丈，宽1.3丈，上宽2步，下宽4步，城门楼4座，敌楼4座，警铺48个，城门4个，各以所在方位命名，女墙1600里，城墙用石头加固。

阳春县城，成化八年（1472年），去雉堞为串楼。

博罗城，成化十三年（1477年）始建。

海康县学，成化十四年（1478年），由副使陶鲁、提学佥事赵瑶、通判刘镇复迁建于郡学之西，其年为瑶寇所残，并入府学。

阳江县学，成化二十一年（1485年），以学湫隘迁。

揭阳县城，成化二十三年(1487年)，陶鲁命增筑之，甃石为址，上垒以甓。

龙川县城，弘治元年(1488年)筑，城高1.8丈，周长702.3丈，雉堞984个，门上有敌楼，外有月城及4门。

大忠祠，在崖山全节庙前，祀宋丞相文天祥（1236—1283）年、枢密使陆秀夫(1236—1279年)、枢密副使张世杰（？—1279年)，成化十年(1474年)建，陶鲁上疏请额，赐名“大忠”，一为表彰往代死难于海疆的国家忠烈，作为群

图52　崖山大忠祠

臣学习的楷模；一为教化。

勇敢祠，位于新会县西，崇祀从征死难的百姓65人。

成化十年（1474年），建开阳县双龙“胜概亭”。

在罗定州南15里□竹乡之前，南凿一池，中有小丘，建造一亭，取名为“澄心思忠亭”。

在茂名县城北一里许，建“靖远亭”。

同样，在广西故乡，他亦多有此类文教之举。成化二十一年（1485年），陶鲁捐金重建郁林云龙桥，即“龙桥古渡”，疏通古海上丝绸之路的南流江内河航道，巩固了西南之关锁，实为行旅之要津。又在州城西30里的都监塘建起“三山桥”。

陶鲁初为新会县丞时，非常敬重该县都会村（今广东江门市新会区）名儒陈献章。陈献章（1428—1500年），字公甫，号石斋，别号碧玉老人、玉台居士、江门渔父、南海樵夫、黄云老人等，又因曾在白沙村居住而人称“白沙先生”。陈氏是明代著名的思想家、书法家，创立理学岭南学派，主张“静思、贵悟、教悌”，著作后被汇编为《白沙子全集》。当时，陶鲁常去拜访陈献章，陈献章也很敬重陶鲁，且对于陶鲁运用儒家礼教去感化民众的做法很是赞赏。一旦有人批评陶鲁的做法，白沙先生就解释说：“礼也……知化寇以礼，惟三广公。”“三广公”即陶鲁。还称赞他“指挥戎马，表里山河”，非是一般拥兵自重的武将，确实具有开疆拓土的谋略和气概。其中，陈献章在《新迁电白县儒学记》中，除表赞陶鲁“以学校之兴废为己责，而叹其力之未遑”之外，还对于他在诸多公共事业上的努力极力褒扬：“其它若县治，若城隍社庙，若藩臬行司，以及邮传、邸舍、桥梁、道路，一一区画成之，营材于山，民不知劳；为陶于野，财不妄费；而皆以一当百，以百当万，故役之烦者，化而为简；难者，化而为易；无费于民，民争趋之。”[①] 可见，陶鲁为官一日，心系万民，既勤于海疆政务，为民谋求福利，又深谙为政之道，取之于民，用之于民，既不铺张浪费，又不劳民伤财。在《吴川县城记》中，陈先生又评赞说：“卫我者生我，劳我者惜我，公大惠我，何可忘！”[②] 当年治理东南海疆的陶鲁及其一班同衙，已经真正成为老百姓的父母官了。

---

① 《陈白沙集》卷1《记》。

② 《广东通志》卷60《艺文志》。

“高山仰止，景行行止。”陶鲁的忠廉和勇武，还从官方衙门绵及地方家族，首先为陶家子孙后代所承续。据兵部尚书连城璧撰《三广陶公事略》，陶鲁死后，他的长子陶荆民继承父亲的事业，屡获战功，晋升副千户，以锦衣卫世袭。后来，陶荆民袭千户，征讨云中大同，历官怀远将军上轻车都尉。次子陶梁民，守备边境大同，以身殉国，追赠宣威将军都尉。陶梁民的儿子陶壮，在宁夏战斗中战死，追赠广威将军骑都尉，以其弟陶益之子陶灿为嗣，袭指挥佥事，御倭寇于厓门，立下战功，封宣武将军骑都尉。陶益之孙陶应垣，授武德将军骁骑尉。其后又有陶映，授御营副将奉国将军。陶家子孙后代前仆后继地赴边卫国，建立赫赫战功，的确不愧为将门之后。①

同时，这些精神财富又从衙门渗入基层社会，一批批广西本土士人受其激励，谱写出一篇篇华丽的历史篇章：一是陆川人何清，成化间，贼寇初起时，因祭祀居家，善计谋，乃跟随陶鲁，剿绝贼寇；迁县学后，又独任其劳，两为巡检，俱以能干著称。二是陆川人周南，庠生，有文名，与何清并随陶鲁，讨灭草寇，斩其巨魁以献朝廷。②三是陆川人庞杰，由胄监任广东番禺主簿，有勇有谋，成化间寇贼作乱，与周南设计捍御，一时成为一方百姓的仰赖。四是阳朔人黎禧，以乡荐知增城，有治才，冰蘗自励，时剧贼残破诸邑，曾向佥宪陶鲁献议，将贼寇讨平；又修城兴学，实心实政，斤斤爱民，后升琼州通判。③

第三节　雍乾“庞青天”

宋元之际，游牧文明强劲，蒙古铁蹄四出，所向披靡，势如破竹。当时，一场席卷全球的多民族大迁徙运动由此而盛，世界格局也因此而被改变，阿拉伯、拜占庭等传统帝国及其各自怀有的“霸主梦”，亦纷纷瓦解。同时，中国农耕文明及其支撑的中原政权亦节节败退，一路被驱赶着东藏西躲，直至灭

① 《玉林陶氏族谱》，2001年自印本。

② 雍正《广西通志》卷81《忠义传》。

③ 雍正《广西通志》卷77《乡贤传》。

亡。此时政府不能提供安全保障，为了避开敌人的锋芒，中原汉人就自动再度大举南迁，近一千年前“五胡乱华”[①]的悲惨情节，再一次在中国历史长河中上演，只是前后登场的主体演员略有不同而已！

一、“木贤”：庞氏择居志向

庞善政（1121—1214年），字敬礼，号光化，福建闽县人，宋孝宗乾道二年（1166年）进士。在京城翰林院做了3年的“庶吉士”后[②]，经考核合格，外派广东任职。庞进士生平雅好山水，精于堪舆，深谙阴阳五行奥妙。借此外放良机，他就在海南澄迈县安置了新家。不过，虽说海南与大陆之间有一条海峡相隔，无虑元兵铁甲，其身家已是安全无恙，但是，孤悬海岛，多少也就隔断了内地文脉及社交网络，让自身陷入闭目塞听之局，其内心里总还觉得不够踏实。因为临时仓促择地，躲难之处的海洋文明，毕竟还不是庞氏熟知的育人之乡！

庆元元年（1195年），庞居仁出任化州“教谕”，任职期间接来老父亲庞善致，为他75岁的生日祝寿办酒。当时，庞进士看见石龙县南（今武宣、象州一带）“松柏地灵”，风景宜人，比较中意，于是当即作出决定，率领全家搬离大海，回到一片大陆与海洋的交结部。不过，这片近海的松柏林是否果真能兴旺家族，自己也还不够确定。到了90岁那年，一帮人又在和和气气地办寿庆。此时，突然从外面飞进2只喜鹊，接下来，又“饮于井，栖于松，熏风徐来，自鸣天籁”[③]。家人朋友们看在眼里，喜上心头，都认为这就是古人所谓的“双凤呈祥”，大吉大瑞，足以证明庞老先生的选择不虚。为了好让后人记住祖宗们的苦心经营，大家就决定，将那口为喜鹊解过渴的水井定名为“双凤井”，奉为家族新象征。至于村名，原来已称呼“松柏岗”，现在看来，“良禽择木而栖，志士择君而事”[④]，这股难得一见的粤西“松柏”气象，已经感化了

---

① 按，东晋时期，以匈奴、鲜卑、羯、氐、羌五个游牧部落为首的塞北联盟集团，趁中原王朝衰弱空虚之际，大规模南下，建立起与中原汉政权相对峙的胡人国家，史称“五胡乱华”。

② 按，亦称庶常，源自《书经·立政》“庶常吉士”，是翰林院内的短期职位，一般选有潜质的进士担任，负责起草诏书、讲解经籍等。明代惯例：非进士不入翰林，非翰林不入内阁，故号称“储相”。

③ 按，以下庞氏文献皆出自《辉煌历程——陆川泗里庞氏》，2008年自印本。

④ 语出黄中松《诗疑辨证》卷2《柏舟篇》。

岭南万物。既然“有风来朝”，灵光毕现，那就最好遵从由物及人、以物喻人的自然逻辑，进行改名。于是，大家就想出了“木贤村”（今良光镇）这个新称谓。《礼记·月令》载：“某日立春，盛德在木。”疏云：“春则为生，天之生育盛德，在于木位。”① 公羊学大家董仲舒《春秋繁露》亦曰：“木者，春生之性。农之本也。”② 可知，在传统中国德育系统中，木之贤者，大矣！

要之，这段家族记忆中的迁徙史，虽说很有些迷信色彩，但也让后人“看出了”许多感动——始祖奠基开业的神圣责任，以及为后世谋求一个安详和睦育人环境的执着理念，就是这个家族代代守护的财富。事隔百年，到了第5代，广东庞氏认真演绎“松柏精神”，发展为一方望族，已累计达20万余人。而且，余波所及，其在广西陆川者，人多势众，望甲一方。当时，第5代孙庞经（号星亭）写诗歌颂家族史，就说：“始平郡（陕西省兴平市）脉出英贤，清白家风世世传。本住木贤双凤井，支分豺岭六龙田。南琼澄迈鱼抛尺，西粤川城雁带笺。更有石城仁厚里，一根瓜子瓞绵绵。”让他清晰记起的，不仅仅只是家族的南北奔走，海陆兼行，更重要的是，这一路下来，祖宗创下的“清白家风”，始终没有因贫穷、战火等灾难而失传。相反，来到岭南边疆之后，无论是海南还是两广，大家都积极融入当地，在开拓边疆的劳动中继续汲取新的养分和资源，让家族传统在这海陆的交结部重放光彩。

图53　陆川庞氏宗祠

① 《礼记注疏》卷14《月令》。

② 《春秋繁露》卷13《五行逆顺第六十》。

庞氏来到广西，最初的定居点是陆川县乌石镇石达村，后迁至县城街西。正德年间（1506—1521年），再迁入温泉镇泗里村（以四水汇于村前，且距县城4华里而得名），“泗里庞”由此而得名。如今，只要你想了解陆川的大小家族，第一句要紧的话就是：“陆阳缙绅诸家，鼎族首推庞氏！”

二、平治粤东海事

庞屿（1696—1751年），字石洲，号颇亭，沉毅有大志，才思俊迈，是“泗里庞”第14代中的杰出人物。雍正元年（1723年）以“拔贡”的身份，与族叔庞頔（字子相，号芽山）一道，前往桂林宣城书院①读书。次年（1724年），恰逢江西临川“神童”李绂（1673—1750年）②出任广西巡抚。来桂后，这位李大人，一是“以博闻强识之学，朝章国故，如肉贯串，抵掌而谈，如决溃隄而东注，不学之徒，已望风不敢前席”③，岭南伪学因之不彰。二是为官清廉正直，常微服私访，体恤百姓。特别是，着手处理陈年积案，查出广西各级地方官吏共计贪污白银82万两，并责令限期偿还。自此，广西学风、吏风为之一新。当时，李大人时常视察书院，于众人中慧眼识才，特别关爱庞氏叔侄二人，既“以国士目之”，又特加指点，建立了深厚友谊。④借此，庞屿境界日新，学业精进，在桂林学术界声名鹊起。

雍正四年（1726年）乡试，庞屿考中全省第2名，誉称“亚元”；叔父庞頔考上第8名举人；家族弟子庞正先也榜上有名。此次国家考试中，“泗里庞”一门三捷，取得巨大成功。不久，“会粤东请吏，即承命以往”。庞屿顺应国家需求，由“学”入“仕”。又因为叔父庞頔“秉性端悫廉洁，老幼遇之，无不起敬；为文务去陈言，深入理窟”，加之同窗读书，已互为依赖，所以，庞屿请他做了自己初次治政的幕僚。从此，庞屿南北奔波，历任广东镇平（今蕉

---

① 按，桂林清代四大书院：桂山、宣城、秀峰和榕湖书院。

② 按，字巨来，号穆堂，江西临川人，康熙四十八年（1709年）进士。编成《广西通志》，后因弹劾雍正宠臣田文镜，两度下狱。

③《全祖望集汇校集注》上册《鲒埼亭集》卷17《阁学临川李公神道碑铭》，朱铸禹汇校集注，上海古籍出版社，2018年，第318页。

④ 后来二人围绕李绂《陆子学谱》多有通信。参见《穆堂别稿》卷35《与惠潮嘉道庞副使书》《再与庞副使书》《三与庞副使书》等，道光辛卯奉国堂藏版。

岭县)、归善(今惠阳区)、番禺、梅县知县，广州府理瑶同知，韶州代知府，廉州、广州知府，惠潮嘉兵备道[1]，按察使司副使，雷琼兵备道，两广盐运使司盐运使，广东按察使、布政使等要职，成为清代治理南疆的名宦。[2]

图54　庞氏宗祠宣传画像

陆川县"故邻粤东"，所以，庞屿开始出任广东4个县的县令，皆能提前"周知风土，而夙裕牧民经济"，很快就能融入当地，与海疆民众打成一片。例如，在归善县时，他大刀阔斧地干了2件深得民心的事：一是为保护地方沿海商人开展海上贸易的合法利益，革除了"商船照费"。所谓"照费"，说穿了就是政府收取的"保护费"。它多半就是地方海霸与官方沆瀣一气，利用手中职权，指使地痞流氓等不法势力私自占"海"为王、疯狂盘剥商人的一种手段。日积月累，它就长成一个牢牢寄生在南疆航运业上的吸血虫，并逐步膨胀为扼制区域贸易自由发展的恶性毒瘤。二是清理"屯粮溢羡案"，严厉打击官吏在沿海地区开展屯田过程中的不法行为。其中，对那些不考虑军民劳动实际，以过度性盈利而邀功获奖的官员，一律罢免；而将中饱私囊、吞食屯粮者，一并送交刑部大狱。这2项改革措施，很快就扭转了归善县萎靡不振的商业状况，多年弃商者又纷纷下海，从西江河道出海的船只穿梭如云。往年逃之犹恐不及的屯田事务，如今也都成了承租人的抢手货。上司听说后，一致认为庞屿"廉能、善决狱"，是个难得的干才，所以，任期一满，就把他调往一个急需的位置上——"剧邑"番禺。

---

① 按，《世宗实录》载："雍正十一年三月十六日，升潮州府属之程乡县为嘉应直隶州来属，改道名为惠潮嘉道。"

② 参见乾隆《陆川县志》卷17《艺文·运使庞屿传》(许道基撰)。下同。

清代雍正期间，为加强地方治理，国家以冲、繁、疲、难4项，将明朝县制调整为："一地当孔道者为冲，一政务纷纭者为繁，一赋多逋欠者为疲，一民刁俗悍命盗案多者为难。"[①]其中，冲、繁、疲、难4种情况兼具之县，即是地方治政之"最要缺"者。[②]因此，朝廷一定要选派有地方长官经历、且政绩考核优良的人出任县令。说番禺是个"剧邑"，倒不是多特别，关键就是"邑多盗，盘踞山海间，为患甚巨"。对于一般性的盗贼，他还费不了很多精神。当时，庞屿仅仅采取了一个"坚明约束"的措施，稍稍抓一下全县的"保甲"纪律，结果，"不一月，刁健缉，输纳平"，马上就有明显效果，安然无事。真正棘手的是"沿海茭、沙二司，向为盗薮，出入剽掠，为番舶大患"。看来这一次真正的对手不是内贼，而是有群体组织性的海盗集团。而且，正是因这一帮海盗的存在，广东的对外贸易已经大打折扣，朝廷对此也大为光火。当时，海盗头子叫李士雄，不仅羽翼成群，而且智商较高，很擅长"反侦探"工作，"踪迹狡横，官捕之十年，悬千户爵赏之，而卒不获"。简直就到了无计可施的地步。

庞屿到任不久，总督大人孔毓珣（？—1730年）[③]一再叮嘱他说："此不扑灭，终成燎原！虽然，茭、沙生录可悯也！"所以，这件事于国家、民众而言，都是头等大事，马虎不得，希望庞屿不要辜负大家的期待。庞屿回答说："公念生灵，德莫大焉。窃谓剿、抚非有二，亦并用之耳。诚假以千兵，许便宜，当扼要声剿，仍宣德意，刻期听湔洗，其孰不畏死、倖生俯首就抚者？李士雄虽黠，羽翼既失，擒之，一夫力耳，剿不已易，何忧滋蔓乎？"胸有成竹地提出了自己治边的策略思想——剿抚并用，全权行事，区别对待。同时，又拿出了一张早已准备好的《沿海屯札图》，详细地汇报了自己上任后的安排部署。孔大人顿时眼前一亮，认为计划周详，机不可失，当即就命令马参将统率千兵，听从庞屿指挥，按图乘夜密布于要害，神不知鬼不觉地形成一个战略包围。到了早晨，那帮海盗"始知兵临，欲遁无路，大惊聚泣"，乱成一片。庞屿看到时机成熟，就单枪匹马地告谕那些人："所不赦者，李士雄一人。余许自新，无恐。然逾日中，不从我者，入剿，吾不活尔！"能赶在中午以前，投

① 《世宗宪皇帝硃批谕旨》卷202上《朱批郭鉷奏折》。

② 按，有3种情况兼具者为"要缺"，有2种情况为"中缺"，只有1种情况或4种情况皆无者为"简缺"。

③ 按，字东美，山东曲阜人，孔子67世孙。1724—1728年，接替杨琳担任两广总督。

降政府，将一概不论罪。听到这一信息，不多久，四五百人成群结队地缴了械。经仔细查验，其中有270多人属于朝廷长期通缉的“积案逋盗”，所以，庞屿马上将之“缚送制府”，交由上司处理，但自己也没有忘记事前的承诺，“附请末减”，向上司提出了应该为这帮人减刑的建议。而剩下的人，当即全部释放。此次突袭，可以说取得了巨大成功，但李士雄事先收到消息，未进入包围圈，只身外逃。庞屿于是策动新的反间计，让一个已投诚的海盗联合10多位拜把兄弟去抓李士雄，15天后，他们硬是活生生地将李士雄装在一个轿子里抬进了县衙。因为李士雄平时喜好结交绿林好汉，大家用计捉住李氏后，怕外面知道风声前来施救，所以就谎称是民间打架斗殴，出了人命要见官，这样才一路平安地将巨魁送达官府。

短短几月就平息10多年的海盗集团，庞屿声震广东，因功擢升为广州府“理瑶同知”[①]，被派去专门处理复杂多变的“瑶务”。明清时期，瑶民素称剽悍，桀骜难驯，很令政府头痛。庞屿到任后，依旧推行剿抚并施的方针，既加设险隘，提高防御能力，又尊重民族习性，因俗理边，终于抚定了“八排瑶”，稳固了西南边疆民族地区的秩序。事后，他又被调往韶州府，去解决又一起海盗事件。因为有了上次的经验，这一回，庞屿轻车熟路，“添炮台兵，杜海寇出没，抚数百人，上海防图，香山诸境以宁”。用的还是原来那一套治策，也取得了同样的好效果。另外，他巡视香山县时，突然敏锐地觉察到有些不对头——地方豪绅李梅行为不轨，暗中勾结土匪陈美伦、曾合等，正精心联合两广无赖之徒，准备定期集结起事。眼看一方安宁不久即将化为战火，于是，庞屿立即就与守备施士超采取闪电行动，一方面“密遣弁至梧、浔，抵五屯”，密告各境，严阵以待；另一方面，用计直取李梅的老巢，活捉了整个组织的头面人物，大获全胜。不过，事后论罪时，他“懼株连者众，案定刑，止巨魁二人”，始终不赞成“以恶止恶”或“以暴易暴”。[②]

三、东南海疆“前后两青天”

做上广州知府后，据史载，庞屿“善折狱，而不事刑威，民有‘前后青天’

① 按，康熙四十二年（1703年），在连州三江城专设管理瑶族聚居区的官员，属广州府。

② 乾隆《陆川县志》卷17《艺文·运使庞屿传》。

之颂。”[①] 其中，这“前青天”就是晋安帝隆安二年（398年）出任广州刺史的吴隐之（？—413年）。[②] 任期内，他奉俭约己，终为一代廉吏。自古以来，广州包山带海，海洋资源充足，奇珍异宝丰富。一小箱的珠宝，就可以供给几代人的开支消费。但是，广州地形气候不与北国相同，颇多湿热雾瘴，住不习惯就会生病，搞不好还会丢小命。所以，稍为有钱的贵族官员，一般都不大情愿南下广州做官，总找借口推辞。只有那些“贫窭不能自立者”，多半看在就地发财的份上，才舍命“求补长史”。[③]

图55　陆川庞屿墓地翁仲

朝廷虽然恨之入骨，但天高皇帝远，鞭长莫及，北国帝王亦无可奈何。年长月久，当地的老百姓实在看不下去，于是就运用智慧编出了一则岭南民间故事：广州的贪官多，原因就是离广州市20里的石门镇，有一条河流的水吃不得，谁一旦喝了它，谁就会变得贪得无厌。因此，那条河就是广州贪官滋生的罪魁祸首，就是一条不折不扣的“贪泉”。其实，这个故事是当地民众讽刺政府无力治贪的一个玩笑，也是他们参与政治的一种非正式做法——以编造“政治段子”的方式嘲讽政府。说人一喝水就会变贪，折射出的是彼时广州官员一旦有权在手就会肆无忌惮地搜刮民脂民膏这一腐败逻辑。换言之，民众选取了“贪泉”这个具体的自然物象，且历经“自然的人化”过程，以物讽政，终为东南海疆社会成功打造出一份纯朴简洁的基层政治文化。虽然

① 道光《广东通志》卷260《宦绩》。

② 字处默，濮阳鄄城人。

③ 费枢：《廉吏传》卷上《吴隐之》。

说，故事一传开，来来往往的大小官员，即便是渴得嗓子冒烟，也怕被别人抓住把柄，终没有一个敢在那里讨水喝，好像自己压根儿就没有贪污似的。但总的结果是，古代广州的贪婪之辈，依旧不断。这一事实，其实就警醒着今人：基层政治文化或社会养廉机制等固然重要，但根除权力腐败的关键环节，还在于机关道德建设！

根除岭南贪腐之弊，第一个站出来的人就是东晋的吴隐之。吴隐之是“侍中”吴质（177—230年）的6世孙，纯粹的贵胄子弟，虽然既不愁吃也不愁穿，但“勤苦同于贫庶”，很讲究自食其力和个人清操。他到广州来，唯一的目的就是治贪革弊。当年他解决的第一件事就是亲赴“贪泉”，而且一来就“酌而饮之”，还要赋诗说：“古人云此水，一歃怀千金。试使夷齐饮，终当不易心。”在他看来，人间哪会有这等咄咄怪事！如果大家都能像商代遗臣伯夷、叔齐这样廉洁自律，守住一颗宝贵之心，即便是喝上一生的“贪泉”，又能怎么样了呢？到任后，吴隐之“清操逾厉，常食不过菜及干鱼而已。帷帐器服皆付外库。时人颇谓其矫，然亦终始不易。帐下人进鱼，每剔去骨存肉，隐之觉其用意，罚而黜焉”。真正做到了“处可欲之地，而能不改其操”。同样，“飨惟错之富，而家人不易其服”。全家上下，也一如己廉。女儿出嫁时，没有什么积蓄，就卖掉心爱的看门狗换些银两充资。妻子刘氏到番禺县买了1斤沉香，他看见后，劈头接过来，就丢进了大海。及至任满，“归舟之日，装无余资”。待到了故乡，“数亩小宅，篱垣仄陋，内外茅屋六间，不容妻子”，且“以竹篷为屏风，坐无毡席”，“时有困绝，或并日而食，身恒布衣不完，妻子不沾寸禄”……子子孙孙“常以廉慎为门法”。①

如果说，吴隐之“革奢务啬，南域改观”，是针对中国魏晋以前的岭南海疆弊政，以个人的高尚品质，为南疆衙门迎来了一次翻天覆地的扭转，那么，清代广西庞屿的出现，刚好就是对隋唐以至于明清这1000多年间广州贪鄙之风潜滋暗长的又一次“当头一棒”！前者从北方南下，后者从西部东进，时代不同，但结果一样。所以，难怪广东人能把这两位纵跨千年的历史人物连在一起，并作为海疆人民一份美妙的集体记忆和宝贵的政治资源。

刚当上广东番禺知县，有一次，庞屿路过县城旁近寺庙，发现里面“旅骸

---

①《晋书》卷90《吴隐之传》。

累累”，白骨茫茫，好好的一个祭神求福的庄严场所，竟然抛尸暴骨，人迹罕至，搞得就像人间地狱。番禺人民的生活处境，由此亦可见一斑。面对此景，庞屿内心很是悲痛，感觉肩上的担子也突然间地重了起来。于是，他当即“以骨为鉴”，对着这堆白骨，指天铭誓——生当为民请命，至死不息！不过，“劳劳民务，日无宁晷”，“欲为之所而时未暇”，当时忙于政务，一时抽不出时间，去为累累白骨找一个妥当的处所。及至他出任广州知府，知道自己马上要离开番禺，一想起那些白骨，就“恐庖代有期，负所素心”，马上就觉得对不住，若再这样一直拖延下去，那就是罪重如山。于是，当机立断，自己掏钱买了一块18亩的坟地，邀请罗浮尘异上人一起，“卜地东皋山麓而营葬焉”。这项工程，共计埋下了568口棺材和463个装骨瓮坛，数量甚是惊人。而且，“穴有封，封有石，石有镌，里族姓名系焉。恐坍塌也，筑以沙灰。无主者，长瘗一坯；其有主而能迁者，听其迁。迁必覆其穴，无使蓄水旁侵。山右隙地，架数椽，授农者掌之。禁诸樵牧践毁，著为令，行属邑，俾各为之所”。从建圹、立碑、筑墙、取沟、构庐、雇役、禁令等环节上来看，事事认真，丝丝入扣，决不是草草地埋下了事。当时，一道与事的尘异上人看到庞屿行事如此周密，很感动，就说要为他立个碑名。庞屿说道：“郡有暴骨，守之罪也！将为名乎？”觉得自己身为地方官，没照料好民众的生死，已经是罪孽深重。加上是往日该完成的事，一直拖欠到今天，就更不应该了，还有什么值得一提的呢！

见惯了世上暴发户做“善事”的尘异上人，这时才发觉眼前的庞大人确实与众不同，在念出一段《楞严经》后，说道：“一身毛发，八万四千；分类谛观，是毛是发；合毛发观，是为一身！”在他看来，一个地方长官，做到“彼诸幽魂，犹吾毛发；气脉与贯，荣枯与同；以吾身故，发大慈悲”，能够把他人的生死疾苦，当成自身毛发的一枯一荣，人我合一，这已经就是佛家的“大慈大悲”境界！所以，身在名利场中的庞屿，能够自觉修炼出这样一种高尚境界，将其带入衙门，的确是中国古代“吏学”上的创举。“惟此功德，留待后贤，继继如斯，为无漏之。”这样一份宝贵的精神财富，确实值得后来人珍惜传承。事后，老和尚还专就此事，说出一段偈语：“果生于因，因以成果；人之欲善，谁不如我？独为君子，昔贤所耻；存此良规，以安后死。”[①]号召其他佛家人士

---

① 乾隆《陆川县志》卷17《艺文·义冢记》(庞屿撰)。下同。

援儒入佛，要从这位官员的行事风格中，学习他与人为善、普度众生的博大襟怀。因为“庞衙内”的廉政哲学，经由“一身毛发”照亮出世间众生的喜怒哀乐，实可资于佛门禅地。

雍正八年（1730年），庞屿在番禺县大东门内创建番禺义学。后来，它发展为禺山书院，并增建合并为贡院。雍正十二年（1734年），庞屿时任“惠潮嘉兵备道”，在任5年时间内，水旱虫灾，接连不断，民情凶险。虽然伯父庞骥在江西万载县救灾时，一度未报先赈，触犯了官场禁忌，丢官入狱，铸就前车之鉴，但救人如火，刻不容缓。所以这一次，庞屿依旧像伯父一样，顾不了那么多。当时所做的，依旧是“赈不待报”。人命大过天，哪里还有其他考虑？结果，正因为赈济及时，抓住了要害，“存活无算”，一境安然。乾隆六年（1741年），海南爆发大饥荒。正因“泗里庞”有如此胆识和能耐，朝廷上下想到的第一个人就是庞屿。“以屿善存附，遂移雷琼道”，立马让他当上“雷琼兵备道”，专门亲临一线，解决饥荒问题。到了海岛，庞屿一是“通转输”，立足于海疆实际，疏通并改进了大陆与海岛之间的航运线，确保救灾物资顺利通畅地及时运到灾区。二是“平衡石”，整顿海陆间的市场交易，统一矫正度量衡，打击不法商人富户借机大发“灾难财”。三是“散蜂蚁”，合理安置流民，鼓励渔民开发本土农业经济，免费给予种子、耕牛，劝农生产，消除了民众被唆使去反抗政府的隐患。这样一来，荒政、廉政齐头并进，“经理数月，食足境安”。

回来后，朝廷又让他做“两广都转运盐运使司运使”，处理广东盐务大政。海盐是南疆衙门和中央政府的重要财税来源。当时，他就发现了一个奇怪现象——“粤商贫而侈”。这些广东盐商身家不富，但举手投足之间，都为了在别人面前留下个好印象，进而为抢到好商机打下基础，一个个花钱如水，打掉牙齿往肚子里咽。所以，如此一来，广东盐运业就形成了一种恶性循环——“多浮耗逾粮则饷亏，继必追赔不已则商病”，盐运成本一再增高，既伤了国本，又害惨了盐商。上任后，庞屿下决心要改变此事。一是“日筹抑商通引，首革馈遗陋规”，严厉禁止上下打点，查处了一大批勾结官商的“中介人”；二是清查历年收支账务，发现贪污人员整整“漏计一十三万金”；三是提出了“勾销之法”，建议政府考虑盐运的远近难易程度，进一步放开政策，激起商人的积极性，盘活海疆盐业。后来，庞屿还“两视臬篆，一摄粮储”，既做在

“臬司”上班的提刑按察使，又具体管理国家粮仓，“皆以清严见称”。特别是，在管理粮仓时，他从不用国家的钱另行雇人来打杂，而是自己带领着那帮属下，亲自动手——“使所属解役，自执挡，不溢粒米”。同时，严禁违例“折色”（即税粮折征），不按国家规定，随便变动折色对象、种类及其实施程序者，依法论处，严惩不贷。他离任后，新上任的粮仓官员目无王法，“以折色事败”，朝廷派遣调查小组深入广州，“追覆二十年”来的账目，最终，“惟屿一尘不染，天子称其廉”。①

对于这样一位出色的本土精英，当时广西学政许道基就是一位绝好的宣传报道人。当年许大人汇集庞屿的事迹，编纂了一本《运使庞屿传》的小册子，发行全广西，让大家学习仿效。其中，他认为：“士大夫当官，廉静存心，利物贤己。利物莫大于济变。夫廉静自守，临事恇扰，不知所为，则一方之害随之，其奚称守土?”作为官员，光是廉洁自爱还不够，那样的话，还只是一己之“小廉”，根本就没有养成利济一方的“大廉”。然而，在庞屿的身上，他看到了这一闪光点——庞屿“至不动声色而盘错理，其剿抚茭沙，虽虞仲升之于朝歌，何以加焉”！所以，许大人对“泗里庞”的感慨就是，“盖以有用之学世其家，而非沾沾一节之士也”！从“小廉”发展到“大廉”，“廉”“能”并举，靠的就是将“吏学”发展为一件心怀苍生的“有用之学”！

因积劳成疾，晚年庞屿乞假归里。回到家后，“数年竟不起”，一直在床榻上与病魔做斗争。乾隆十六年（1751年），庞屿溘然长逝，墓在沙坡镇横山村塘口队北面山腰，两边对称列有2石人和3对石兽。庞屿的长子庞琛（字至山），乾隆二十一年（1756年）考中第8名举人，“通敏有父风”，延续了“泗里庞”的精神风骨。庞屿一生写有《颇亭》《景轩》《颇景轩》3本诗集，也可作为今日开展机关道德建设的宝贵资源。

其中，他的一首《端州石》说：“一握清风可入怀，唐坑得似宋坑佳。即今铜雀无多瓦，不及端州石满街!”② 这里说的“端州石”，其实就是闻名遐迩的广东“端砚”。因其质地上乘，加之制作精美，所以被誉为中国四大名砚（端砚、歙砚、洮砚、澄砚）之首。历代南下广东的官员名流，没有一个不想方设

① 参见晏爱红《清代官场透视——以乾隆朝陋规案为中心》讨论“乾隆十五年广东粮驿道明福婪收兵米折价案”，天津古籍出版社，2012年，第121—123页。

② 《陆川文史资料》第1辑，1985年印刷，第90页。

法为自己弄一块。例如，唐代诗人刘禹锡（772—842年）被贬任职连州时，就有位秀才投其所好地送来了一块，喜得这位大“诗豪”情不自禁地说：“端州石砚人间重，赠我应知正草《玄》。阙里庙中空旧物，开方灶下岂天然。玉蜡吐水霞光静，彩翰摇风绛锦鲜。此日慵工记名姓，因君数到墨池前。”[①] 当然，明地里说是别人“赠送”的，又说只是做学问所必需的一件工具，但这份“人间重”的礼物毕竟不同凡响，直接收下来，的确要胆量！同样的物品，千年之后，庞屿体味出来的却是另一番东西——端砚的“清风”品质，历经岁月蹉跎，无改其初。相较于那些贵重豪华、渐入消失的“铜雀”之流，端砚一方石，因其性而存其命，确然是中国士人的精神象征，生来就不是“雅贿”的好物什。

又如，到了潮州，他祭拜“韩愈祠”，写道：“鳄鱼潭上问遗事，指点山川记得无？十五国中皆奉佛，八千里外始尊儒。穷通有道非关命，游戏无心任化珠。我亦因缘来此地，殷勤稽首礼浮屠。”[②] 韩愈先是反对李唐皇帝“迎佛骨”被贬，后来治理潮州，在地方大兴儒教，兴利除弊，深受民众爱戴，被尊奉为新的神灵。所以，说的虽是“浮屠”，但在庞屿看来，韩愈才是儒家官僚体

图56　陆川庞屿墓地石马

① 《刘宾客文集》卷24《唐秀才赠端州紫石砚以诗答之》。

② 《辉煌历程——陆川泗里庞氏》。

系中的“佛”，就是自己任官要学习的榜样，今日自己的潮州之政，决不能辜负了先贤的期待。乾隆五年（1740年）秋天，他送澄海县退休的张大人回乡，相互勉励的诗句依然是：“喜得不惭民父母，别来应念老师生。要知吾道无夷险，若论君恩有重轻。”一位官员能做到直道不苟，“不惭民父母”，这就是最好的结果，比什么朝廷的赞赏都要贵重。

第六章

八桂少数民族官员德育史略

南疆重鎮

广西作为少数民族聚居和杂居区，在传统时代里，受“汉文化本位”和“中原文化本位”的影响，少有人去关注和发现那些廉洁为官、清明治政的民族干部及其清廉衙门。甚至于还有人认为，少数民族地区经济落后、文化独特，本土官员们非贪即腐，没有什么好称道的。这一历史偏见，即便是在今天，仍旧会有人借机大张其论，率自以“广西现象”①宣扬之，实属不妥！

其实，谱写中华廉政与道德华章，少不了多民族的共同努力和合力奉献。当今学者，切不可因为文化上的时空隔膜，盲目固执地以本民族为优等，妄自菲薄其他民族文化及其民族政治史。否则，就会滑向“汉化”窠臼，染上“民族主义”的嫌疑。同样，今日广西干部的道德建设定然要形成自身的特色和优势，立足本土，基于多民族历史文化的强烈自信，深挖和重整道德资源，开拓适合民族地区机关建设和政治文明的新路，切不可做成“望梅止渴”式的政治游戏和文化产业。以下，专就古今事例予以说明之。

第一节　广西“莫老爷”

一提及“莫”姓，大家皆知其多为壮人所用，与“莫一大王”（又称莫乙，氏族男战神）的信仰有直接关系。②广西现在持此姓氏者，大多也皆具有壮族渊源。汉人自古喜欢戏称其为“莫老爷”，所以，早期“他者”口中的这一话语表达，既彰显出广西本土历史文化的差异性，也多少与土司衙门之制有着千丝万缕的联系。③

---

① 参见佚名：《从成克杰案透视“广西现象”》，载《四川监察》2000年第10期；周边：《警惕“广西现象”》，载《中国新闻周刊》2000年第14期；靳丽萍：《“广西现象”透视》，载《吉林人大》2000年第10期；等等。

② 张声震主编、农冠品编注：《壮族神话集成》，广西民族出版社，2007年，第431页。

③ 按，迄今为止，“土司”一词，学界并无精确解释，大体指实行土司制度地区官员的职位名称和官员自身的总称，而土司制度是传统中央王朝对边疆少数民族地区大小首领授予世袭官职的制度。广西土司制度萌芽于唐，成熟于宋，兴盛于元，衰没于清，长达千年。

据现存众多《莫氏族谱》[①]记载，莫氏皆奉黄帝之孙颛顼为始祖，是地道的汉族。但是，真相是否如此，理当审慎。因为早期帝王的岭南经略中，中央大行羁縻之策，“以蛮治蛮”，多选用土官进行管辖。直到明清“改土归流”，边疆内地化加强，这些少数民族才统一被“编户齐民”，改说汉语，使用汉字。于是，受汉族中心主义政治格局和政治文化的影响，岭南原有的各族力争从政治边缘地区走向政治中心，为提高社会地位和政治待遇，自然去选择改变族性，人为再造出一种宗族渊源，重建宗法世系和迁移史，遥接上古，以便最终获取师出有门的社会资本。

换言之，受中原本位理念和“汉裔情结”驱动[②]，广西莫氏等少数民族“再造宗族”[③]的进程，是一个在被动的政治空间中主动谋求自身权利、改善权力格局的最好证明，呈现了高妙的政治智慧，值得标榜和赞扬。不过，今人若是不加分辨，径直听信了私藏家谱的记载与叙事，以为他们都是汉族的后人，那么，广西少数民族治政理民的真实画卷，就会无从看见。

一、忻城莫氏土司衙门

广西著名的莫氏家族，一在忻城，一在兴业；二者相较，实可得见广西“莫老爷”的分布与流变。因其汉化程度在地理空间上的差异，前者较为原始，故仍存有明代万历十年（1582年）建成的莫土司衙署。在器物层面，它是全国乃至亚洲现存规模最大、保存最完整的土司建筑，被誉为“壮乡故宫”。[④]后者地属汉壮交融最著的桂东南区域，其衙门建制，已尽是汉人法度，“莫老爷”融入其中，与中原官员无异。

谱载，莫保（字裕定）原为元代土官，后任宜山八仙屯千户，明初被罢免，旋因平“寇”有功，升为忻城县副理，实开忻城莫氏，且著有《力田箴》一书，勉励后人。不过，此后虽有莫敬诚等世袭土官，但忻城仍属“土流并治”，及至弘治九年（1496年），中央将忻城降为土县，由莫氏掌印专理县事，并钦准世袭，莫保的后人莫鲁，才是真正意义上第一位独掌地方治权的世袭土知县。

---

① 参见谷口房男、白耀天：《壮族土官族谱集成》，广西民族出版社，1998年。

② 邓金凤：《试析壮族的“汉裔情结”——以岑毓英为例》，《广西民族研究》2008年第1期。

③ 吴钧：《中国历史演进的自由线索》，《东方论坛》2012年第5期。

④ 按，至光绪三十二年（1906年）废除土司制度，改为弹压公署，经历420多年。

图57　忻城莫土司衙署

迄于清代光绪三十二年（1906年）末任土司莫绳武为止，前后历经23代，共计19人世袭土官，整整历时达500年之久。其中，主要“莫老爷”事略如下：

莫贤（1377—1433年），宣德三年（1428年），政府平息谭团等农民起义后，莫贤协助流官“抚化”土人，初建军功。

莫敬诚（1407—1467年），正统年间（1436—1449年），率众平息周边瑶峒和八寨农民起义，因功准许协理县事，后因身体有病，令子莫凤代征。

莫鲁，莫凤之子，成化十三年（1477年）袭职时，忻城知县丁学隆遥居庆远府，县事皆由莫鲁主持。弘治九年（1496年），为改变“一县二令，权不相统”的局面，总督邓廷瓒上奏朝廷，革去流官之职，将忻城县降为土县，由莫氏家族世袭土官。莫鲁颇富政治远见，著有《官箴》《分田例议》等，生继清、继珠、继恒三子。

莫廷臣，字恪章，莫鲁之孙、莫继清长男。正德三年（1508年）袭祖职，家资丰隆，仍提倡节约，重视“文治致平”，延名师，教子侄，堂前镌刻祖宗宦绩，以示教育。嘉靖十四年（1535年）卒，生应朝、应府、应云等。

莫应朝，字守文，莫延臣长子。嘉靖十九年（1540年）袭父职。自幼丧父，由其母教养，刻苦夜读。承袭后，治教有方，执法严而不酷，宽中有度。万历十年（1582年）卒，生子镇威、镇武、镇降。

莫镇威，字忠惠，号双江。万历三年（1575年）袭父职。因率兵平息农民起义有功，官升从四品，获奖金帛、黄伞等。又建县衙、三清观、劝农停车所、桥梁百余座，重视教育，著有《训荫官》《协剿八寨记》等，是土官中文武双全的“莫老爷”。明万历三十八年（1610年）卒，嫡庶共生11子。

莫志明，字宽顺，号春山，莫镇威长子，万历十一年（1583年）以长嫡承袭。任职后，奉令调土兵参与平息东兰、武鸣、恭城、府江、思明府等地农民起义，因功受奖金帛等。万历四十二年（1614年）卒，生子恩光、恩辉、恩达，抚子恩耀。

莫恩光，字平允，莫志明嫡长子。万历三十二年（1604年）莫志明病退，次年莫恩光袭土官职。时尚弱冠，不善理事，由祖父莫镇威、父莫志明提携处理政事。莅任未几，即病故，未娶，无嗣。

莫恩辉，号宏容，莫志明嫡次子，万历三十三年（1605年）以“兄终弟及”例袭土官职。因私娶出身卑微民女麦氏为妻，不合族规，激起族人莫付稳等人纠众攻掠土司衙署，后城陷署毁，恩辉及与麦氏所生之子莫昂遇难。自此，揭开了莫氏土司百余年的内讧风波。

莫恩达，字庄和，号秉贤，莫志明继室慕氏所生。万历四十三年（1615年）以“兄终弟及”例袭土官职。为求安定，将署所移至县郊山冲村，且以宽厚治政。崇祯十年（1637年）卒，生子莫猛、莫谨。

莫猛，号骐山，字怀仁，莫恩达长子，崇祯十一年（1638年）以长嫡承袭。清顺治九年（1652年）春，莫猛“献图纳土”，清朝仍准世袭。十年，原代理土官莫恩胜不服而聚众反叛，攻破衙署，杀莫猛及其子宗昌、宗启，年仅三岁的季子宗诏由乳母巧藏而幸免于难，莫氏土官再次陷入内讧。

莫宗诏，莫猛季子，由母舅永定土官韦世兴护养。康熙元年（1662年）莫宗诏回县莅政，六年（1667年）率土兵平定外八堡叛族余党，县境逐步稳定，建城墙庙宇等，著有《遗训》《建关帝庙序》《重修城隍庙序》《独正山诗》等。康熙五十三年（1714年）卒，生子元相、元卿、元魁、元彪。

莫元相，字绍基，号伯藩，莫宗诏长子，康熙二十四年（1685年）以长嫡袭职。袭职时，内讧基本平定，为睦族匡乱，以法治政，亲撰《劝官族示》。

此外有《黄竹岩记》《翠屏山赋》《过斗二隘》等。雍正八年（1730年）卒，生子振国、振邦。

莫振国，莫元相长子，康熙五十三年（1714年）袭职。任职期间，奉檄征讨上林、宜山等地农民起义，均告捷记功；革除陋俗，建义学三间，撰《教士条规》，悬于署外，以期感化。著有《西山记》《迎晖楼文》《游西山寺》等。雍正二年（1724年）卒，生子景隆、峻隆、际隆。

莫景隆，莫振国长子。雍正七年（1729年）袭职。乾隆初年，奉调征剿农民起义，立军功。建莫氏土司祠堂，编纂《忻城莫氏宗谱》，且协助庆远府修纂《庆远府志》。乾隆二十六年，清廷授予七品文林郎。著有《芝州家训》《祈雨文》《青鸟山赋》等。乾隆二十八年（1763年）卒，生子若顺、若恭、若宽、若长。

莫若恭，号敬臣，莫景隆妾欧阳氏所生，乾隆二十四年（1759年）五月袭父职。嘉庆四年（1799年）病故，生子世卓，早逝。

莫世禧，莫际隆之孙。因莫若恭断嗣，故以莫若俭之子世禧入继大宗。嘉庆四年（1799年）承袭土官职，后因庸碌无为而被免。无子，以胞叔武生莫若嵩之孙莫昌荣入继。

莫昌荣，莫峻隆之曾孙、莫世禧之侄、莫世嘻之长子，道光初年袭土官职。咸丰、同治年间（1851—1874年），率土兵镇剿会党有功，以军功钦加知州衔，赏戴花翎。重修土司衙门、土司陵园和《忻城莫氏宗谱》，重振祖业。光绪十年（1884年）卒，生子秉经、传经、立经。

莫绳武，莫昌荣之孙、秉经之子。光绪五年（1879年）承袭土官职。光绪年间，因治理不力而被停职，由胞叔莫传经代理土官。光绪十七年（1891年）莫传经病故，绳武复职，又因犯案被告，光绪三十二年（1906年）被革职，追回原赐号和土官印玺。至此，莫氏土官史走到了终点。

其中，第7任世袭土官莫镇威，在土司衙门道德建设方面最显突出。28岁任职后，他回顾历代土官治理忻城的得失，写成《训荫官》一文，告诫以世袭方式得官的子孙："君为舟，民为水，水滥舟覆"；为官者要"宁朴无华，宁俭无奢"；对待民众，亦须"毋厚敛"。可见，他以水喻政，对于官民关系的政治认知，毫不逊色于中原帝王。

1582年，莫镇威将原在喇院（今宁江乡）始建的土司衙门，移建于修文里（今城关镇）翠屏山脚下，又另建莫氏祠堂、土司官邸、大夫第、三界庙等，形成一个完整的建筑群。此后，在软件建设方面，忻城土司衙署祠堂等成为德政文化的象征符号。一方面，在衙署建起一个硕大的“照壁”，请来广西大儒郑献甫（1801—1872年）[①]在朱色门柱上留下对联，曰：“守斯土，莅斯民，十六堡群黎，谁非赤子；辟其疆，利其赋，三百里区域，尽隶王封。”[②]爱国为民之志，守疆镇边之义，尽现笔端。在审判堂大门撰联，曰：“如得其情，哀矜勿喜；期于无讼，讯谳惟公。”在权力观念上，一再强调守土官长的公正无私。而东花厅（即宴乐厅）有联，曰：“隐几看青山，坐啸行吟，眼底似无一事；垂帘当白昼，鹃啼雀噪，意中恐有劳人。”时刻提醒当权者，乡情政务，无论繁简，皆要常系心头。又有南丹莫氏土州官堂族题赠联，曰：“念先人沐雨栉风，贻下八百年燕翼；期尔辈云梯取月，拨开九万里鹏程。”另一方面，在土司祠堂大门有学政周学浚（1810—1858年）[③]题赠联，曰：“世德肇开元代，将人民社稷，是司泰而不骄，威而不猛；宗祊溯自娄江，忆孝享蒸尝，尽礼忾然有见，僾然有闻。”中堂有阳朔孝廉莫和祥题赠联，曰：“开世官世守之基，祖德宗功，棠甸一新留矩矱；衍克赞克绳之泽，孙慈子孝，芝州百代继簪缨。”要通过持续深入的政治实践，将边疆民族之区发展为播布中原文教的“甘棠之甸”。正殿内还置挂学政鲍源深（1812—1884年）[④]题赠联，曰：“数典无忘，入庙仰先型，永念三朝勋业；受恩罔替，绾符承世泽，常留百里河山。”以及学政孙渠田（1817—1913年）[⑤]题赠联，曰：“绩著三朝，泽延百世；礼隆四序，荣冠七司。”总之，皆以“家国同构”的方式，结合民族宗教信仰，抓住土官及眷属朝拜进香之际，深入开展了有效的道德教育。

在具体治理地方时，按《忻城莫氏宗谱》记载，莫镇威“自（万历）十年以后，地方无事，征调不闻，遂造思练堡官房，作劝农停车所，拓衙署，筑

---

① 按，象州县寺村乡白石村人，别名小谷，自号“识字耕田夫”。道光十五年（1835年）进士，清朝以他“孝友廉洁守正不阿”赏五品卿衔。大半生在两广从事教学，被誉为“两粤宗师”。与土官莫昌荣、举人莫云卿友善。

② 潘学明:《广西忻城莫氏土司官族诗文赏析》，广西人民出版社，2006年，第279—287页，下同。

③ 号缦云，浙江乌程人，道光二十四年（1844年）榜眼，二十六年（1846年）提督广西学政，精于书画。

④ 字华潭，号穆堂，安徽和州（今和县）人，道光二十七年（1847年）进士，同治六年（1867年）任广西学政，以禁鸦片著称。

⑤ 名锵鸣，字绍甫，号渠田，晚号止园等，浙江瑞安人。道光二十一年（1841年）进士。曾任广西学政、侍讲学士等，后例得重宴琼琳，赏加侍郎衔。为李鸿章房师。

城围，建三清观，修西隆古学断桥、西瓜、三寨等处桥梁一百余座，复开崎岖险路，使羊肠之道尽变康庄。于是民得所托，神获所依”[①]。其中，他重视农业生产，于农忙季节常出巡督促佃户农耕、缴纳税赋租谷。道光年间，忻城莫氏土司官族诗人莫云卿（1785—1857年）撰《农亭遗树》诗，曰：“风暖云亭劝力农，偶来树下仰高踪。桑田税驾星初落，麦垄停旌露正浓。自昔苍生歌五袴，于今世泽享千钟。甘棠遗爱空陈迹，凭吊荒烟对古松。”[②] 追述莫镇威在思练建造劝农停车所等活动，表达了诗人对前辈的敬仰之情。此后，劝农停车所成为“思练八景”之一[③]，后人撰《农亭遗爱》诗曰：“课农人已去千年，人去亭空雅音传；将有闻风兴起者，甘棠遗爱又谁先？”又有步韵者言：“追思农事课当年，遗址犹存万古传；料是遵循周武后，重民五教食居先。”

图58　衙署门楣浮雕“列国一同”

二、兴业莫相修身治疆杂记

元明时代，兴业莫氏虽没有土司之制确保“莫老爷”世袭罔替，但以流官身份参政入仕者亦层出不穷。其“群英谱”大体如下[④]：

---

① 《壮族土官族谱集成》，第138页。

② 《广西忻城莫氏土司官族诗文赏析》，第178页。

③ 按，道光《庆远府志》载清代“思练八景”：农亭遗树、古寺鸣钟、练江夜月、双拱摇波、天马腾空、玉屏积翠、文漂浮藻、玉女捧盘。

④ 以下莫氏资料引自《莫氏族谱》(1997年自印本)。

莫琼（1304—1393年），至正二十六年（1366年）恩贡生，洪武五年（1372年）任兴业县教谕，后升南海知县（不受），死后墓葬鹤背村施孤岭肚。其子莫如能，洪武二十五年（1392年）贡生，建文二年（1400年）任湖广溆浦县知县，死后葬石南庞岭脊。

长孙莫善（1378—？年），建文四年（1402年）中式第4名举人，任南潭训导，乡人为其在登云桥建“毓秀坊”①。子莫若政，景泰四年（1453年）恩贡生，浙江义宁县典史。孙莫尧道，嘉靖八年（1529年）贡生，嘉靖十七年（1538年）任电白知县。

次孙莫远（1379—？年），永乐十二年（1414年）中式第5名举人，任浙江文成知县，后升湖广江宁府同知（正五品），乡人建有“八桂坊”（又称“登云坊”）②。长子莫惟宗（1399—？年），字肇本，幼警敏，曾师从解缙（1369—1415年）③，学业精进。永乐十五年（1417年）以19岁中式第2名举人，任兴业训导，后擢南海知县，升韶州府通判。州人立“蜚英坊”。大将韩雍“雅重之，礼延幕府”。孙莫让英，成化十九年（1483年）贡生，任浔州府照磨④，从九品。

三孙莫迪（1390—？年），永乐九年（1411年）以22岁中式第6名举人，任湖广江华知县。州人建立“夺锦坊”。

四孙莫智（1397—？年），永乐十八年（1420年）以24岁中式第7名举人，任国子监学录⑤，从九品。32岁授北京兵马司⑥。其长孙莫琏，正统四年（1439年）恩贡生，任广东博罗知县，升荆州知府。次孙莫庸英，正统十年（1445年）贡

① 按，族谱误为“钟英坊”。另，为合邑明经立，非专坊。

② 按，族谱称“峥嵘坊”，误，其为明代举人庞咏、杨宗立。

③ 字大绅，又字缙绅，号春雨，又号喜易，明朝内阁首辅，江西吉水人，主修《永乐大典》，历太祖、建文帝、永乐三朝。据传，明成祖说：“天下不可一日无我，我则不可一日少解缙。”永乐五年（1407年），被诬“试阅卷不公”，贬为广西布政司参议。后礼部郎中李至刚再度诬缙，故改贬交趾，命督饷化州。

④ 按，“照刷磨勘”简称，是古代官职。元朝在中书省下设立照磨一员，正八品，掌管磨勘和审计工作。另，肃政廉访司中负责监察的官员也称照磨。后来，上自六部、宣政院、宣徽院等，下至地方行中书省、诸路总管府等，均设照磨一官，负责审计本部门收支。明朝在各省布政使司均设照磨一人，从八品；按察使司设照磨一人，正九品；各府亦设照磨一人，从九品。清朝沿用明制。

⑤ 按，古代文官名，宋国子监置学正与学录，掌执行学规，考校训导；又置职事学录与学正，通掌学规。明、清沿置。明学录秩从九品，清乾隆初升为正八品。民国废除。

⑥ 按，官署名，专理京城捕盗及斗殴等，始建于元代，至元九年（1272年）改千户所为大都路兵马司，明朝沿设五城兵马司。清制同。

生，任广东茂名知县，升庆远知府。

五孙莫良，永乐十八年（1420年）拔贡生，永乐二十四年（1426年）授云南高丰知县，擢云南剑州知州，后升姚安府同知。

据以上统计可知，5代莫氏成绩斐然，13人先后以学优入仕，进入各类“衙门”，创建了丰厚的政治资本，为其后代政治精英的诞生奠定了基石。

其中，莫琼的第8代孙莫相（1471—1546年），字廷佐，号葵山，又号羽仙，是兴业“莫老爷”的典型代表。莫相自幼遵循廪生莫子如（1461—1512年）之父训，严于律己，刻苦攻读，习文习武，日有长进。弘治十一年（1498年），以28岁中广西第8名举人，州人为之建立“承芳坊”。莫相首任云南赤佐知县，“理民事三载，治行有声”。正德四年（1509年），调任南海知县。七年（1512年）十二月，父亲去世。守孝满后，由惠州府同知左迁广东韶州通判、新会县儒学，1520年迁惠州府同知，嘉靖六年（1527年）左迁云南姚州知州。1528年任广州府同知，次年累迁广东佥事。1533年，升任广东提刑按察司岭南兵备道。嘉靖十七年（1538年），为四川按察司屯田道，官居四品。“后居林下数年，见之者，无贵贱贤愚，皆爱敬焉；起为四川佥事，以年老告归。”[①]1541年五月初

图59　惠州望野亭

① 雍正《广西通志》卷78《乡贤·莫相》。

十日荣归故里，八月初六到家奉养慈母。1546年五月初三卒，享年76岁。

其中，任职惠州同知时，莫相与都御史、南赣巡抚王守仁（1472—1528年）共事。正德十四年（1519年），两人推行文治，抚平地方农民起义军后，考虑到“和平广洞，良善数千家”，为日后生民大计着想，上奏朝廷设置新县，择羊子埔地，共建和平县城。城高一丈八尺，周围四百五十丈，雉堞九百九十二，“辟三门，南曰南熏，东曰迎流，西曰西津，北负高岭，建高楼一座以镇之，曰拱极”①。后又联手建县学。②同时，为激励归善（民国后改称惠阳）官场，搞好衙门机关的道德教育，莫相还将前代创建的“野吏亭”发扬光大。此亭亦称“遗爱亭”，乃北宋时期陈尧佐（字希元，963—1044年）③太守所建。当年，陈太守以“鄙野的官吏”自警，撰《野吏亭新成作》，曰：“野吏厌公堂，开轩出郡墙。残花炎帝国，斜日尉他乡。迭巘分诸粤，重江截大荒。耕桑蛮聚落，烟火汉封疆。云势飘蓬岛，天形压夜郎。扁舟闲得侣，嘉树远成行。海雨千林暮，春风百草香。人家浮浩淼，鸟道没青苍。爽垲吟魂健，虚明夏景凉。他年重回首，牢落愧甘棠。”④诗文引用《诗经·国风》“甘棠遗爱”的典故⑤，勉励治官为政。现在，莫相重新在皇华亭左侧选址，重刻诗文，以期重铸惠阳官魂。所以，为了这件事，他离任后，当地继续仿其做法，“建亭立碑，以记遗爱”。从北宋传递下来的清官风尚，中经莫相这个中介，总算又在惠阳复振起来了。

任职云南期间，嘉靖六年（1527年）年底，时值寻甸土酋安铨、武定土司凤朝文谋反叛乱，先是聚众围攻姚州城（今云南楚雄姚安）。莫相“才敏行洁”，召集万余军民，昼夜守城，奋力抗敌，贼不敢入，后转围攻木密（昆明），滇中大震。当时，与其一同防御此次变乱的尚有被贬名臣杨慎（1488—1559年，

① 《和平县志》附录《开县形胜记》（邑举人黄宸撰），广东人民出版社，1999年，第756页。

② 《和平县志》附录《建学校记》（邑举人黄宸撰），第756—757页。

③ 号知余子，阆州阆中（今四川南充阆中）人。太宗端拱年间，与兄长陈尧叟同科考中进士，历任县尉、通判、知州、转运使、知制诰、节度使，官至枢密副使、参知政事，同中书门下平章事、集贤殿大学士。一生为官清正，敢作敢为。在陕西为官，告发地方官方保吉的恶行，被降为朝邑县主簿；在寿州做官时遇大饥荒，带头捐俸米煮稀饭“以食饿者，而吏民皆争出米”，救活无数。

④ 伍庆禄：《广东金石图志》，线装书局，2015年，第96页。

⑤ 按，《诗经·召南·甘棠》曰：“蔽芾甘棠，勿剪勿伐，召伯所茇。蔽芾甘棠，勿剪勿败，召伯所憩。蔽芾甘棠，勿剪勿拜，召伯所说。”为周人怀念召伯德政的颂诗，后世以“甘棠遗爱”颂扬地方清官。

字用修，号升庵，大臣杨廷和之子，明代三大才子之一，四川新都人，正德六年殿试第一，授翰林院修撰，预修《武宗实录》，禀性刚直，每事必直书，不畏权势）。明武宗正德皇帝朱厚照（1491—1521年）沉湎酒色，不肯读书，不务朝政，设置"豹房"，专门寻花问柳，昼夜荒淫，还带着宦官化装外出，到处奸污民间妇女。针对武宗荒淫暴行，杨慎不避斧钺，敢于犯颜直谏。正德十二年（1517年），他上疏指责朱厚照"轻举妄动，非事而游"[①]，奉劝他停止微行出居庸关这类荒唐行为。朱厚照根本不予理睬，依然在歌楼妓院里通宵酣饮，过着灯红酒绿、纸醉金迷的糜烂生活。杨慎愤然写下《西江月》一首，曰："紫塞朝朝烽火，青楼夜夜弦歌。一天明月雁声多。带得边愁无那，云阙九重阊阖，家山万里岷峨。独愁乡思两蹉跎，《梁甫》狂吟谁和？"[②]且称病告假，辞官归里。正德十六年（1521年），武宗终因酒色过度而死，世宗朱厚熜（1507—1566年）继位，杨慎重新入宫，任经筵讲官。在经筵讲课时，他特地选出《尚书·舜典》中"金作赎刑"这一问题，对世宗讲道："圣人设赎刑，乃施于小过，俾民自新，若元恶大奸，无可赎之理。"[③]对于官场腐败，强调要重拳出击，决不姑息。嘉靖三年（1524年），诸多大臣因"议大礼"，违背世宗意愿，皆下狱受廷杖，杨慎约集同年进士王元正等200多人在金水桥、左顺门一带列队大哭，抗议非法逮捕朝臣，声彻宫廷。但结果是，"帝益怒，悉下诏狱，廷杖之"。且每隔10日，即廷杖1次；后皆充军云南永昌卫（今云南保山县）。其中，杨慎流放滇南30余年，自称"博南山人""金马碧鸡老兵"；临终时，仍以"临利不敢先人，见义不敢后身"自勉。[④]

对于此次安、凤之乱，杨慎"戎装率旅僮及步骑百余，往援木蜜所守御，入城与副使张峨谋固守。明日贼来攻城，宁州土舍陆绍先率兵战城下，公（杨慎）促城中兵鼓噪开门出战，以助外兵"[⑤]。事后，他写有一首300多字的长诗记载其事，曰："金碧山前恶氛起，贼马来饮滇池水。城西放火银汉红，炎焰尘头高十里。两重日晕围白虹，万家仰首呼苍穹。相顾惨然无颜色，呜呼命寄须臾中。贼徒浑几个，枕戈临水卧。我军屯北门，分明不敢过。土酋胁盟来索

① 杨慎：《升庵集》卷2《丁丑封事》。

② 王文才、万光治主编：《杨升庵丛书》（四）《升庵长短句》卷1，天地出版社，2002年，第398页。

③ 《明史》卷192《杨慎列传》。下同。

④ 《升庵集》卷11《自赞》。

⑤ 乾隆《四川通志》卷46《艺文·明简绍芳杨升庵慎年谱》。

官，城上无言骑堞看。父老仓茫双泣泗，细说去冬寻甸事。弦急柱促柄倒持，首祸今朝竟何自！堂堂之阵谁主兵，喁喁公等皆儒生。贼来不敢令出哨，贼去但解抬空营。岂无雄武士，奋身思一决！咫尺辕门不敢前，怒发冲冠气嗔咽。况闻千金逐日费，连月公储已倾竭。土官抄掠尽村园，升天无梯地无穴。熙皞闾阎逾百年，太平官府真神仙。紫微迢迢华盖远，虚将敲扑威穷边。边隅一旦纷解瓦，喑呜变作擎拳者。喑呜擎拳两奈何？君不见，建武年中任校尉[①]。又不见，开元年中张虔陀[②]。”[③]在杨慎眼中，除事端初发之际莫相大人“倡大义，聚民得万余人，昼张旗鼓以示威，夜登陴共守，衣不解带，贼惮不敢入”之外，明代云南边地政府多半已经沦落为一座富丽堂皇的“太平”衙门，与嗷嗷待哺的基层民间适成鲜明对比。

此后，莫相再赴广东任职兵备道时，“海寇许折桂猖獗，相躬诣抚，谕贼归欵”。显然，他已经放弃了武力镇压策略，谋求与民生息之道。嘉靖八年（1529年），新会县“飓风折棂星门及牌坊”，莫相因之重建儒学，且撰《儒学题名记》，曰：“余以学校为养贤之所，题名为劝贤之道；矧先达文章政事，播在人口，刻之于石，多士观之，不将有所观感而兴起者乎。……多士幸生于今

图60　昆明金马坊（民国旧照）

---

① 按，任延，建武初拜九真太守，入《后汉书·循吏传》。

② 按，张氏为唐代守城名将，杨慎以之喻守州土舍陆绍先。

③ 《升庵集》卷37《恶氛行》。

日，当知上之所劝于我者何如，所以养于我者何如，而我之所以修于身者，必求无负于其劝与养，斯可也。是故，士不患乎位之崇与不崇，特患乎身之修与不修。身修矣，而位或未崇焉，名刻于石，奚其愧；使位崇矣，而身或不修，其负愧亦多矣。”①显然，由他带进衙门机关的，仍是那一份“必求无负于其劝与养”的为政要典。

莫相之弟莫普（1476—1550年），弘治十五年（1502年）拔贡生，后由太学生判四川重庆府，“为政勤恪，务持大体，尤长于谋划，捕盗有方，擢知云南剑州，倜傥不群，见者称能吏”②。长子莫世英，任儋州同知；次孙莫能及，隆庆元年（1567）恩生，任昭平教谕，升广东澄海主簿，皆能秉承先祖之内。

到了清代，增贡生八品修职郎候诠训导莫敬堂总结家史，作《劝戒俚言百字箴》题刻于兴业县山心圩“尧世社”，以为家族精神财富，其文曰：“劝戒同人好，辛勤仔细寻。百行先尽孝，万恶首除淫。俭朴持躬宝，和平处世针。居家须忍让，许国矢忠忱。和善留余庆，修为惜寸阴。读耕宜勉力，富贵定来临。勿作刁唆事，休存巧诈心。吸烟甘废业，赌博自抛金。少饮身毋困，息争祸不侵。再能公且正，天地鬼神钦。”虽然它只是一种以“俚言”的方式警诫后人的家族谱牒文献，但是，它显然也是前代家族精英治政的历史总结，更是这个少数民族家族廉政知识的集体结晶。

第二节　后土司时代的西林岑氏父子

现翻开1888年纂成的《西林岑氏族谱》，其开篇曰：“岑耀，周文王异母弟，助武王克商，授子爵，生子渠。渠，耀之子，封于岑亭，子爵。”③将岑氏的起家渊源追溯到了周朝。此外，它还引经据典，罗列《吕氏春秋》《正字通》《唐书》等各类古籍为证。但是，编者的心意，一如广西莫氏，无疑还是“汉裔情结”在作怪。

---

① 《兴业县志》，广西人民出版社，1996年，第384页。

② 雍正《广西通志》卷78《乡贤·莫普》。

③ 岑毓英：《西林岑氏族谱》，光绪十四年（1888年）刻本，第1页。

其后，自汉至元的岑氏族群发展史，则皆编纂得一如汉人家族体系，不堪深究：

汉　岑　彭　　南阳
唐　岑　参　　四川
宋　岑正淑　　广东
　　岑仲淑　　广西
　　岑景佺　　浙江
元　贴木儿　　田州
　　阿刺兰　　思恩府
　　怒木罕　　泗城府
　　阿刺辛　　镇安府

到了明代，其后人岑善忠出任泗城府第一任土知州，初建泗城土司体系，才得见少数民族治理地方政务的真形态。永乐四年（1406年），岑善忠之子岑子得到泗城府西隆县任职，次子岑子成授权分管上林长官司。由此，广西岑氏土司体系的西林分支，在广西“省尾”之区日趋成型。整个明清时期，西林岑氏共有11位世袭长官，其具体名录如下：

第一世：岑子成　　第二世：岑　保　　第三世：岑志威
第四世：岑世杰　　第五世：岑福瑶　　第六世：岑桂荣
第七世：岑　密　　第八世：岑　恩　　第九世：岑　留
第十世：岑　春　　第十一世：岑志德

康熙五年（1666年），清廷撤销上林长官司建制，新置西林县。土司体系虽不复存在，但土司衙门历经500年的政治建构，积累日久，迄于近代，更上层楼，引人关注。尤其是，在一种类似于“后土司时代”的政治文化体系里，两位著名人物脱颖而出。

一、岑毓英：“政成而吏肃”

第一位是壮族首位总督岑毓英（1829—1889年，字彦卿，号匡国）。1873年，其因在云南平乱有功，清廷赏穿黄马褂，加赏太子少保衔，时人称“岑宫保”，一等轻车都尉世职（正三品），跻身“中兴名将”之列，后受赐在西林县那劳乡那劳村建起“宫保府”。

图61　岑毓英画像（岑春蓂绘）

继母谢氏去世丁忧3年期满后，1879年，岑毓英被授予贵州巡抚职（简称黔抚）。其在任内，首先大刀阔斧整顿吏治，针对府、厅、州、县官员多达1017人的大包袱，直接裁遣五成冗员，对“官声平常、贪鄙浮躁及才庸劣、文理不通者”，一律予以坚决清减，且限期出省，足见为政的霸道作风和对贪腐的恨意。其次，对于衙门里剩下的五成官员，他还要随时察看甄别，一有不当，即不顾情面，秉公处理，一直将反腐进行到底。同时，一举撤销贵州碉屯、志书等局，并将城防、保甲、采访忠义、清查田业等局并入“善后总局”，使整个省属机构官员仅剩100多人。经过此场改革，贵州全省的行政支出即刻由原来300多万两白银每年，成功降至180万两白银每年。[①]搞好了源头治理，岑毓英就能抽出经费，改善民生，大兴公益，修缮学校。例如，他一度协同四川总督丁宝桢、四川省建昌道唐炯，在遵义县南部合力建成连接四川和贵州的铁索桥，即“乌江第一桥”，西南交通为此一新。

1881年，岑毓英以福建巡抚东渡台湾，督修大甲溪。治理海疆时，他写下诗句，曰：“甲溪如海阔茫茫，痛涉民间历是伤。昔日帝封今有奠，狂澜自此庆安详。”[②]借此情怀，他提出了以固结民心为第一要务的台防思路。而且，在接下来的日子里，他以铁的手腕推行了自己成熟的治台方略：一是从管好衙门开始，整顿吏治，革除贪官污吏，惩治地痞恶霸，减轻人民负担；二是开源节流，荒政与廉政并举，多方筹资，赈济灾民，取得了抗击光绪七年（1881年）地震、飓风灾害斗争的胜利；三是“开山抚番”，改善当地紧张的民族关系，和同一家，在宝岛重建国家认同；四是疏浚大甲溪，建成大甲溪桥，既方便百姓出行，又确保军事文报和防务征调的畅通无阻；五是调整闽台航道，鼓励商民的贸易往来，强化与台湾的军事联系；六是精简兵勇，裁汰羸弱，提升驻台部队的作战力；七是在台北、基隆等要地修筑炮台、营碉，增添军事设施，提高台湾的御敌能力。历经以上的开发经营，终至1887年，宝岛台湾正式成为中国的一个省级建制。

1882年其到任云贵总督后，西南边疆事务日趋紧急。面对法军的入侵行径，他一再强调：“疆界可分，而北圻断不可割；通商可许，而厂利断不容分；土匪可驱，而刘永福断不宜逐。”[③]为此，他又整顿营伍：一是汰弱留强，提高战斗力；二是减少军员，改防勇为练军，用练军接换驻黔湘军，将其前任按全省兵额一半所招的新兵作为守兵，其余从防勇中挑补，不再另设勇营，以节军费；三是制定练军章程12条，严明军纪，打击不法；四是足额发放军饷（此前只发三五成），激励军功。结果，基于此强硬的政治态度和严谨治军的作风，岑毓英率领西线军，先后取得宣光、临洮大捷。中法战争结束后，他又参与中越边界云南段的勘划工作，常与法方代表反复辩论，争回了曾沦入越南的部分

---

① 参见韦玖灵《壮族哲学思想》，知识产权出版社，2017年，第223页。

② 《壮族哲学思想》，第214页。

③ 王彦威、王亮辑编：《清季外交史料》卷31《滇督岑毓英等奏法越交涉法愿调停请豫筹善法折（附上谕）》，李育民、刘利民、李传斌、伍成泉点校整理，湖南师范大学出版社，2015年，第606—607页。

土地，为捍卫祖国领土完整立下功勋。

因久居边关，岑毓英染瘴成疴，且长期行军作战，故无暇调治。光绪十五年（1889年）五月初八日岑毓英病逝于昆明任上。朝廷赏银千两治丧，且令其同父异母弟岑毓宝（1841—1901年，字楚卿）署理云贵总督。岑毓英去世后与早逝的原配夫人江氏（西林县洞坚寨赠武将军江毓鲸四女）合葬于桂林尧山。清廷追赠岑毓英为太子太傅，谥“襄勤”，入祀贤良祠，并于云南省建立专祠；且对于其子孙，特予恩典：“伊子山西即用道岑春荣，著遇有道员缺出，请旨简放；候选同知岑春煦，著以知府选用，应升之缺升用。前工部郎中岑春煊，著以五品京堂候补。监生岑春蓂，著俟服阕后由吏部带领引见。岑春荫并伊孙岑德纯，均著俟及岁时带领引见。”①

次年六月，光绪帝《谕赐祭文》，曰：“朕惟执金提鼓，一方资戡乱之功；开府建牙，万里重筹边之寄。良才难得，正倚畀之优隆；遗疏上闻，忽老成之凋谢。爰颁奠醊，以示哀荣。尔原任云贵总督岑毓英，沈毅有为，公忠卓著。起家丞佐，奋迹戎行。早怀投笔之思，旋荷秉麾之任。属天方之日肆，乃露布之星驰，率江东子弟之兵，拯滇国人民之患。唱筹以济，饥军无异乎饱腾；传檄而前，骄将亦乐为驱策。更平苗而奋武，同扫穴以擒渠。迅奏肤公，叠膺心简；聿加勇号，载锡宫衔。炎徼提戈，历大小之数百战；长城卧鼓，绥边陲者二十年。既寇息而民安，亦政成而吏肃。何意大星之陨，实深朝露之悲。于戏！洱水苍山，缅丰功而犹在；椒浆桂醑，招灵爽以如来。懿此洁蠲，庶其歆享。”②

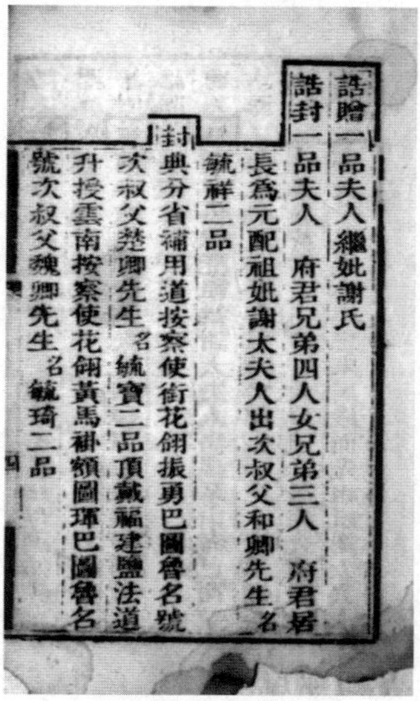
誥贈一品夫人繼妣謝氏
誥封一品夫人　府君兄弟四人女兄弟三人　府君居
長爲元配祖妣謝太夫人出次叔父和卿先生名
毓祥二品
封典分省補用道按察使銜花翎振勇巴圖魯名號
次叔父楚卿先生名毓寶二品頂戴福建鹽法道
升授雲南按察使花翎黃馬褂額圖琿巴圖魯名
號次叔父魏卿先生名毓琦二品

图62　岑毓英诰封汇编

后来，光绪帝又草《谕赐入祀贤良祠祭文》，且为其墓撰《御制碑》，曰：

朕惟经文纬武，岩疆资戡乱之才；刻石铭金，朝庙重酬庸之典。生则倚为岳渎，殁犹感乎星辰。爰贲丝纶，用光琬玉。尔原任云贵总

① 《岑毓英集》卷1《上谕一道》，张声震编，广西民族出版社，2005年，第1页。
② 《岑毓英集》卷1《上谕一道》，第1页

督岑毓英，性情果勇，才识沉雄。远衍派于棘阳[①]，早蜚声于黉序，得充国筹边之略，奋班超投笔之思；杀贼以卫乡闾，转饷而充军实。始官丞倅，洊绾藩条，节钺诞膺，滇黔用抚，徙八闽而回翔，两载镇六诏而坐领兼圻。受先朝特达之知，作两世中兴之佐。揆其成绩，厥有武功。当夫回寇乱常，疆臣失驭，张灯元夜，潜生衷甲之谋；挺刃节楼，遂见裹尸之惨。几全城之尽覆，无一旅以相持。维尔孤忠，力支危局，誓灭幺么之众，重劳子弟之兵，飞书而召外援，开壁而示内定，妖氛迅扫，行省重安。洎大理之陆沉，正中原之云扰，鞭长莫及，久纡廊庙之筹；霆震而前，遂夺潢池之气。孤军深入，大敌频摧；黑水斫营，朱波攻隘。邓士载缘崖攀木，险径潜趋；檀道济唱筹量沙，敌人惊遁。水鲸风动，羌助战于昆明；火牛电驰，等解围于即墨。聿宣武节，屡下坚城。九攻而魁党离心，三捷而贼酋授首。肃滇疆以底定，纾魏阙之忧悬。嘉乃壮猷，膺兹懋赏。中黄荣夫赐服，孔翠耀以垂冠。世职三加，官衔两晋。锡赳桓之勇号，名纪丹毫；眷飒爽之英姿，恩隆紫宸。属有边事，深藉老谋。画瓯脱而定疆，开关门而互市。机宜默运，巩南徼之屏藩；威望兼资，胜北门之锁钥。方山邮之阅武，鼓角周临；何烟瘴之中人，壶头重困。忽披遗疏，弥怆中怀。赠太傅则优予崇衔，列贤良而并隆秩祀。专祠许建，慰遗爱于边人；佳传特详，录成劳于国史。擢尔弟而陈臬，甄诸子以及孙。兆域待营，帑金载赉。综生平之勋业，赐嘉谥曰“襄勤”。礼备饰终，荣加制诔。于戏！蛮疆万里，应多堕泪之碑；华表千年，视此铭功之石。钦承休命，勿替后昆。[②]

《清史稿》论其人其事，曰：“毓英与滇事相终始，跋扈霸才，竟成戡定伟绩，信乎识时之杰，能自树立者已。”[③]显然，身为土司后裔，远离中央朝廷政局，坐镇一方，在外处事多便宜行事，既灵活多变，果敢刚勇，又颇多专横独断，风格硬朗，不似汉族儒官敬重虚名，顾念声誉，按章办事，繁文缛节，上行下效，因循苟且，皆形同“木偶衙门”。所以，岑毓英严治吏员、戡定滇事、申办台防等为政大略，除了将道德文化带入衙门，也给晚清渐趋腐朽的文官系统注入了新的活力。

---

① 按，《西林岑氏族谱》称“世居南阳棘阳。”

② 《岑毓英集》卷1《上谕一道》，第2页。

③ 《清史稿》卷419《岑毓英列传》，中华书局，1999年，第3190页。

二、晚清“官屠”岑春煊

第二位就是岑毓英之子岑春煊（1861—1933年，字云阶，号炯堂老人）[①]，始以恩荫入仕，参加甲午中日战争和维新变法，历任广东布政使、甘肃布政使、陕西巡抚、山西巡抚、四川总督、两广总督、邮传部尚书等职，与直隶总督袁世凯并称“南岑北袁”，还创办山西大学堂，一度与军机大臣瞿鸿禨等发起“丁未政潮”。后来，投身护国运动，主倡南北议和，晚年隐居上海。

岑春煊性格多变，敢作敢为，因排行第三，故幼时得名“颠三”。在京读书期间，据汤用彬《新谈往》载：“春煊少跅弛，自负门第才望，不可一世，黄金结客，车马盈门，如宴也。”与劳子乔（大学士劳乃宣之子）、瑞澂（大学士琦善之孙）一起，被时人称为“京城三恶少”。[②]看来，岑春煊身为“官二代”，恶习颇多，但其父之变通果敢，其土司世家之专断传统，已见端绪。甲午中日开战后，岑春煊两次上奏，毅然“自请效力前敌”[③]。维新变法运动中，先后参加上海强学会和北京保国会，且于1897年2月与康有为等人筹建桂林圣学会。

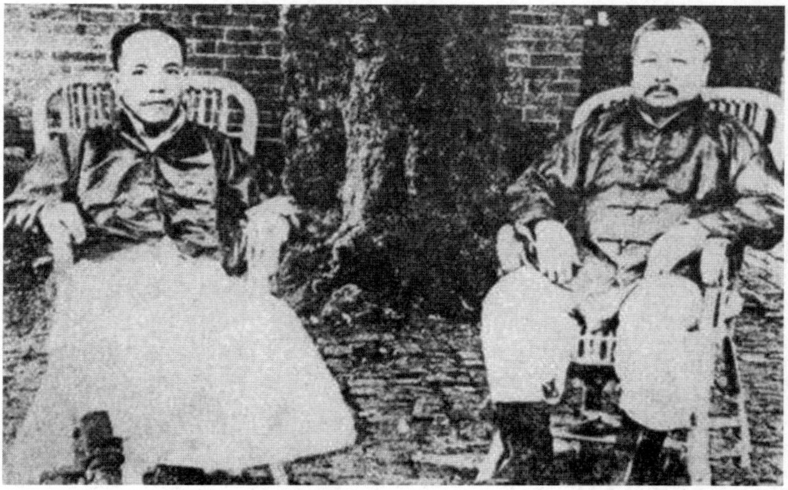

图63　梁启超与岑春煊

---

① 按，岑氏一门三总督：岑毓英、岑毓宝、岑春煊。

② 徐一士:《一士谭荟·岑春煊》，中华书局，2007年，第198—206页。

③ 荣孟源、章伯锋:《近代稗海》第1辑《乐斋漫笔》，四川人民出版社，1987年，第83页。

1898年夏，受光绪帝召见，慨然提出兴学校、练新兵、讲吏治、信赏罚、掌实权等建议。后来，戊戌变法大举裁撤冗官，即是此次建言的直接产物。①

1898年8月，岑春煊擢为广东布政使，他以吏治改革作为突破口在地方推行变法。一是大刀阔斧地裁撤各闲散机构和人员，甚至把两广总督谭钟麟(1822—1905年)②总督衙门中的文案也予以裁并。二是拟对谭钟麟的亲信、知府王存善罢官严惩。三是与在京的维新派人士遥相呼应，由宋伯鲁递呈了康有为代拟的《请惩办谭钟麟折》，请革阻挠新政的旧派首脑。最后，谭钟麟被免去两广总督之职。岑春煊以藩司弹劾制宪，有清一代，几为仅有，其人亦始以刚直闻世。四是放眼全国，提出“固民”方能“御侮”的外交新策。五是极力主张“苏民困”，强烈提出取消“昭信股票”，查禁米粮出口，抑平粮价，防止白银外溢，设彩票招商局，集民款自修粤汉铁路，防止外资渗入，让商人“自购战舰”等一系列建议。

为官期间，岑春煊被誉为“官屠”、“满洲虎”和“肝胆总督”等。其中，最响亮者，当属“官屠”。他与“财屠”张之洞、“人屠”袁世凯，合称晚清“衙门三屠”③。这之中的原因，就在于他每至一省，必大肆纠弹，“上下皆股栗失色”④，官场已是“谈岑色变”。例如，出任四川总督期间，一度准备弹劾300多名地方贪官，后因担心“官倒”恶果，才有所保留地弹劾了40余名。现统计，他一生整顿官场，弹劾同僚“上自抚院，下至典史，无皆不有”，且“上疏以后两广用人，吏、兵、工部不能持其权”⑤。单单在粤督任内，他就先后参罢1400多名文武官员⑥，以致出现“官不聊生”的局面。其中，有名可查的，就包括两广总督谭钟麟、厘金局总办道员王存善(俗称“王半城”)、广西巡抚王之春、广西提督苏元春，南宁府知府惠荣、知县姜思燮、知县华照、管带杨发贵，右江道道员易顺鼎，代理象州知州周朋寿、副将张兴国、知县陈景华、

---

① 参见郭卫东《论岑春煊》,《近代史研究》1988年第2期。

② 字文卿，湖南茶陵人，咸丰六年(1856年)进士，1895年调任两广总督。世称“茶陵三谭”(谭钟麟、谭延闿、谭泽闿三父子)。

③ 尹传刚:《“官屠”岑春煊与丁未政潮》,《文史天地》2011年第4期。

④ 胡思敏:《国闻备乘》，上海书店出版社，1997年，第14页。

⑤ 刘声木:《苌楚斋三笔》，白化文主编《中国近现代历史名人轶事集成》第3册《岑春煊卷》，山东人民出版社，2015年，第363页。

⑥ 吴永:《庚子西狩丛谈》,《中国近现代历史名人轶事集成》，同上。

图64　岑春煊父子（载李提摩太《亲历晚清四十五年》）

陆路提督程允和、知州徐仁杰，粤海关书办周荣曜，南海知县裴景福等人，且还一度将矛头直指朝中的亲王奕䜣、奕劻，御前大臣载振等当朝权贵。[①]

“屠官”过程中，最著名的是裴景福案和周荣曜案。1903年，岑春煊莅任广州，立即指控南海知县裴景福（1855—1926年）[②]贪污24万银圆。为此，裴景福逃往澳门避难，被交涉引渡回来后，终以查无实据，未被处死刑，只是发配新疆。其中，裴景福一度负责查抄康有为家宅，且发现了岑春煊与康有为的往来书信，故民间盛传此案为恶报之索[③]。1904年，岑春煊受命兼任粤海关监督，查出海关库书周荣曜私吞公帑数百万两，并与朝中勾结，后其为逃避追查，在亲王奕劻的安排下，改派为出使比利时大臣，期于逍遥国外。为此，岑春煊趁势发事，弹劾其罪，没其收全部财产，周荣曜只身逃往暹罗。[④]“丁未政潮”期间，岑春煊犹以此案直指庆亲王奕劻，惊动朝野。

1932年，淞沪抗战正酣，岑春煊捐资三万元支持十九路军抗日。次年4月27日逝于上海，有《遗言》曰：

民国初元，息影上海，窃谓共和国已立，势无可翻，理自拥护。观袁氏柄

---

① 参见侯宣杰《“官屠”岑春煊》，载《南方周末》，2011年12月9日。

② 字伯谦，安徽霍邱人，光绪十二年（1886年）进士，二十五年（1899年），调任广东南海县任县令。

③ 参见林广志《晚清粤澳政治博弈——小闱姓饷项纠葛与卢九之死》，载《西学与汉学：中外交流史及澳门史论集》，上海古籍出版社，2009年，第279—284页

④ 李文杰：《中国近代外交官群体的形成（1861—1911）》，生活·读书·新知三联书店，2017年，第469页。

政作威，甚至称帝，前欺清廷孤寡之余，后戮民党俊秀人士。激于义愤，遂尔兴师。护国、护法两役，春煊从国人之后，以勘定祸乱于一时者。职是之故，十载以来，幸还初服，党国蔚然，与观厥成，老朽余年，冀享治平之乐。国家多故，又成鱼烂之形。道路之言，举谓一党专政，弊端绝大。党费出自国币，纵容无数血气未定、学问未成之青年，使之干涉百政，刍狗万物，欲国无乱，何啻却行求前？况乎后十年之政权，都在此辈青年之手，今以修养迫之，期用于不成熟无意识之政党运动，此其断丧社会之人材，虚耗国家之元气，预造未来国家之恶运，尤为无可恢复之损害乎！近自东北告变，国难日深，政党各有指责，春煊以为阳九之会，事属非常之原，国民党独任其艰，应须国民同情顺受之处，亦何止一二数？独至一党之樊，关系太大，如不改弦更张，足以断送国家而有余。春煊与党同一国家，各有子孙。心所谓危，何敢不告？春煊今年七十有三，近以心脏衰弱，遂形肿胀，气息仅属，百念俱灰。儿辈叩请遗言，顿有感触。吾家三世服官，素以清廉自励，既无长物，何用安排？且诸儿多不率教，后惟听其自立，生平耻怀溉犊之爱，临终安用贻谋之谈？惟国家事属一体，为首当为国，而为国之要，不外“贤者在位、能者在职”二语，以党限之，势难尽就！前此任潮(李济深)、德邻(李宗仁)两君来访，曾为郑重揭橥是义；垂尽之声，仍不越此。儿曹其此公布于是，供奉国贤豪长者之参考。国是有豸，无任悚惶。[①]

对民国时局官场积弊——“纵容无数血气未定、学问未成之青年，使之干涉百政”，洞若观火！对“贤者在位、能者在职”的宦海总结，也确立起后土司时代西林岑氏的新家训。

辜鸿铭(1857—1928年)被称誉为中华“最后的儒家”，论及岑春煊，说:“像乃父一样，岑春煊也是一个厉害角色。他是德国人所谓容克党的党员，他的家族也来自蛮荒的仍处在半开化状态的广西省，即中国的波美拉尼亚。因此，他跟俾斯麦首相一样，是一个真正的中国波美拉尼亚的容克。……岑春煊是一个坚强有力、忠心耿耿的狂热保皇派。他主张对雅各宾党人和革命派以快刀斩乱麻的方法迅速处理。但是，正如弗里德里希·威廉1848年在谈论俾斯麦时所说的那样，岑春煊在当今中国是个不合时宜的人。目前中国正处在变革时期，需

① 《岑春煊文集》，何平、李露点注，广西人民出版社，1995年，第444—445页。

要的是善于妥协与和解的建设性政治人才，而岑春煊则太过强硬、不屈不挠，因此难当大任。”[①]此语是否妥当，姑可不论，但作为同时代人，重视儒家方法论的辜先生，的确看清了“官屠”先生的家族渊源、地缘内因和时代发展！

历史学家吴相湘先生（1912—2007年）认为：“岑清劲刚直的作风，在晚清腐败的政风中确是难得的。民国以来，国民党、进步党利用其为袁世凯政敌及陆荣廷知己等关系屡与提携，实在是很难得的机会，可惜他的见识有限，又无政治理想，以致每有可为而卒无可为，终为武人政客所包围，几不能自拔。新潮激荡，旧官僚在过渡时期的作用毕竟有限，由此可见。”[②]虽然岑春煊的政治理想有限，未能成就大业，但“官屠”一语及其象征意蕴，“在吏治腐败的清末和政局诡谲的民初”[③]，既属难能可贵，且对于今日广西机关道德建设工作，亦足资于参考和借鉴。

总之，岑氏两父子处于中国社会转型和中华帝国传统官僚系统变革之际，承续土司制度的政治遗风，以西南少数民族士人的身份先后致力于吏治改革，大刀阔斧地改革官场弊政，的确让人在晚清的颓势中，总算看到了几份悲壮的拯救，虽然其中也不乏政术谋略的私意。尤其是，今日坚持“广西现象”论者，理当多加熟悉这些少数民族廉吏“进衙门”的故事及其现代意义。

附录　晚近“衙内衙外”覃震声

中华覃姓有4个源头[④]，其中，岭南覃氏多半是南方本地少数民族，并非都是协助大禹治水的伯益子孙。有了这一分别，今人才能发现近现代时期的覃震声（1888—1945年），也是少数民族干部践行德政的杰出代表。

---

① 辜鸿铭：《中国人的精神II》，黄兴涛等译，海南出版社，2007年，第93页。

② 吴相湘：《民国政治人物》，东方出版社，2014年，第89页。

③ 桑兵：《庚子勤王前后的岑春煊与保皇会》，《近代史研究》2001年第6期。

④ 按，一是河南温县，古称覃怀；二是春秋时代的谭姓，后避祸改姓覃；三是鄂西南山区的土家族瞫姓；四是南方少数民族的皇覃氏，后简称覃氏。

一、“为民覃知事”

覃震声，原名覃家荣，广西兴业县城隍镇龙潭村人。自幼勤奋好学，熟读诗书、经史，甚得私塾先生称赞，且持续养成谦卑为怀、正气于胸的禀性；精于书法、诗赋、楹联，卓尔不群。1927年，黄绍竑出任广西省主席，为剔除腐吏，革新政事，力举新人，在全省范围举行县级领导干部的选拔考试。当时，覃震声在广西课史馆学习，决定前往赴考。据《黄绍竑回忆录》载，考试于1928年春间举行，应考者虽有100多人，但最终仅录取15名。而且，昔日学究式人物全部落榜，录取者皆是富有新知、崇尚新学的青年。其中，覃震声成绩优异，名列前茅，后被选派出任广西天河县县长。

上任后，覃震声力施新政，明慎修德。为详尽掌握本县实情，他抛弃旧衙门的官僚作风，只身一人深入县内各地，微服私访。几日下来，覃震声发现，作为一个仫佬族聚居的民族地区，天河县公共卫生条件状况极差，全县城乡无一所像样的厕所设施，牲畜栏舍也随意搭建，人畜粪便到处乱撒，满县狼藉一片，污气熏人。此种状况，有其历史渊源，频见于古代汉人记载。例如，乾隆版《柳州县志》卷二载：“饕餮血食，腥秽狼藉，因以狼名。”《兴业县志·风

图65　覃震声故居遗存

俗篇》亦云："猎山而食，卧惟藉草，狼藉居室中，是名俍也。"显然，因其所居环境之"狼藉"与不检点，汉人一度以之论其族性，嘲之为"狼人"[①]。覃震声认为，卫生状况是人身健康之基本，此习不改，其他事宜定当更难善从。而且，不但要改，还要加以利用，变废为宝。于是，治县先治污，他一边组织宣传城乡清洁运动，一边制定政策，申令地方务必改善厕所及牛栏猪圈，既要合于卫生，不至污脏，也要利于积肥，以便施田。同时，他还躬身力行，亲自参加城乡地方建设，与乡民共建牲畜圈舍，清理大街小巷的污物污水。一县之长参与此等脏累之事，在当时的百姓看来，实在非同凡响。不过，他的行为极具感召力，父老乡亲们纷纷效仿，相互监督，逐渐改变了民族地区的城乡卫生面貌，促使人们养成卫生习惯。其次，覃震声又发现，天河县文化落后，医疗设施奇缺，县街上多有流浪盲人、乞丐等居无定所之人，是影响基层秩序的不稳定因子。于是，他修改公共服务政令，缩减其他政务开支，斥资建立养济堂、忠义堂、问字处和诊所等机构，专门收容、治疗和教育孤苦伶仃之人，为群众问字、代写书信对联提供方便，且鼓动本地富有乡绅和社会组织捐款捐物，协助政府收容、抚养与救济。

1928年，桂西地区久旱无雨，庄稼几无收成，百姓生活艰辛，食不果腹，饥肠辘辘。为减轻黎民负担，他两次赴省城为民请命，向省政府申报请准免除或减轻1915年确立的耕地赋税。但是，省政府因故没有批准。听到此消息，天河县内一时怨声四起，有人甚至开始携家外迁。无奈之下，覃震声再度第三次奔赴省城，详呈天河县乃至桂西地区灾情及民生社稷状况，力请省府豁免1915年广西全省整改田赋时所增纳的旱地赋税。几经努力，此事终于得以成功，全县百姓得机治荒抗灾，崛起自救，终于度过饥荒。所以，当覃震声卸任离职时，全县绅民夹道欢送，长达里许。当地后来流传一首民歌称颂他，曰："为民覃知事，我们歌颂你；祝你永安康，万事均如意；而今你荣归，欢送一里又一里；道途愿保重，安平归故里；再会知何时，盼望难舍意。"[②]

① 按，"狼人"实为"俍人"。据黄现璠、覃乃昌等学者考证，岭南民族方言中的"俍"，一如汉语"郎"，是土官、酋长和头目的总称。参阅黄现璠《壮族通史》(广西民族出版社，1988年)、覃乃昌《壮族稻作农业史》(广西民族出版社，1997年)。

② 胡维清:《玉林儿女风采》第2集，南方出版社，2011年，第61页。

二、智斗民国县衙

覃震声早年考取广西省立法政学校，外出读书和后来在外地任职，少有机会反哺家乡。1930年，覃震声离职回到兴业，一度居留数年，对家乡多有建树和关怀。第一，覃震声得知村落乡镇只有少数有钱人能聘请私塾先生教育子女，其他人都因家境贫寒无力延请教师。加上地方政府财政吃紧，乡村又无小学等教育机构，致使失学者越来越多，他们流荡街头，不务正事，村风民情日趋衰落。于是，他召集地方有名望者和各族族长，专门商讨青少年教育之事，提出创办乡村小学。而且，他带头捐献稻谷30担，又从覃氏宗祠财产中抽支款项作为办学经费。在他的号召下，大家一呼百应，选文祖祠作为校址，经过数月筹建，“龙潭小学”教学楼落成。覃震声挥笔题词：“科学救国，造福后代。”由于覃震声的声望，一些邻近县镇的教师欣然前来任教，村里小孩也纷纷入学。不过，仍有一些家境清贫者，迟迟不敢送子女前来报名。得知此情后，覃震声便与大家商量，对家庭困难的子弟给予免交学费的待遇，经费全部由宗祠财产支付。如此一来，闲落于家中和流失于社会上的孩子才得以就读。后来，龙潭小学影响越来越大，就连合浦县也有人送子女来就读。

第二，1933年，柳州人钟尧勋任兴业县长。上任伊始，他便四处拜访土豪乡绅，对各级来访官员也都一一备礼回访，在衙门里将裙带关系和势力范围

图66　兴业龙潭小学

经营得妥妥帖帖。其后，就上下其手，贪赃枉法，鱼肉县民，县衙一变为他自家的园所。百姓深受其害，苦不堪言，一时群情激奋，怨声载道，但敢怒而不敢言。应当说，这也算是古代中国延传下来的弊政。在古代社会，君王拥有生杀予夺的大权，其下各级官员代理治政，是所辖百姓的"父母官"，对百姓拥有多方面的"绝对权力"。一旦官民发生冲突，多半官官相护，终致民众告状无门；即使得告，也还是"胳膊拧不过大腿"，多半会落得个凄惨命运。俗云："民不与官斗"；"无事见官，脱落四两肉"；"八字衙门朝外开，有理无钱莫进来"……这些传统民间表达，也算是中国基层民众总结出来的政治常识。兴业县本地亦有此类政治古谚："斗官穷，斗鬼窒。"贪官一如利鬼，与官斗者，无异于自寻死路。但是，覃震声听闻故乡败政后，却不顾乡土禁忌，大义凛然地说："怕他做甚，我来出头！"毫无惧色地开始了"反钟"斗争。于是，他先从省政府获得督办大权，再深入县里乡下，询问百姓，调查取证，写成数十页厚的状纸，详尽罗列钟尧勋的种种恶行和为官劣迹，集中以10条罪状将其诉至省政府。最终，事实清楚，证据确凿，钟尧勋被革职查办，县城百姓无不欢呼雀跃。

第三，1941年6月，兴业新任县长郑配天到职。郑配天毕业于上海同济大学政法系，通晓政治法律，精于官场治事，在学识上也颇具文才，可算是一时之俊才。但其人性情高傲，恃才傲物。此前出任三江县县长时，已因孤心傲气，强调等级身份，视民如寇，为同僚和民众怨恨。如今，他调至兴业，仍官气十足，狂妄自大。首先，平职调任，他却视同高升晋级，大搞排场，一行人浩浩荡荡，车马簇拥，开往县衙。下车至府，即刻附会风雅，挥笔晒墨，写下对联，曰："兴来西伯配，业至桥摸天。"[①] 并叫人贴于县衙大门，以示个人抱负。当时，因不满国民党政府的消极抗日态度，覃震声刚从苍梧辞官居家。此事传入耳中，他不由拍案大怒，曰："此人真是'夜郎登基，狂妄自大'。"原来，对联将"兴业配天"4字嵌入首尾，内含地名、人名，前连后合，寓意深远：作者自称比肩西伯，政绩功高至天。据古史，西伯文王施行仁道，爱民养民，轻刑罚，薄赋税，引得万众归心，创兴周朝800年基业。郑配天为官多年，劣迹斑斑，早已"驰名"两广。如今上任伊始，只事未做，就好大喜功，虚妄地把自己比作西伯文王，真不知天高地厚。

---

① 《玉林文史》第3辑《覃震声轶事两则》(黄焕廷撰)，2003年印制，第298页。

另外，兴业县衙门前有一座登云桥，乃明朝“东山村”廉吏何以尚（1528—1579年）督建。据《明史》载，何以尚官至三品，与清官海瑞（1514—1587年）共事、齐名，刚正不阿，怜惜民生，政绩卓绝，深受百姓爱戴。① 郑配天略知乡土历史文化，想借步登云桥飞黄腾达，实有辱先贤。于是，覃震声取来笔纸，在原联上各加两字，将其巧妙改成：“兴来西伯何须配，业至桥摸岂有天。”新联送至县衙后，郑配天顿时恼羞成怒，暴跳不已，心存报复。不过，覃震声为官清正，德隆望重，很受民众拥戴，郑配天亦无可奈何，最终叫人撕去对联了事。其后，其孤傲之性多有收敛。②

总之，覃震声为家乡建校也好，两斗民国“县衙”也罢，它都提醒着官员干部，一个人手中有了公权，为家乡干好事，既不能让它做成“乡愿式”的以权谋私，为了某些家乡利益而有损于他人利益，又不能将道德建设工作仅仅限定于个人的在岗在职之域——身子虽然离开了机关衙门，但骨子里仍旧要保持为官的责任和使命感，既能让道德顺利地“进机关”，又能自然地“走出来”，而绝不是牢牢地紧关在衙门里，聊作文化欣赏的看物！

三、为抗战“留一滴清泉”

1940年，抗日战争进入相持阶段，中国半壁河山落入日寇手里，中国共产党领导全国人民顽强抗战，艰苦卓绝。与之相反，国民党政府节节退缩，消极抵抗，对战区难民的无衣无食、流离失所，视而不见。而且，“前方吃紧，后方紧吃”③。龟缩在战时“陪都”重庆的国民党达官贵人们，个个终日酣歌醉舞，通宵达旦。甚者，上下其手，假借抗战名义，不顾民族危难和人民死活，鱼肉百姓，横征暴敛，大发国难之财。当时，兴业县城隍镇一带，国民党搜刮剥削，致使民穷财尽，无以聊生，加之瘟疫四起，百姓无钱就医看病，病入膏肓，穷哭恶嚎之声惨不绝耳。一日，一农民入山砍柴，偶然发现一口山泉，便取水解渴。回家后，疾病转好，数日后竟然痊愈。此事迅速传开，能

① 杨天保等：《符号与象征——广西廉政故事的现代阐释》第二辑《东山何》，广西人民出版社，2015年，第65—78页。

② 《覃震声轶事两则》（黄焕廷撰）。

③ 辛远：《最新实用对联大全（大字版）》，中国盲文出版社，2013年，第54页。

有机会获得“仙水”“仙泉”，霎为人间向往。

有鉴于此，覃震声与地方绅士族长商议在泉井之处修建庙宇，遮阳避雨，以供取水百姓歇息。后集资筹款，建起一座庙宇，取名“仙泉庙”。当时，覃震声写下长联，曰：“举国病贪污，留一滴清泉，俾革面洗心，又何必疑神疑佛；神州悲浩劫，剩半方净土，以怡情养性，遑论他为汉为秦。”[①] 岭南民间信俗系统中，山泉洞井类的信仰不胜枚举。其中，著者有容县杨妃井，博白绿珠井，玉林瑞泉，梧州冰泉，桂平乳泉，贵港谷公井、陆公井，昭州梅公井感应泉、北流葛仙井等。一井一故事，一泉一智慧。诸多信仰是八桂治农、治学、治疆等的文化符号，承载了推进地方治理和社会发展的价值取向。[②] 因此，覃震声在抗战时期疾呼的“一滴清泉”，弥足珍贵，既是传承又是创新。

是年冬，日寇遭到我国军民的奋力抵抗，从南宁、钦州和防城等地撤退后，南宁光复。为慰问抗战有功部队及沦陷区民众，“郁林五属”组建慰问团，由郁林县临时参议会副议长蒋毅庵为团长，兴业县临时参议会副议长覃震声为副团长，一行共11人，前往南宁劳军。慰问团从郁林县出发，途径兴业县。按中国传统惯例，覃震声略尽家乡地主之宜，在参议会食堂招待大家吃晚餐。国难当头，众人围聚一桌，十余个家常炒菜，青菜萝卜一类蔬菜占了十之八九，且尚有汤水2盆。招待简朴，既是社会经济、时代变故使然，更是覃震声俭朴的本真体现。第二日，一行人开往贵县。从郁林起行始，蒋毅庵身为团长，乘坐双人抬轿，身边还备有一名勤务员，一路悠闲安逸，余者都是步行。其中，身为副团长的覃震声年逾50岁，既无贴身随从，还自背行李，徒步上路。而且，从兴业到贵县，加之从南宁到龙州，往返计1000多里。覃震声既不坐轿又不骑马，还一路同代表们谈笑风生，着实让大家吃惊不小。于是，有人就询问，身为参议会副议长、副团长，怎么不坐轿？人家蒋团长跟你一样，同为副议长，却能坐轿，多么舒服。覃震声听后，正色道：“轿子是用人抬的，大家都是人，人与人是平等的，官与民也同样平等。何必辱使别人抬着走呢？”[③] 官民不平等，旧式官僚高高在上，如何能躬身为民，清廉为政？

① 胡维清：《玉林儿女风采》第2集，第63页。

② 杨天保等：《符号与象征——广西廉政故事的现代阐释》第三辑《山泉洞井》，第92—126页。

③ 中共广西壮族自治区委党史研究室、广西壮族自治区民政厅编：《中共广西党史人物传》第二辑《覃震声》（周擎天撰），广西人民出版社，1995年，第229页。

慰问团行至贵县，改为乘船，沿江而上。因当年所乘之船全靠桨划纤拉，行速较慢，直到第4天才到达南宁。途径伏波滩时，遇有浅滩，行进困难。船夫一家老小全部出动，拉纤划桨，呼喊动谷，如求救命，还一边点香烧纸、燃放鞭炮，祭慰河神，以求神助。见此状况，覃震声叫大家赶紧下船，并搬下行李物品，尽量减轻船的负荷；又亲自拉纤，好不容易，大家才将船慢慢拉离险滩。其时已是寒冬，眼前的船家老小，衣单裤薄，粗粮咸菜，覃震声感触良深："船家实在凄凉，情急时只有向天呼救，求乞神灵，不知何时才能改变这种愚昧落后的状态！现在中国人大多数都贫困，饥寒交迫，只有极少数丧心病狂者发了国难财，骄奢淫逸。"①覃震声18岁那年进入桂林广西法政学校，学习法学理论、民刑律法等。毕业后，先后出任那马县、岑溪县承审员，又给林虎、李明瑞两将军当过军法官，还担任过陆川县司法官。但是，现在回忆起来，任职之区，眼见的多半是以权代法、以官压法，国家律法率成官样文章，"法律面前人人平等"彻底沦为以法欺民、贪赃枉法的幌子，"法治安邦"也不过是无济于事的滑稽戏而已。为官为政如此，国事民事意欲何为？

即便覃震声任职天河县长，励精图治，希望改变少数民族地瘠民穷的现状，但两年光景的不懈努力，结果仍无改于大局。所以，官场逐鹿，争权夺利，尔虞我诈，纵使清官一任，胸怀廉心大志，意欲造福一方百姓，谈何容易？昏暗官场，情志不合，道不同则不相与谋，覃震声既不为"五斗米"而折腰，更不做"背官吃饭"②之人。于是，他一度就毅然辞官，返回故里，且在其家门书联，曰："但因从政荒三径，悔不为农养我家。"③以示与民国黑暗官场衙门的决裂。幸运的是，在中共地下组织的争取下，覃震声后来接受了共产党的抗日主张，积极抗日，且倾尽家财支持革命斗争。1944年12月，广西地下党组织酝酿举行桂东南抗日武装起义，当时就在覃震声私家大楼设立党机关，成立兴业县人民抗日自卫军和兴业抗日武装起义司令部，桂东南抗日游击区办事处也搬迁至此地。

① 《广西玉林市文史资料》第24辑《抗日慰劳团时的覃震声》(唐翰珍撰)，1984年印制，第61—64页。
② 按，"悲观失望"的谐音，是兴业方言中讽刺那些视官如命、视利如命、以官谋利、以居官为耀之人。
③ 《广西玉林市文史资料》第24辑《覃震声烈士生平片断》(周擎天撰)，第81页。

图 67　桂东南起义司令部旧址

要之，通观其一生，覃震声立志为民，以自身的德政理念革新旧衙门，但民国时代污浊的机关风尚，终让他一度跌入报国无门的苦境。只有中国共产党及其设计创建的新中国，才为他发扬这些政治理念提供了广大空间。换言之，坚持为人民谋求利益、提供优质公共服务的“衙门”，才能真正成为实现道德建设的有效组织。

第七章

边疆“吏学”精华

南疆重鎮

广西历代的政治文明发展史，不仅为今日机关道德文化建设提供了众多丰富的人物事例和典型素材，更重要的是，古代的官员干部们，立足于地方治理和边疆治理的实际，在吏学之域，建构出一系列独到的廉政观和方法论。虽然今天广西的道德建设亦极具“现代性”考量，但是，古代广西的政治发展和吏学精华，作为一份特有的政治资源和政治遗产，今人既不能因为要倡导新意而忘却旧史，举以为败絮，弃之犹恐不及，也不能耽于复古，流恋怀旧式地不加取舍，以之为万能圣物，拿来就用。总之，一旦截断了传统链条和人文基因，或者一旦深陷于老调重弹，现代德育发展皆会是空中楼阁。

第一节　右参政的“清官”新论

明朝第16代皇帝熹宗朱由校（1605—1627年）在位时期，朱明王朝已经走到了末端，社会危机日见明显，官场腐败更是层出不穷。然而，在岭南，一篇激浊扬清的序文却让时人有诸多感动。它就是四川德阳人曾守身为《郁林州志》所撰写的一篇序，总体上以他自己在广西的治理见闻、政治得失，为西南边疆的“清官”作了新诠释。

曾守身是万历乙未科（1595年）举人，后又中进士，天启二年（1622年）出任广西右参政，分守苍梧，是地方上的一位高级长官。当时，他有位四川老乡剑门人杨于陛（字谐明），正以郁林知州摄北流县事。万历四十四年（1616年），这位杨知州做河北昌黎知县，“抚民训士，补缺兴废，重修邑志，笔削简当”，是位“文学吏治，两擅其美”的人物。[①] 他南下到了广西郁林后，刑清讼简，民怀其惠，治州犹不减昔日北国治县风采。其中，他仰慕三国郁林太守陆绩的清廉治政，写有一首现在粤西广为流传的自励诗：“炎荒之地有寒山，

① 何志利：《同治重修昌黎县志校注》卷5《宦迹》，线装书局，2018年，第162页。

图68 《郁林山水乡堡图》(光绪十五年绘制，民国石印本)

更有陆公一片石。朝夕往还唯丈亲，米颠下拜我尤癖。”[①]杨于陛后来升迁为武定府同知，适逢地方叛乱，最后兵败以身殉国，谥“节愍”，令人扼腕！清代史官将其收入《明史·忠义传》，也算是对他一生为官的好“记忆”。[②]特别是，杨知州在任期间，组织人手，新编《郁林州志》后，央请上司曾守身撰序。在这则近800字的文献里，曾参政为广西的官员和各级衙门讲清了一个廉政哲学的大问题。其文曰：

吏治惟一清耳，一清百清。或曰才佐之，非也。才自是清中事，无才则无不浊矣，又安所得清者而称之？泉之冽也涤烦，雪之凛也兆丰，清自才也。委珠于泥则浑矣，委鉴于尘则暗矣，才固未必能清也。或曰水清无大鱼，又曰举世皆浊，何不汩其泥而扬其波？彼盖有激乎其言，而暴污者遂以为口实。攫市御门，亡家败国，天下之恶，皆归吏治云乎哉！郁林故太守陆绩归之日，

---

① 《粤西诗载》卷24《题廉石》。

② 《明史》卷290《忠义·何天衢列传附杨于陛》。

舟虚以石镇之，至今号为郁林石。粤峒丁绩，蕉苎蔽体，本不佳，中贵人奏应贡，令郁林岁贡葛，扰累殊甚，墟峒悉逃。先皇帝一朝撤尽，闾阎欢呼若更生。夫一石一葛，为清几何？而光垂宇宙，泽暨穹壤，史册诧为异事。今天下尽如此石此葛，四海有不永清者乎？甚矣！清之所关重也。方今宇内外盗贼蜂起，率执言贪酷吏驱我，虽不尽然，然亦有以致之。郁林东近钦雷，西连横贵，采珠刬马，时入我疆，矧加派调发，日以绎骚兹土也，岌岌乎殆矣！诸郡邑长上奉令甲，前瞻芳轨，近监四方之乱，能亡意乎！倘不然而驱吾民以导贼，则贾胡之患，其曷免焉？杨郡守修郁林志，雅有石葛之思。首言法与所以法，予读之未畅，载读其总论一篇，约之为赋役、诉讼二事，析之为兜揽、婚姻、土田、人命、盗贼、赌博六事，语语刺骨，真可为痛哭流涕长太息，予始知其法在志，其所以法在此。允若此，则吏治清矣。昔杨氏以清白吏遗子孙，君其苗裔邪！吏治清，而天文、地理、钱谷、甲兵、官师、文献、风俗、民物、灾祥、治乱，一言以蔽之矣，以称不朽志可矣！若夫宝圭窃窕于十洞，罗望潋滟于三江，马狄血食于春秋，陶何竞爽于桥梓，文解流馨于云仍，淑闺槁形于双石，艳姿殉主于危楼，妖嫔酿乱于天宝，葛仙觅砂以冥举，李龙嘱糕而岁还，瑞凤翔辉于祇树，灵鱼吐沫于石吻，铜船耀影于江心，神鼓扬声于水面，岩蚺取精于斗胆，箐木侈坚于铁力，黄茅染瘴于病夫，胡蔓构命于讼庭，鬼门增感于征人，斯一方之侈谈，亦清客之所抵掌也。尽足标奇，卒难悉数，观者自得之。①

一、“才自是清中事”

首先，“才能”与“清廉”的关系，是曾守身关注的第一命题。他认为：“或曰才佐之，非也。才自是清中事，无才则无不浊矣，又安所得清者而称之？”传统中国选拔干部多重德才兼备，但是，在具体的操作过程中，因时代之需求变动，要么是以德取人，崇尚圣人政治；要么是“唯才是举”，偏重于标榜“能吏”。一般而论，乱世之境与王朝初期，国家对于干臣的需求剧增，怀才专精之“能吏”，多半是政治舞台上的幸运儿；持平日久，世态趋稳，道德君子粉墨登场，积累成政治上的新主角。因此，曾守身的廉政新命题，打破了“才”

---

① 《粤西文载》卷53《序》。

与“德”的旧二元格局，将“才干”纳入“道德”体系，合二为一，消解了二者的冲突，丰富和发展了中国传统德治观。

图69　玉林云龙桥狮纹石望柱(嘉庆)

换言之，曾守身为德政文化建设提供了一个响亮的“无才即是浊”的好命题。片面追求政绩固然不妥，但清官绝不是道德高尚的空谈家，清廉政府也绝不是一个无能的败绩政府，或是不作为的“清闲衙门”；只有在演绎才干、施展抱负的进程中，清廉与否，才会呈现和实现。这样一种精英政治观念时刻提醒着官员干部，清廉本身就是一种能力，廉政既非天生，也不是自然而然、唾手可得的东西，它同样需要人类的心智情感，需要培育、坚守、发扬和壮大；而个人治政的能力，也不是一种外在于廉政的东西；能称得上清廉之臣的，自然就是有能耐干大事的人。设想，如果将公权交与一帮无才之人，又怎会赢取一个清明的政局？

倘若去做一番思想渊源的考究，就会发现曾参政的廉政哲学与先秦时代墨家提出的“廉爱”理念，大体一致。《吕氏春秋·不二篇》直言：“孔子贵仁，墨子贵廉。”人人皆有私欲，所以，孔子要在人群中找出一个道德高尚之人，之后再将公权交与其人。但这既不切实际也不科学。相反，与原儒坚守“性善说”不同的是，墨子当年认为，有效之方就是在众人中选拔出能力超常者，再将权力交给其人，令其率领民众，尽其所能地治理天下。现在看来，先秦儒学强调政治合法性问题，故常以道德纲常拷问他人获取权力的正当与否；而墨家较集中关注治政合理性问题，为政者能否合理运用权力，才是治政关键。所以，曾守身的这一政治见解，源出墨家，又明显扩大了“廉政”的内涵。换言之，虽然他自己取名“守身”，顾名思义，就是要以真儒之身份，严于律己，就是要守正不阿。但是，一个人仅有这些道德品性还不够，因为一己之“廉”，对于个人而言，的确达到了“君子”或“圣人”的境界，但脱离了社会贡献，毕竟苍白无力。所以，廉政不是一份由社会品头论足的个人声誉，更不是装饰官员的花环和表面文章，它更要讲究社会效益，更要落到实处。没有“才”，就不可能有“廉”；同样，真正的“廉者”，必定就是一位“能吏”。显然，只有活生生的现实社会，才是官员“养廉”的理想空间；只有鲜明具体的社会贡献，才是检验廉政的总标尺；只有参与满足社会需求的潮流，而不是背过身去寻求一个安静的角落，“非社会性”地静心养性，才是廉政生成发展的正常逻辑；只有历经了社会锻炼，提高了个人的才识能力，才能动态性地激变出“养廉”的源头活水；只有将廉政所含有的内在“文化力”，有效地彰显为实实在在的“社会生产力”，才能称得上是“廉”的真实性功能价值。

其次，曾守身又进一步指出，“委珠于泥则浑矣，委鉴于尘则暗矣，才固未必能清也”。同样的道理，“才干”也只是形成“廉政”的充分条件，一个人的“才性”，并不是天生就带有某种“廉性”，因为一旦失去了自觉性的“养廉”观念，即便是再有能耐的人，他也不会成功成长为一个“廉吏”。说不定，他还会凭借个人的才干，蜕变成一个彻头彻尾的贪婪之徒。所以，好的才学之士，就如同珍珠、明镜一样，若是不“养廉”自爱，则一旦陷入腐败不堪的泥尘之中不能自拔，也就不会有什么“清廉”可言了。

总之，在“才”与“廉”的关系上，曾参政发扬古学，援墨入儒，提出了两个关键点：一是“廉必有才”，廉政就是个人才力发展的自然结晶，无“才”即无“廉”；二是“以才养廉”，才干是基础，也是条件，但一旦缺少了培养机制，它也不会自然而然地生出“廉”。

二、“一石一葛，为清几何？”

在明朝末年这样一个乱世里，如何才能使官员们“守身”和“为民”呢？何处又是“养廉”的理想突破口呢？这些问题一旦解决不好，社会上的不良观念就会趋势而上。例如，当时有一帮人，援引且炒作东汉历史学家班超（32—

102年)[①]的一句名言，逢人便夸口说:“水清无大鱼，察政不得下和。”[②]教人不必较真，身在衙门，稀里糊涂一点、略微腐败一点，也未尝不可。更有人借用渔父劝导屈原的言论，说：“举世混浊，何不随其流而扬其波？众人皆醉，何不餔其糟而啜其醨？何故怀瑾握瑜而自令放为！”[③]世道已经够乱了，反而还要劝他人去做一个不辨方向的随波逐流者。其实，这些想法和建议，已经彻底偷换了班超的本意，完全是不折不扣的误解。因为，当时班超说这番话的良苦用心，就在于要告诉人们，“为人有大志，不修细节”。一个干大事的人，难免有些不修边幅，不可能面面俱到，但这决计并不等于要在社会上大肆宣扬一种不讲精神原则的庸俗“调和论”。所以，对于此般“千年误读”，曾守身立场鲜明地提出了严厉的批评——“彼盖有激乎其言，而暴污者遂以为口实。攫市御门，亡家败国，天下之恶，皆归吏治云乎哉！”也就是说，不制止这些流言蜚语，这些谣传将会极具破坏性，很快就会成为他人败德辱身、无恶不作的借口，久而久之，不仅明代“吏治”这一领域会成为腐败的重灾区，就连整个社会也会深受感染，而最终让天下成为一个巨大的“贪池”。

图70　清代博白经古书院石刻匾额(同治十二年篆书)

---

① 字仲升，扶风平陵(今陕西咸阳)人，东汉著名军事家和外交家。出使西域，在西域活动长达31年，既以兵养兵，又以夷制夷，平定内乱，外御强敌，为保护西域的安全、丝绸之路的畅通，促进民族融合，做出了巨大贡献，封为“定远侯”。又有名言:“不入虎穴，焉得虎子!”

② 《后汉书》卷77《班超传》。源出《孔子家语》:“水至清则无鱼，人至察则无徒。”

③ 马骕:《绎史》卷132《屈原流放》。

为了进一步说清其中的道理，曾守身还以广西郁林的廉政历史为例，说道：“郁林故太守陆绩，归之日，舟虚以石镇之，至今号为郁林石。粤峒丁绩，蕉苎蔽体，本不佳，中贵人奏应贡，令郁林岁贡葛，扰累殊甚，墟峒悉逃。先皇帝一朝撤尽，闾阎欢呼若更生。夫一石一葛，为清几何？而光垂宇宙，泽暨穹壤，史册诧为异事。今天下尽如此石此葛，四海有不永清者乎？甚矣！清之所关重也！”在这里，他仅仅选用了三国陆绩的“一片石”和明代罢征的“一束葛”，就为官员们辨析清楚了坚持日常“养廉”的重要性。陆公的“一片石”，原本只是镇舟以防波浪的权宜之计，但就是这不经意的一个历史细节，自此就为后世留下了至贵的“廉石精神”。[①] 作为为官一方、两袖清风的集中表现，这“一片石”不仅价比黄金，而且也是最为现实的“试金石”——贪婪或廉洁，一试即知！同样，郁林因为素有土特产——“葛布”（用葛纤维织成的布），原本也不是什么上乘的东西，但是物以稀为贵，反而很受市场欢迎，结果就被指定为地方的上贡物品。此后，年年征收，民不堪扰。至泰昌元年（1620年）十一月，“诏免各州县新饷，并税课所设。初，郁林州贡葛布……至是奉恩诏尽免”[②]。贡葛的政治义务，终至明末罢废。结果，“闾阎欢呼若更生”。也就是说，这两件事，对于陆绩和朝廷而言，都是微不足道的事，但正是这等小事，以小见大，才让人看出了精神和意志，看出了一份“光垂宇宙，泽暨穹壤”的大手笔。古人说，“不以恶小而为之”，“不以善小而不为”；“不积跬步，无以至千里”。所以，如果没有养成对这“一石一葛”的关注和投入，那么就决然不会养成一种风清气正的品性。

曾守身从郁林的“一石一葛”中提炼出来的道理就是，“吏治惟一清耳”——物虽小，事虽微，但内涵丰富，关系到一方廉政，领导干部切不可疏忽。换言之，官员“养廉”要从微处落脚，从小事做起，日常生活当中皆可养就“廉性”。一个人如果平常不廉洁自律，平常不俭朴治家，平常不防微杜渐，那么，最终又怎么可能不让自己中饱私囊、监守自盗、出卖公权呢？可以说，对领导干部来说，糖衣炮弹近在身边，多种诱惑近在身边，一旦迈错一步，走错一着，自然就会成为一个关系政治立场和人生境界的大问题。很明显，要做到“出淤泥而不染，濯清涟而不妖”，超越贪欲，远离腐败，应继续

① 参见本书第三章。

② 嘉庆《广西通志》卷204，第5397—5398页。

发扬“一石一葛”的精神，时刻做好“养廉”工作；在日常生活中自觉保持高度警惕，一点一滴地从身边近处做起——养得源头清如水，日后才有活水来！

三、“其法在志”，其所以法见诸实事

为了进一步上好明代广西“吏治清明”这堂课，曾守身接着又不厌其烦地引入当时的明末政局，现身说法，教导同僚。首先，他直言不讳地说：“方今宇内外盗贼蜂起，率执言贪酷吏驱我，虽不尽然，然亦有以致之。”官场腐败的一个必然结果，就是官逼民反，民众多半都是被迫无奈，万不得已才揭竿而起，逼上梁山做了与政府为敌的草寇。在这样一个社会背景下，郁林“东近钦雷，西连横贵，采珠划马，时入我疆，矧加派调发，日以绎骚兹土也，岌岌乎殆矣！”正因为交通便利，特产富有，郁林就难免其祸，常常是他人窥视的对象，深受其害。所以，他告诫“上奉令甲”、守土一方的郁林地方官员，是“前瞻芳轨，近监四方之乱”，去做一个立志为民、与民为伍的干部呢，还是“驱吾民以导贼”，成为与民众反目为仇的祸首呢？这都要有一个清醒正确的选择。换言之，曾守身认为，郁林的“吏治”是否清明，“其法在志”；只有志存高远，不为乱世所诱惑，“则吏治清矣”。因此，“养廉”就是“养志”，这也就是孟子所谓的“我善养吾浩然之气”。

当然，一个人静心养志，仅有这一点还不够，因为做官任职，还要有自己的社会责任和历史担当。所以，曾守身在杨于陛编纂的《郁林州志》中发现，“雅有石葛之思”的杨知州，在志书的“总论”中，一反他人编纂志书的

图71 “咸丰六年”玉林铭城墙砖

老套套，集中精力地专门讨论了“赋役、诉讼二事”，并接着将其“析之为兜揽、婚姻、土田、人命、盗贼、赌博六事”，进一步予以深究。可以说，中国古代地方官民关系的合理建构，离开了以上8件大事，基本就无从谈起。所以，曾参政不无感叹地认为，郁林杨知州瞄准这8件事，就是抓住了做官为民、倡廉反贪的核心，既“知其法在志”，确立了治政的总态度，又在以后具体的诸多政事行为中，一一体现了“所以法”的多个层面和运行逻辑，理论联系实践，做到了知行合一，可以说是达到了“吏治清矣”的境界了。而且，针砭时弊，“语语刺骨”，力救颓风，自己还真应该为这位四川老乡“痛哭流涕长太息”了！

最后，曾守身总结指出：“吏治清，而天文、地理、钱谷、甲兵、官师、文献、风俗、民物、灾祥、治乱，一言以蔽之矣，以称不朽志可矣！”简言之，这就是他要倡导的“一清百清”的廉政逻辑和边疆“廉政梦”！一位地方官员，只有志行廉政，自觉营造出一种风清气正的大好政局，社会的安宁，经济的富裕，文明的发展，风俗的纯正，才会拥有一个可持续性发展的前景。吏治清，则万物清、天下清，“清廉社会”才会真正来到人间。

第二节　“因俗养廉”：地方衙门道德建设机制

当然，还有一个值得讨论的问题就是，虽然大小官员都能怀有“养志蓄廉”、与民生息的抱负，但是，在古代广西这样一个远离中原的边陲之地，作为一个外部环境，它究竟能否支撑一种机关道德建设的顺利进行呢？换言之，广西这片土地究竟能否“养廉”，究竟能否产生一股强大持久的力量，将所有人心导向德性，一直都是历来岭南流官常常思考的主题。

一、本土场域：以郁林古郡为例

岭南“荒忽诞漫之俗”①，自古不与中州同。地域文化上的差异及其认知难

① 周去非：《岭外代答·原序》。

度，影响了南北德育实践的正常交流。常见的古代言论，多数是“鸱义奸宄，悍然梗化”[①]这样一些否定态度。单就北方人眼中的郁林古郡而言，汉代《异物志》所见景象，就是“郡北连山数百里，俚人皆乌浒诸蛮，巢居，鼻饮，以射翠、求珠为业”[②]。怪异的生产、生活方式，实在是让北方人目瞪口呆。即便后来有位广州人“南雪先生”杨孚[③]，为了南北双方有一个好的交流，用心良苦地写成一本《南裔异物志》，以资于介绍、宣传和沟通，但它对于北方人视岭南人为蛮夷的总态度，最终还是没有多少改变。唐宋之际，中国社会出现了一些突如其来的变化。其中，将那些不喜欢的流贬官员，一脚踢入岭南，令其自生自灭，乃是中原王权日渐成长起来的一大新法制。于是，迁南之客倍增，不绝于途，他们对郁林的书写也就一天天地多了起来。例如，《隋书》这部正史当时收纳大家的看法，以官方的名义作了一个总结，说道：“其人性并轻悍，易兴逆节，椎结踑踞，乃其旧风。其俚人则质直尚信，诸蛮则勇敢自立，皆重贿轻死，唯富为雄，巢居崖处，尽力农事，刻木以为符契，言誓则至死不改，父子别业，父贫乃有质身于子，诸獠皆然。”[④]特别是，赵宋天水一朝，流官往来如梭，于是，他们各人的笔记文集中，以我手写异乡，对岭南的描写，可谓异论纷纭：说得含蓄一点的，就是“质直尚信，人风媟盛，力田务本不诱于末，良才秀民好学者多，人性刚悍，不习文学，食用手抟，刻木为契，衣冠礼度并同中州，乐音闲美，俗反淳古”[⑤]；写得不客气的，就是“风俗与废牢州同。夷人居山谷，食用手抟，酒名都林，合糟共饮，夜泊以纵淫，死则打鼓助哀，孝子尤恐悲泣，刻木契焉”[⑥]。

不过，以上言辞，至少还是看出了一些本土闪光点：啜糟抟饭、椎髻散发之辈，虽朴拙古劲，但廉耻本末，已经自见分寸。所以，宋代祝穆（字和甫，福建崇安人）在《方舆胜览》这部地理学著作中，以四六韵文的表达方式，就广西郁林古郡一度发表了一大篇耐人寻味的议论，说：“眷怀泽之小邦，亦炎

① 《粤西文载》卷26《郁林州学记》(巴图尔丹撰)。

② 《方舆胜览》卷40《贵州》。

③ 字孝元，东汉番禺人（今广州市），出任议郎，推动汉和帝“孝治天下”，以直言敢谏著称。广州人难见下雪，以稀为贵，故尊称杨孚为“南雪先生”。

④ 魏徵等:《隋书》卷31《地理志下》。

⑤ 《明一统志》卷84《梧州府》。

⑥ 《太平寰宇记》卷165《岭南道九》。

荒之乐土”；“赋少而供亿亦稀，民淳而狱讼颇简”；“鼻饮巢居，虽杂远夷之俗，山环水绕，不虚小桂之称”；“民既力耕，有斗米三钱之俗，郡无嚣讼，乃人生五马之荣。”①经他这样一讲，岭南炎荒之地，穷是穷了点，但俗简民俭，从来不缺什么幸福快乐，也是乐土之邦。自此，历史上的“小桂”之誉②，不胫而走。为进一步说明其中的道理，他还继续将“北桂林、南郁林”作一个比较——“桂林遐陬，地虽僻陋，境包三郡之封，汉贤守之分符是为古郡，序稽逯父，岂辞炎岭之郁蒸；郁林古郡，民乃朴淳，郡杂群蛮之俗，唐诗人之题句乃谓恶乡，诗诵初寮，颇谓讼庭之清简。”③两者虽然相接，但各自文化，已经自成个性——“小桂”“群蛮”鼎沸，少数民族杂居，人口结构与“大桂”迥然不同，难怪有一些好事的文人要新铸“恶乡”之名来指称郁林了，但郁林清简淳朴，正是“大桂”所不及之处。

图72　清代陆川县横山乡稔坡村李楚凡蟒袍(文四品)

---

① 《方舆胜览》卷40《贵州》。

② 按，秦置桂林郡，汉武帝改曰鬱林郡，治布山，桂林为属县。吴孙皓凤凰三年(274年)，又分立桂林郡，因谓桂林为“小桂”。陶弘景(456—536年)曰，“始兴桂阳县即是小桂”。宋代贵州(今贵港)守臣陈嗣昭《鹿鸣宴诗》又曰：“二十四峰称小桂，山明木秀本从来。”据此，大、小二桂之称谓屡异，待考。

③ 《方舆胜览》卷39《郁林州》。

正因为如此，在上文中我们就能欣喜地看到，自古以来，广西这片岭南热土，一直都在毫无声息地接纳着众多外来流官，且在一种多元文化的互补互济格局中扬长避短，为后代打造出一曲曲优美动人的德政故事，进一步推动了本土道德文化的历史发展。

二、“宜乎粤之人，无所待而各诣其极”

南北朝时期，山东郯城人王僧孺（465—522年）[①]写有一篇《至南海郡求士教》，更让今日广西人看到了道德建设上的自信。他说道：“是以文举下车，寤梦于根矩；长孙入境，明发于龙丘。此境三闽粤壤，百越旧都，汉开吴别，分星划部，风序泱泱，衣簪斯盛。其川岳所产，岂直明珠、大贝、桂蠹、翠羽而已哉！孝实人经，则有罗威、唐颂；学惟业本，又闻陈元、士燮；至于高尚独往，相望于嶦岩；怀仁抱义，继纵于前史。”[②]也就是说，在他看来，岭南不仅盛产珠玉宝石，也同样是罗威、唐颂、陈元、士燮等仁义高洁之士的故乡。特别是，其中的广东番禺人唐颂[③]，还一度来广西做过贵县县令，廉声显著，广东人尊他为乡贤，广西人又祀之为名宦。所以，岭南这片地，既养宝物，又养好干部！

事实上，一方面，千载以降，西南部族的诸多原始习气，历代“开边拓疆”的精神内骨和文化特质，自然长成，化民成俗，风范一方，已是建构现代德性的原生态部件。另一方面，北国主流汉文化南播，汉儒风华、士人节气、清官操守、诗文品性等“输入”广西后，本土人士适与选择，暗结连理，完善内在，已然辟开了一条南北文化碰撞境遇下的“本土化”德政新路。对此一历史进程，曾守身在《苍梧分守道寅宾馆记》[④]中，显然也有清醒认识。所以，他慨然写道：“梧之士大夫，如士威彦伯仲，冯当世三元，陶孔恩桥梓，吴献臣伯仲，盖省志载古今人物，梧独多至三十九公，其盛如此！宦梧者，皆得宾之以寡过，庸讵非山川萃灵乃尔……”[⑤]他就是要以具体事例，告诉那些来

① 按，南朝梁诗人、骈文家。“仕齐治书侍御史，入梁历南康王咨议参军。”

② 梅鼎祚:《梁文纪》卷11《至南海郡求士教》。

③ 详见本书第四章第三节“唐颂是吾师”。

④ 按，寅宾馆，主要是接待上级官员和贵宾的宾馆，亦称客馆。

⑤ 《粤西文载》卷24《苍梧分守道寅宾馆记》。

梧州做官的外地人，到了岭南这片地儿，不要瞧不起人家，大家不是没有了学习的榜样，例如，它一个小小的苍梧地区，就有类似于士燮（137—226年）① 兄弟、状元冯京（1021—1094年）②、陶成陶鲁父子③、吴廷举（1459—1525年）④ 兄弟等39位值得“宾之以寡过”的优秀人物，怎能说这片土地不能养就道德廉洁之士呢！

同样，说到广西郁林时，他更认为：“若夫宝圭窈窕于十洞，罗望潋滟于三江，马狄血食于春秋，陶何竞爽于桥梓，文解流馨于云仍，淑闺槁形于双石，艳姿殉主于危楼，妖嫔酿乱于天宝，葛仙觅砂以冥举，李龙嘱糕而岁还，瑞凤翔辉于祇树，灵鱼吐沫于石吻，铜船耀影于江心，神鼓扬声于水面，岩蚺取精于斗胆，箐木侈坚于铁力，黄茅染瘴于病夫，胡蔓构命于讼庭，鬼门增感于征人。斯一方之侈谈，亦清客之所抵掌也。尽足标奇，卒难悉数，观者自得之。”⑤ 总计有19则好故事，启迪后人！所以，郁林这么一小片儿地，它的山川人物、风情典故，比比皆是，不仅丝毫不逊于他地，而且很不一般；在那几千年的历史进程中，历经融合，它已经形成了自己独到的特色文化。所以，问它是否“养廉”，是否能为“养廉”提供土壤、养分和空间，这根本就是一个“假问题”，根本就是一个没有道理的“伪命题”。因为，真正的问题在于，大家都应该自问一下，自己是否已经怀有一个“观者自得”的心态？换言之，该问的是，来郁林或来广西地方做官

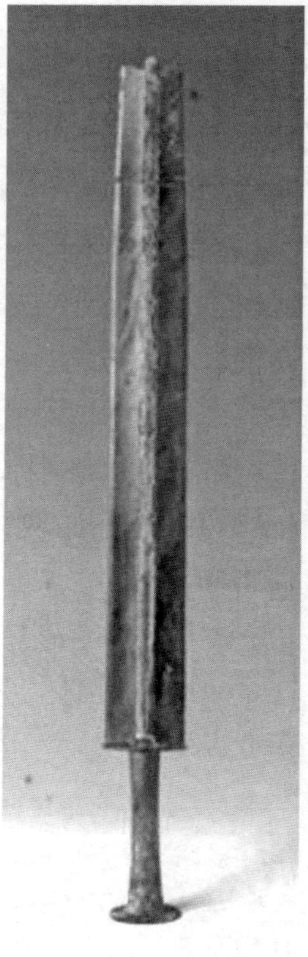

图73　广西战国铜剑（1975年玉林兴业蒲塘镇石奇大队出土）

① 字威彦，苍梧广信人，东汉末年交趾太守，弟弟士壹，为合浦太守；次弟士黄有，为九真太守；三弟士武，为南海太守。

② 字当世，广西宜州人。宋仁宗时，乡试、会试、殿试皆第一，“三元及第”；历任翰林学士，知开封府，参知政事等。死后赠司徒，谥“文简”。

③ 参见本书第五章第二节“明中期的陶氏父子”。

④ 字献臣，号东湖，梧州市人，成化二十三年（1487年）进士；弟吴廷弼。

⑤ 《粤西文载》卷53《（天启）郁林州志序》。

的人，是否已经摆正了自己的文化心态，想不想去学习他人并有所收获？

可以说，正是因为有了王僧孺、曾守身的这些发现、辩解和呼吁，在清代，随着边疆内地化的深入，此类声音就慢慢多了起来。一是广西巡抚金鉷在编纂《广西通志·乡贤志》时，以修纂地方“正史”的大笔，再一次浓墨重彩地写道：“豪杰之士，无所待而崛然振兴，父兄师长且不能囿，又何择方隅哉！尝读《汉书·陈元传》暨《吴志·士燮传》，叹其于《左氏》《尚书》独得奥旨，他如李珙之忠[①]，丁密顿琦之孝[②]，以及陶鲁、沈希仪之将略，代有其人，此皆非产于粤西者耶？山川间气钟为伟人，粤之山，拔地刺天，粤之水，飞湍泐碛，宜乎粤之人，无所待而各诣其极！若是夫风气日开，则人物日盛。”[③]人如其山，顶天立地，人如其水，激流勇进，谁还能说这样的山水养不出道德之人呢！真正的豪杰之士，“何择方隅”，根本就不受地理限制，所以，哪里还论什么“边隅—中原”之别！

二是钱元昌（1676—？年，字朝采）[④]在《粤西诸蛮图记》中，也说过类似一段话：“虽其居处、服饰、饮食、男女之际，与华俗不同，而澹泊纯朴之风，亦于此见焉……诸蛮皆耕田而食……虽家鸡豚而不轻食肉……男耘女耔，无懒惰……渴惟饮水而已。男女皆布衣……无裘葛。其卧具尤草率，遇暑热则频浴于溪，冬寒则围炉彻夜……蛮多负山而居，或围竹为村，或依树为社，结茅筑垣，架板成楼，上栖人，下畜兽……此皆蛮俗之异于华者。四体勤而百用俭，

---

① 按，雍正《广西通志》卷81《忠义》载：“李珙，字温之，永福人，少业儒，尚气节，三试礼部，两升上庠，不偶乃慨然以功名自奋。会宜州蛮入寇，以御贼首功补右职，进筑南丹州，以珙摄州监押为先锋。群蛮畏慑，纳款归疆，积官至武功大夫。剧贼刘花三啸聚，自虔吉入寇广东。朝廷议择将御之，除广东路。至则尽俘其众，槛贼首送京师，擢忠州刺史知融州。议者以为赏轻，拜邕州团练使。会金人犯京，以蜡书召天下兵。珙闻之，集僚佐曰：‘主忧臣辱，主辱臣死，岂可以道远便自营乎？’募死士三千人，属通判蒋炳文与俱，炳文托为桂帅所留，珙独引兵进，北至衡州，贼将拥数万众扼其前，旁郡皆闭城自守，或劝珙宜退，珙不从，竟战死。事闻，赠忠州防御使，官其子一人，诏旌其门曰忠义。”

② 按，雍正《广西通志》卷82《孝友》载：“丁密，字靖公，岑溪人，居贫，馈赠一无所受，耕而食，织而衣，量腹度形，惟力是视，而事亲备孝养之礼。遭父丧，庐墓三年，有双凫飞集墓旁小池，见人驯伏。后丧母，庐墓双凫复至。南齐时，范云为刺史，遣使祭密及顿琦墓。”“顿琦，字孝异，苍梧人，居母丧，哀毁几灭性，独身负土，历年成坟，杂植松杉，有飞凫白鸠栖息，随琦去留。”

③ 雍正《广西通志》卷76《乡贤志》。

④ 号野堂，又号一翁，浙江海盐人。康熙四十一年（1702年）举人，官贵州粮道。善诗、书、画，以三绝名于京师。

朴实之风，既有足取，而愚拙中亦生智巧，固未得要荒之陋鄙之。”[①] 在这位来自浙江海盐的“贵州粮道”眼中，俗虽异，但岭南终与北人殊路同归，同样凝炼出务本、守朴、持俭、清简、率真、尚信的生命哲学。所以，基于广西区域文化的真本色，基于“中华文化多元一体”的总体结构，广西人的廉洁观念，既由来甚久，也绝不是什么外来“输入”物，更不是北方汉文化的“转手货”。

这之中，历代的一个成功秘诀，就在于“因俗养廉”，就在于“百姓日用而不知”的广西本土性的生产、生活习俗，始终如一地支撑与浇灌着一种道德文明的生成与正常发育。所以，只有继续坚持这些“俭朴拓边”“精诚守边”“勤劳兴边”的好传统，只有继续进行自我扬弃的“内化”进程，如此，一个基于现代广西的“廉政边疆”，才会不远。

① 嘉庆《广西通志》卷79《诸蛮二》，第6911—6913页。

后　记

相较于中国中、东部大省，在现代化进程中，广西及其现代干部群体的健康成长面临着一个严峻挑战——如何超脱省际、区域之间的历史成见或古代的文化偏见，进而在全中国塑造并树立起现代广西机关及其干部群体的时代新形象！

因为，自有文献记载以来，经济落后、习俗野蛮、衙门腐败、官员乱政等，是岭外人士书写、评价古代广西的主调，相承日久，历遭简约化和抽象化之后，最终又自然长成一个抛之不去的“广西镜像”。其中，壮乡瑶寨“土司”“寨老”的劣习俗规，唐宋岭南“谪宦”“贬官”的变态心曲，明清边疆“流官”的流言蜚语，新旧桂系官场的沆瀣一气……一直都是“他者”形塑、丑化广西机关及其“官僚”形象的方便性“合理资源”。

尤其是，那些片面性的文学“代答”(如《岭外代答》)，那些残缺不全的士人“录异”(如《岭表录异》)，以及诸多不谨的“丛笑”(如《溪蛮丛笑》)……日积月累，既渐次演变成一件件“铁证”，坐实了古代广西的“南蛮”外像，持续地增进外省“鄙夷”观念的长期膨胀；又进一步侵入粤西大地，损毁自身，一点一滴地“内化”成为后代年轻干部群体成长壮大进程中的一个不言而喻的“潜观念”——落后、野蛮、腐败与乱政，已经潜移默化地成为一种可怕且致命的“理论预置”，深深潜入古代个体生命之中，“日用而不知”地改写着大众的心智模式，让广西自己“心甘情愿”地接受了那份由外来批判话语建构而成的生存状态！

社会认知和大众心态发展到这一步，有了落后、野蛮、腐败和乱政这4个不堪承受的精神重负，瞬息不停地起作用于八桂，一个最大的恶果就是，多数广西干部再也难于、更不敢于去自觉发现本土的力量，再也不能充满自信地维系一份稳固的文化认同和身份象征，再也不能满怀激情地在故土上用心培植、绽放出那朵可贵的生命之花——归属本土、眷恋乡邦以及对本土文化的强烈自信。

相反，基于古人“北胜于南”“南败于北”的观念史，南北文化亦建构出“强弱之别”。在历史上多数人的政治观念和文化逻辑中，只有让北国的道德风尚进驻广西，才是合理的选择——汉魏清官文化、隋唐贬官文化、中原科举文化、明清移民文化及其外来商帮文化等，虽然形态各异，但无疑都是北“德”南传史的真材实料，哪里还有什么“广西道德文化”和本土德育方法论！于是，广西各类各级机关建构现代政治文化的“最佳”路径，遵其逻辑，就是“取有余以补不足”——吸收中原本位的“强文化”，以其丰富厚重的政治文明和政治遗产去补济岭南“弱文化”的先天缺陷；中原“先进”文化输入西南边疆，消歇了“南蛮”野气之后，接着才好去重构德治西南的现代样式。

在这样一种不健康的认知背景下，八桂大地已然生发诸多“文化病”：既然经济发展在他乡，先进文化在他乡，清正衙门亦在他乡，那么，走出广西，回避广西，逃离南疆，就自然长成当下广西本土精英和青年志士的第一考量！也必然就是今日广西诸多家庭子女教育中矢志坚守和衷心信奉的第一选择！于是，最终的剧目就是：一方面，地方政府以巨资引进省外精英加盟广西现代化进程；另一方面，本土社会又对于本土精英和青年才俊的巨大流失，束手无策！

同样，受此种观念背景催生的诸多战略构想，多半也近似于以一种“弱文化”的羞答自卑姿态，先让自己毕恭毕敬地扮演成“小学生”，去机械性地借鉴、移植、搬运、复制或批量输入省外“学长们”或“师长们”的若干“强文化”发展模式。长此以往，广西最终也就只能是一个外省成功发展经验的“再版”货！其中，失去了交流对话的平等性前提，广西机关及其干部的成长之路，只怕也总归是一幅东施效颦的可怜画卷。

不过，历史一再提醒着后人不要遗忘广西：明代台州人王士性（1547—1598年）任职广西承宣布政副使兼参议时，宦游八桂，洞悉山川地理人情，匠心独运地提出了一个针对我国历史发展大势的“新猜想”——唐宋以降，中国经济发展重心南迁江浙之后，还将继续转向西南，走入黔粤，实现第二次迁移。[①] 他这样一种“江南→西南”的古代预测学上的超凡见识，恰好与今日中国和广西的发展趋势不谋而合！

基于此愿景，若单就现已启动且针对西部地区的诸多国家战略而论，发展广西目前最大的瓶颈，既非物质财源的不充足，亦非东部支持的不大方，而是西部民众意识层面的觉醒之迟。可以说，在今人“江南—西南”的二元对比和认知格局中，“不思进取”仍旧是多数江南人士眼中的西南新外像！这一判断虽则过于激烈，不过，它实有助于当头棒喝，促使西南进一步醒悟：“认识你自己！”只有来一次醍醐灌顶的自我认识，只有重建一份刻骨铭心的在地意识，只有强化出一种根深蒂固的身份认同和文化秉性，“王士性猜想”才会真的付诸实践。

要之，培育、重建、增进广西机关及其现代干部群体的本土观念及其文化自信心，决计不能单靠外在的宣传和鼓动。降生于本土，自信于本土，立足于本土，让广西首先成为“广西人自己的广西”，这才是现代广西机关干部开展道德建设的起点。

① 杨天保等：《中国经济重心沿江南西南再度迁转的古代预测学解读——从明代王士性猜想到现代广西发展战略调整》，《改革与战略》2007年第1期。